ANITA VON RAFFAY

Die Gewissensfrage in Psychoanalyse
und Analytischer Psychologie

JAHRBUCH DER PSYCHOANALYSE

Herausgeber

Claudia Frank
Ludger M. Hermanns
Helmut Hinz

Mitherausgeber

Hermann Beland
Friedrich-Wilhelm Eickhoff
Ilse Grubrich-Simitis
Albrecht Kuchenbuch
Horst-Eberhard Richter

Beirat

Wolfgang Berner
Terttu Eskelinen de Folch
M. Egle Laufer
Paul Parin
Léon Wurmser

Beiheft 21

ANITA VON RAFFAY

Die Gewissensfrage in Psychoanalyse und Analytischer Psychologie

Neue Untersuchung einer alten Wunde

Vorwort von
Friedrich-Wilhelm Eickhoff

frommann-holzboog

*Bibliographische Information
Der Deutschen Bibliothek*

Die Deutsche Bibliothek verzeichnet diese Publikation in der Deutschen Nationalbibliographie; detaillierte bibliographische Daten sind im Internet über <http://dnb.ddb.de> abrufbar

ISBN 13: 978-3-7728-2371-8
ISBN 10: 3-7728-2371-8

© Friedrich Frommann Verlag · Günther Holzboog
Stuttgart-Bad Cannstatt 2006
www.frommann-holzboog.de
Satz: golden section · Klaus H. Pfeiffer, Stuttgart
Druck: Offizin Chr. Scheufele, Stuttgart
Einband: Schaumann, Darmstadt

Inhalt

9   Vorwort von F.-W. Eickhoff

13 Vorbemerkung

15 Einleitung

   A Freud und seine Nachfolger
      Das Gewissenskonzept in der Psychoanalyse

21 1. Sigmund Freud: Das Überich

33 2. Heinz Hartmann: *Psychoanalyse und Moralische Werte*

37 3. Heinz Hartmann und Rudolph Loewenstein: Das Überich

39 4. Edith Jacobson: Stufen der Überichentwicklung

43 5. Annie Reich: Überich und Ichideal

45 6. Roy Schafer: Das Überich ist nicht nur streng

48 7. Joseph und Anne-Marie Sandler: Das unterstützende Überich

50 8. Robert Emde: Das Kind

52 9. Melanie Klein: Archaische Ursprünge des Überichs

59 10. Donald W. Winnicott: Besorgnis

61 11. Roger Money-Kyrle: Selbsterkenntnis und Freiheit

64 12. John Steiner: Die Schuld des Ödipus

69 13. Eric Rayner: Gerechtigkeit

72 14. André Green: Das Böse

76   15. Daniel Lagache: Ichideal und Idealich
79   16. Janine Chasseguet-Smirgel: *Das Ichideal*
83   17. Otto F. Kernberg: Überich-Pathologien und die Funktion des Überichs in Paarbeziehungen und in Gruppen
89   18. Exkurs: Objektbeziehungen – Entstehung und Bedeutung

B C.G. Jung und seine Nachfolger
Das Gewissenskonzept in der Analytischen Psychologie

95   1. C.G. Jung: Das Gewissen
121   2. Moraltheorien von Jungs Nachfolgern
121   2.1 Erich Neumann: Ethik
126   2.2 Murray Stein: Solare und Lunare Moral
131   2.3 John Beebe: Integrität
135   2.4 Andrew Samuels: Zwei Arten von Moral

C Das Überich in literarischen Beispielen

143   1. Eugene O'Neill: *Der Eismann kommt*
149   2. Hugo von Hofmannsthal: *Der Schwierige*
159   3. Henrik Ibsen: *Ein Volksfeind*
166   4. Thomas Bernhard: *Vor dem Ruhestand*

D Reflexionen – ein Vergleich

177   1. Das angeborene Gewissen
178   2. Die kindliche Gewissensentwicklung
179   3. Die Bedeutung der Objektbeziehungen für das Gewissen
180   4. Konvention und Moral – gibt es zweierlei Moralsysteme?
184   5. Das Konzept des Unbewußten

187	6. Romantik und Religiosität
190	7. Prophetentum
193	8. Die Suche nach dem Selbst
195	9. Konflikttheorie
198	10. Schuldgefühle
199	11. Politische Implikationen
201	12. Ziele der Psychotherapie
206	13. Abschließende Gedanken: Aufbruch oder Rückkehr – Verantwortung oder Erlösung

210	Literatur
222	Namenregister
224	Sachregister

Für Richard und Valerie

Vorwort

»... und die anfängliche Hilflosigkeit
des Menschen ist die Urquelle aller
moralischen Motive.«[1]

In diesem sehr inspiriert geschriebenen Buch wird der ebenso seltene wie mutige Versuch unternommen, Konzepte des Gewissens in der Psychoanalyse und der Analytischen Psychologie aus genauer Kenntnis in ihrer Unterschiedlichkeit und ohne den »synoptischen« Anspruch einer wechselseitigen Ergänzung darzustellen. Im Hintergrund ist der tiefe Eindruck spürbar, den die terroristischen suizidalen Angriffe auf die Zwillingstürme in New York und das Pentagon am 11. September 2001 hinterlassen haben. Sie standen im Dienste eines Ideals: der Verlockung nämlich, die Welt durch Mord zu reinigen. Sie haben die Frage nach dem Gewissen, dem Überich und seinen Deformationen ins allgemeine Bewußtsein gerückt.

In schöner Übereinstimmung mit Sigmund Freud, der im Überich, das er im stillen vom Gewissen nicht unterschied, den kulturellen Entwicklungsprozeß der Menge und den eigenen des Individuums »regelmäßig miteinander verklebt« (1930a, p. 502) fand, so daß manche Äußerungen und Eigenschaften des Überichs leichter an seinem Verhalten in der Kulturgemeinschaft als beim Einzelnen erkannt werden können, gilt das besondere Interesse der Autorin interdisziplinären, nicht zuletzt politischen Zusammenhängen. Anita von Raffay entwirft ein umfassendes Bild sowohl von der Geschichte des Überich-Begriffs in der Tradition Sigmund Freuds als auch von der Rolle des Gewissens in der Theorie und Praxis der Jungschen Psychologie. Freuds konzise Definition des Gewissens als »Bereitschaft, sich schuldig zu fühlen« (p. 491) öffnet ein Verständnis für den

---

1 Freud, S. (1950), Entwurf einer Psychologie, in: GW Nachtragsband, p. 411.

Ursprung des Gewissens, an dem die Liebe einen ebenso großen Anteil hat wie die verhängnisvolle Unvermeidbarkeit des Schuldgefühls. In Freuds pessimistischer Sicht blieb der prähistorische Vatermord eingedenk des hypothetischen Charakters dieser Konstruktion ein Knotenpunkt, von dem aus es aber auch dank eines »schöpferischen Schuldbewußtseins« (1912-13, p. 191) zu entknoten war. Diese Gedanken hat Freud in der späten Studie *Der Mann Moses und die monotheistische Religion* vertieft und mit einer unbedingten Verpflichtung zum »Fortschritt in der Geistigkeit« (1939, pp. 219-237) verknüpft. Die Idee, daß der Ödipuskomplex die Quelle unserer individuellen Sittlichkeit sei, hat Freud erstmals 1913 in *Totem und Tabu* dargestellt. Das Überich – Geburtsort dieses Begriffs ist das dritte Kapitel der Arbeit *Das Ich und das Es* (1923) – wird zum Erben des untergegangenen Ödipuskomplexes und vertritt für alle späteren Zeiten den Einfluß der verlängerten Kinderzeit, nicht nur die persönlichen Eigenschaften der Eltern, sondern die kulturelle Vergangenheit; ein Teil der Außenwelt, und zwar die Autorität der Eltern, wird ins Ich aufgenommen und setzt als Instanz deren Funktion, zu beobachten, zu richten, mit Strafe zu drohen und zu loben, fort. Der Verlust des Gewissens an den moralischen Masochismus[2] durch Erotisierung sonst unerträglicher Schuld und Resexualisierung des Ödipuskomplexes an Stelle seines Untergangs hat nicht nur eine individuelle, sondern auch eine kollektive, häufig in Ideologien zum Ausdruck kommende Dimension. Präödipale Vorläufer des Überichs und die wunscherfüllende Instanz des Ich-Ideals sind in der Zeit nach Freud hervorgehoben worden. Anne-Marie Sandler und Joseph Sandler haben dem Überich die Gruppierung von Überzeugungen und die Vermittlung eines Gefühls von Sicherheit durch ein inneres ermutigendes Eltern-Substitut an Stelle einer Betonung seiner aggressiven Aspekte zugeteilt. Melanie Klein hat sowohl den Beginn des Ödipuskomplexes als auch den der Überich-Bildung früher datiert als Freud und angenommen, daß die Vorläufer des späteren Überichs mit seiner doppelten Rolle des freundlichen Beschützers und strengen Richters in der Introjektion der einerseits »guten«, befriedigenden und geliebten und andererseits »bösen«, versagenden und gehaßten Brust zu finden sind; zudem legte sie großes Gewicht auf den verzerrenden Einfluß früher Projektionen des infantilen Sadismus, der in ihrer Sicht dem strafenden Überich seine Grausamkeit verleiht.

---

2 Freud, S. (1924c), Das ökonomische Problem des Masochismus, in: GW XIII.

Parallel zum Verzicht auf die klassische Überichtheorie werden Wiedergutmachung und depressive Position zu Schlüsselkonzepten. Die Wiedergutmachung als Resultat der Trauer wird zum Kern eines besser integrierten Überichs, das von nun an seiner Aggression eher mit Schuldgefühlen, entsprechend einem depressiven Überich, als mit Verfolgungsangst, entsprechend einem persekutorischen Überich, begegnen wird. Winnicott hat die Theorie der depressiven Position in eine Theorie dessen verwandelt, was er »Phase der Besorgnis« nannte. Money-Kyrles bedeutende Untersuchung »Psycho-Analysis and Ethics« (1955) findet in Anita von Raffays Buch eine ausführliche Würdigung. Ebenso stellt die Autorin Edith Jacobsons und Otto F. Kernbergs objektbeziehungstheoretische Konzepte zum Überich dar, nämlich seine zum Widerspruch zwischen Pseudo-Unabhängigkeit und fortbestehender präödipaler Abhängigkeit führende vorzeitige Entwicklung, die Verzerrung der Realitäswahrnehmung infolge schwerer Überichdefizite und schließlich die positive Bedeutung gemeinsamer Werte für Paarbeziehungen. Auch französischen Autoren schenkt Anita von Raffay ihre Aufmerksamkeit: André Greens Betrachtungen über das Böse, Daniel Lagaches Hervorhebung des selten beachteten Idealichs und Janine Chasseguet-Smirgels luzider Analyse der Bedeutung von Illusion und Ideologie durch den regressiven Ersatz des Überichs durch einen Aspekt des Ich-Ideals, der die übergangslose Wiedervereinigung von Ich und primärem Objekt verspricht. In der Tradition der Aufklärung eint alle psychoanalytischen Beiträge trotz verschiedener Akzentuierungen die Suche nach einer Art Wahrheit, die im eigenen und im Innenleben des anderen, in der psychischen Realität und der unbewußten Konflikthaftigkeit zu finden ist.

Im Vergleich dazu scheint die von Carl Gustav Jung begründete Analytische Psychologie von einem romantischen Grundzug geprägt zu sein. In seiner Besprechung des späten Rückblicks *Erinnerungen, Träume und Gedanken von C.G. Jung* (engl. 1964) schreibt Winnicott über die Beziehung zwischen Freud und Jung, »daß diese beiden Männer, jeder von seinem eigenen Dämon besessen, sich nur begegnen, sich ohne feste Verständigungsgrundlagen austauschen konnten, um sich wieder zu trennen«. Der Leser erfährt, daß C.G. Jung erst drei Jahre vor seinem Tod eine Arbeit über das Gewissen schrieb, nachdem in der klinischen Arbeit innerhalb der Analytischen Psychologie erzieherische und moralisierende Elemente implizit immer eine Rolle gespielt hatten, ohne daß der Theorieverlust reflektiert worden war. In der späten Sicht C.G. Jungs liegt der Ursprung des

Gewissens jenseits der subjektiven Erfahrungswelt im archetypischen Kosmos. Es entstammt einer vererbten Struktur des Gehirns und ist von numinosem, zwingendem Charakter, verschieden von angelernter Moral, vom Sittenkodex, der dem Dekalog nahe steht. Reue und Reparation haben in diesem Konzept so wenig Platz wie kindliche Entwicklung. Präödipale Wünsche, die Muttersehnsucht als Gottes Stimme, *vox dei*, und die Vereinigung mit dem Ich-Ideal im Sinne Chasseguet-Smirgels unter Ausschluß der Vaterwelt werden legitimiert. Individuation und Verpflichtungen gegenüber dem Selbst als dem Archetyp des Sinns nehmen den zentralen Platz ein. Sexualität und das Unbewußte werden (re)sakralisiert. Auch in den Moraltheorien von Jungs Nachfolgern, nämlich z.B. Erich Neumann und Murray Stein, findet sich die Jungsche Dichotomie von zweierlei Gewissen, der Darstellung selbstverständlicher Wertmaßstäbe der Gesellschaft als minderwertig gegenüber der Bejahung des Bösen um der Ganzheit willen, bzw. der Unterscheidung von »solarem«, an kulturellen und sozialen Standards orientiertem und »lunarem«, mütterlichen Prinzipien entstammendem Gewissen.

Eine wichtige Frage betrifft den Zusammenhang zwischen Gewissenskonzepten und dem Judentum bzw. Antisemitismus. In der kritischen Auseinandersetzung mit Jungs Antisemitismus weist die Autorin auf die Gefahr der Idealisierung des Bösen hin, die den Keim der Zustimmung zu einem totalitären Herrschaftssystem in sich trägt. Die tiefe Unterschiedlichkeit zwischen den psychoanalytischen Konzepten und denen der Analytischen Psychologie zeigt sich sehr eindrücklich in den Ausführungen des Kapitels »Reflexionen – ein Vergleich«.

Mein sehr verkürzender Streifzug durch das außerordentlich gedankenreiche, durch Literaturinterpretationen anschauliche Buch Anita von Raffays möge viele Leser, interessierte Laien, aber auch Psychotherapeuten und Psychoanalytiker anregen, sich die große Verschiedenartigkeit, nicht Komplementarität der Perspektiven zu vergegenwärtigen, in denen die Bedeutung des Gewissens gesehen werden kann.

Friedrich-Wilhelm Eickhoff

Vorbemerkung

Dieses Buch stellt einen Beitrag zur Kontroverse von Psychoanalyse und Analytischer Psychologie über Moral und Gewissenskonzept dar und erklärt nicht nur die gegensätzlichen Ansätze Freuds und Jungs zu diesem Thema, sondern es zeigt dabei auch deren extrem unterschiedliche Einstellung zum Unbewußten sowie zu Kultur und Politik auf.

Die Gewissensfrage genau zu untersuchen war für mich schon lange von großer Wichtigkeit, weil mir deutlich wurde, daß bei den meisten Patienten, die ich in meiner Praxis behandle, der Ursprung ihres Leidens mit einem unbewußten infantilen, nicht reif entwickelten Gewissen in Beziehung steht. Sie ziehen deshalb oft falsche Schlüsse bei der Beurteilung wichtiger äußerer Situationen und auch ihrer persönlichen intimen Beziehungen, was ein destruktives Verhalten gegen sich und andere bewirkt und sie falschen Hoffnungen nachlaufen läßt.

Ebenso haben mich Ereignisse und Katastrophen im weltpolitischen Geschehen davon überzeugt, daß der einzelne immer wieder aufgerufen ist, moralisch innerlich und, wenn nötig, auch nach außen Stellung zu beziehen, und daß dies ein angsterregendes Maß an Mut erfordert, eine Angst, die von vielen als unüberwindbar empfunden wird.

Da ich zunächst eine Jungianische Ausbildung zur Analytikerin gemacht habe und die Jungsche Schule so meinen ersten Background darstellt, habe ich mich zuerst mit Jungs Aufsatz über das Gewissen beschäftigt und bemerkt, daß sein Konzept und seine Anschauungen über das Gewissen mehr Fragen in mir aufwarfen als sie beantworteten. Diese Lektüre war dann Stimulus und Anlaß, diesem unerwarteten Konflikt in mir nachzugehen, und so beschloß ich alternativ, die Gewissenstheorie von Freud und seiner Schule zu untersuchen, mit der Erwartung, daß mir das vielleicht helfen könnte, Fragen zu klären, die Jung und auch seine Nachfolger nur begrenzt beantwortet hatten. Die Lektüre der psychoanalytischen

Schriften hat mich auf Grundfragen aufmerksam gemacht, die dann die Problematik des Gewissens wie seine Auswirkung auf Beziehungen, auf Politik, Kultur und Religion weiter beleuchteten und ihnen einen neuen scharfen Fokus gaben. Daraus resultierte diese kritische Gegenüberstellung von Freud und Jung. Und es wurde mir immer deutlicher, daß die Frage nach dem Gewissen alle Bereiche der menschlichen Beziehungen miteinbezieht.

Wie schon in früheren Werken habe ich auch diesmal wieder literarische Beispiele hinzugezogen, die anschaulich zeigen, wie Beziehungen zwischen Menschen unter dem Einfluß eines schwer verzerrten oder in der Praxis nicht vorhandenen Gewissens aussehen können und wie mit einem hochentwickelten oder sogar überentwickelten Gewissen, mit einem Gewissen, das sich von Selbsttäuschung oder sogar Wahnvorstellungen korrumpieren läßt, oder einem, das aus einer Selbsttäuschung herausgefunden hat.

Für seine wertvollen Beiträge und Kommentare zu meinen Gedanken und Fragen danke ich Peter Dietrich, der die Arbeit mit mir immer wieder besprochen und intensiv diskutiert hat. Ebenso haben Dr. Elke Natorp-Husmann und Kurt Husmann sich über diese Fragen mit mir auseinandergesetzt und mich durch ihr Interesse und ihre wertvolle Kritik sehr unterstützt. Dank auch an Dr. Wilhelm Schernus, der mir viele wichtige Anregungen und literaturwissenschaftliche Hinweise zu den einzelnen Kapiteln gegeben hat. Mein besonderer Dank gilt Dr. Friedrich-Wilhelm Eickhoff, der so freundlich war, das Vorwort zu dieser Studie zu übernehmen.

Dr. Otto F. Kernbergs wissenschaftliche und klinische Arbeiten haben über viele Jahre mein analytisches Denken und meine klinische Arbeit entscheidend bereichert, wofür ich ihm sehr dankbar bin.

Meiner Lektorin Birgit Maschke, die das Typoskript gelesen und korrigiert hat, danke ich für ihre Sorgfalt und für die vielen Anregungen, die sie mir gegeben hat.

Herzlichen Dank auch Tina Koch und Stephanie von Liebenstein, Lektorinnen des frommann-holzboog Verlag.

Einleitung

Das Gewissen und die Gewissensbildung haben sowohl in unserem persönlichen als auch im sozialen Leben eine zentrale Bedeutung. Schuldgefühle und Verantwortung gehören zudem zu den ›großen Themen‹ nicht nur in der Psychologie, sondern auch in der Philosophie, in der Soziologie, Politologie und sogar in den Wirtschaftswissenschaften.

Besonders seit dem 11. September 2001 ist die Frage nach dem Gewissen neu ins allgemeine Bewußtsein gerückt. Z.B. haben 60 Persönlichkeiten des öffentlichen Lebens in den Vereinigten Staaten, Intellektuelle, Wissenschaftler, Politiker und andere, eine öffentliche Stellungnahme dazu verfaßt, in der sie nach den universal gültigen individuellen und kulturellen Grundwerten fragen, um zu untersuchen, wie das Recht auf Würde, Freiheit und Gleichheit für alle Menschen realisiert werden kann. Es zeigt sich auch in diesem Manifest, daß Freiheit nur im Rahmen von eingrenzenden moralischen Grundsätzen möglich ist. Nur dann kann gleichzeitig das kulturelle Leben, also die lebensnotwendige und unvermeidbare Gebundenheit des Einzelnen an die Gemeinschaft geschützt werden.

Das Gewissen ist also eine der wichtigsten Grundfunktionen des Menschen. Es ist das Bewußtsein vom moralischen Wert oder Unwert des eigenen Verhaltens, die Fähigkeit der moralischen Selbstbeurteilung, die es dem Menschen erlaubt, Verantwortung für sich, seine Mitmenschen, ja für seine gesamte Gattung zu übernehmen und, im Hinblick auf ein allgemein akzeptiertes Wertesystem, sein Verhalten in der Gemeinschaft zu regulieren und seine libidinösen und aggressiven Impulse im sozialen und kulturellen Leben in verantwortlicher Weise zu leben.

Das moralische Bewußtsein wird durch die Erziehung in der Kindheit von den Eltern geprägt wie auch durch das jeweilige gesellschaftliche Umfeld, in dem der Mensch lebt.

Die Psychologie beschäftigt sich sowohl mit dem Ursprung des Gewissens wie auch mit seiner normalen und pathologischen Entwicklung. In seiner Funktion ist das Gewissen immer auf andere Menschen, andere Ideen oder Situationen bezogen. Deshalb ist die Auseinandersetzung mit dem Gewissenskonzept, das Wissen um sein Wesen, seine Struktur, Genese und Dynamik nicht nur für den praktizierenden Therapeuten unabdingbar, sondern auch für jeden, der verstehen möchte, inwiefern Gewissen und Moral Kulturträger und Sozial- sowie Politikträger der menschlichen Gesellschaft sind.

Die Bezeichnung »Moral« und »Gewissen« werden von manchen analytischen Autoren synonym verwendet, so daß Unterschiede verwischt werden: Moral oder Moralität ist die Lehre vom richtigen oder falschen menschlichen Verhalten. Sie bezieht sich auf Wertvorstellungen, die das Individuum gegenüber sich selbst und seinen Mitmenschen anwendet, und ist eine abstrakte Synthese des Wertesystems, das sich durch die Objektbeziehungen gebildet hat. Gewissen beinhaltet dagegen die subjektive Identifizierung mit einem Wertesystem, die es einem ermöglicht, zwischen Recht und Unrecht, Gut und Böse zu unterscheiden.

Die zwei großen analytischen Traditionen, die Psychoanalyse Sigmund Freuds und die Analytische Psychologie C.G. Jungs, haben stark voneinander abweichende Konzepte des Gewissens und der Moral entwickelt, die ich hier im Hinblick auf ihre Ätiologie, auf ihre Unterschiede und ihre jeweilige Bedeutung für Theorie und Praxis untersuchen werde.

Zunächst werde ich Freuds Gewissenskonzept besprechen, das er von 1914 bis zu seinem Tod immer wieder überarbeitet hat, sowie die Weiterentwicklung dieses Konzepts durch seine Nachfolger. Danach werde ich die Gewissenstheorie Jungs und seiner Nachfolger untersuchen.

Zum tieferen Verständnis werde ich mich mit der Archetypentheorie Jungs und der modernen psychoanalytischen Objektbeziehungstheorie befassen, das Konzept des Unbewußten in beiden Schulen sowie die sozialen und politischen Implikationen der Theorien untersuchen und kritisch beleuchten.

Um die Tiefe und Breite des Gewissens in der menschlichen Psyche sowie den Einfluß des Überichs in Beziehungssystemen zu beleuchten, werde ich Beispiele aus der Literatur heranziehen. Diese haben nicht nur einen illustrativen Charakter, denn gerade Kunst und Literatur können uns tiefgehende Einsichten anschaulich vermitteln.

Schließlich werde ich auch auf die Unterschiede von weiteren wichtigen Konzepten wie die Einstellung zu Religion und Gesellschaft, Konflikttheorie, Schuldgefühle und Therapieziele, die alle mit Gewissensbildung eng verknüpft sind, eingehen und nach ihrer Bedeutung für die gesellschaftliche Realität fragen.

Die Übersetzungen stammen in der Regel von mir, wenn auch nicht immer als solche gekennzeichnet.

A Freud und seine Nachfolger
Das Gewissenskonzept in der Psychoanalyse

1. Sigmund Freud: Das Überich

Gewissen, Ichideal, Überich

Vor Freud wurden Gewissen und Moral des Handelns und Denkens vom bewußten philosophisch-moralischen Standpunkt aus beurteilt. Eine neue Ära begann mit Freuds Entdeckung des Überichs, ein Verstehen von Gewissen und moralischen Werten nicht nur in ihren bewußten, sondern auch in ihren unbewußten Aspekten und ihrer dynamischen Entwicklung.

Freud hat nicht von Anfang an ein Überich konzipiert. Zunächst beschäftigte er sich mit einer psychischen Instanz, die das Ich beobachtet und es an einem Ideal mißt (Freud 1914b). Er sah, daß der Mensch Wunschregungen, Impulse, Erlebnisse als Ideale in sich trägt, die einen Vollkommenheitsanspruch haben. Er nannte diese Regungen Ichideal und verglich dasselbe mit der narzißtischen Selbstliebe, die der Mensch als Kind verspürte, das noch meinte, vollkommen zu sein: »Was er als sein Ideal vor sich hinprojiziert, ist der Ersatz für den verlorenen Narzißmus seiner Kindheit, in der er sein eigenes Ideal war« (p. 161). Dieses Ichideal wird jetzt vom Ich so geliebt, wie seinerzeit das Kind sein eigenes Ich geliebt hat. In dieser Periode postuliert Freud das Gewissen als eine kritische Instanz, die das Ich ununterbrochen an dem Ideal mißt, das das Kind damals bei den Eltern kennengelernt hat.

Die Hauptimpulse für die Entstehung des Gewissens sind die elterliche Kritik, ihre Gebote und Verbote. Später tragen Erwartungen und Einfluß von Lehrern und anderen Erziehern dazu bei, daß sich ein soziales Gewissen, Gefühle der Verantwortung für sich und andere entwickeln, welche die Erwartungen der Familie und der Gesellschaft mit einschließt. Das Gewissen hat also nicht nur einen individuellen, sondern auch einen sozialen Anteil. Die Regeln der Gesellschaft haben ihren Ursprung in der Familie und diese ist ein Modell für

Autoritätsbeziehungen. Das führt zum Verständnis der Massenpsychologie: »In dem Maße, in dem das Familienleben das Modell für Autoritätsbeziehungen ist, sind wir alle geborene politische Wesen«, schreibt Paul Roazen, sich auf Freud beziehend (Roazen 1968, p. 165).

Etwas später, in *Massenpsychologie und Ich-Analyse* (1921), hat Freud das Konzept des Ichideals verändert, indem er es als »die Summe aller Einschränkungen, denen das Ich sich fügen soll [...]« beschrieben hat (1921, p. 147). Er betont die Befriedigung, die das Ich erfahren kann, wenn es in bestimmten Situationen mit dem Ichideal für kurze Zeit zusammenfällt – es wird dann mit Stolz und sogar Triumph erfüllt.

Manchmal wird die Trennung von Ich und Ichideal aufgehoben, z.b. bei Festen wie Karneval u.ä., Konventionen und Selbstkritik entfallen für kurze Zeit. Das Ichideal kann dem Individuum aber auch z.b. verlorengehen, wenn es in der Masse auf einen Führer projiziert wird. Das erklärt, warum das individuelle Gewissen des Einzelnen so leicht in der Masse psychologisch und sozial konventionelle moralische Werte übernimmt. Man möchte dann so sein wie alle anderen. Die Selbständigkeit wird aufgegeben, Gewissen und Moral regredieren. Der Einzelne gibt sein Ichideal zugunsten des Massenideals auf.

Aber schon 1920, durch die Beschäftigung mit den Auswirkungen des Aggressions- und Todestriebs in *Jenseits des Lustprinzips* wurde Freuds bisheriges Gewissenskonzept entscheidend verändert (vgl. auch Schafer 1960). Freud erkannte, daß es eine strenge Instanz geben muß, die die Destruktivität des Menschen, die sowohl gegen sich selbst als auch gegen andere gerichtet ist, zügelt. So hat er schließlich 1923 in *Das Ich und das Es* das Ichideal durch das Überich ersetzt und dieses als eine triebeinschränkende Struktur beschrieben, die durch seine Strenge und genaue Kontrolle des Ichs – seiner Taten sowie seiner Gedanken – das Individuum vor den eigenen Aggressionen und denen der anderen schützen soll.

Das Überich ist wie das Ichideal keine separate Instanz, sondern eine Struktur im Ich, die aus der langen Zeit der kindlichen Hilflosigkeit und Abhängigkeit hervorgegangen ist. Es entsteht im Verzicht auf die ödipale Liebe, die Liebe für den anders- oder gleichgeschlechtlichen Elternteil, also in der Zeit des Untergangs des Ödipuskomplexes.

Die Internalisierung der Beziehungen zu den Eltern und später zu anderen Bezugspersonen führt zu einer immer reicher werdenden inneren Objektbeziehungsstruktur, die die Werte oder auch Unwerte der Gesellschaft verinnerlicht hat und so die Grundlage des Überichs darstellt.

Die Hauptaufgabe des Überichs ist Triebeinschränkung. Ist das Überich zu streng, kann es das Ich lähmen, ist es ihm aber gelungen, die Triebe auf milde Weise zu bändigen, so ist das Überich befriedigt und das Ich ist stolz auf sich. Die Strenge des kindlichen Überichs reflektiert nicht die Strenge der Eltern, sie hängt vielmehr von der Stärke des Ödipuskonflikts sowie von den damit verbundenen Schuldgefühlen des Kindes und seinen unbewußten Aggressionen gegenüber den Eltern ab.

Der Schutz vor der »Natur« und vor der angeborenen Aggressivität der Menschen ist eine Überich- und gleichzeitig eine Kulturaufgabe genauso wie die Liebe zur Kunst, zu wissenschaftlicher und intellektueller Leistung. Es existiert also auch ein Kultur-Überich, das seine eigenen Ideale gebildet hat und das durch das Überich oder das Gewissen des Einzelnen innerhalb der kulturellen Gemeinschaft realisiert und bewahrt wird. Die kulturellen Werte werden so über Generationen weitergegeben. Die Ideale, wie die Menschen miteinander zu leben haben, sind »ein therapeutischer Versuch«, die Kultur durch das Überich zu erhalten und die Beziehungen der Menschen untereinander zu regeln (*Das Unbehagen in der Kultur*, 1930, p. 502ff). Die Kultur ist ein Prozeß »im Dienste des Eros«, der die einzelnen Menschen sowie Familien und Völker verbinden soll – und das kann nur Eros vollbringen. Aber auch der Todestrieb wirkt im Kulturprozeß wie z.B. in der Zerstörungswut. So teilen sich Eros und Thanatos »die Weltherrschaft« (p. 480ff).

Das Überich schützt also die individuelle Freiheit und regelt so die Objektbeziehungen, aber es schmälert zugleich die Autonomie des einzelnen zugunsten der Gesellschaft. Die Freiheit des einzelnen »war am größten vor jeder Kultur, allerdings damals meist ohne Wert, weil das Individuum kaum imstande war, sie zu verteidigen« (p. 455).

Selbstbeurteilung, Selbstbeobachtung und auch das Gewissen sind Funktionen des Überichs. Dieses beobachtet das Ich, zensiert es, bestraft es oder gibt ihm auch ein Gefühl des Wohlbehagens und des Triumphs, wenn es sich nach den Forderungen des Überichs gerichtet hat. Während in der frühen Kindheit die Angst vor Strafe und Mißbilligung vorherrschte, äußern sich nach der Gewissensbildung Spannungen zwischen Ich und Überich als Schuldgefühle oder Gefühle der Wertlosigkeit.

Schuldgefühle

Schuldgefühle gehören, nach Freud, zu den wichtigsten Voraussetzungen für die Kulturentwicklung, sie basieren auf einem entwickelten Gewissen, das solche Gefühle empfinden kann. Die meisten Schuldgefühle bleiben unbewußt und entstehen durch unbewußte inzestuöse Liebesgefühle und Wünsche gegenüber Vater oder Mutter. Diese Liebe ist eng mit Haß auf den anderen Elternteil verbunden, wobei der Haß dennoch nicht die auch vorhandene Liebe auslöscht. In *Das Unbehagen in der Kultur* erklärt Freud das Schuldgefühl als die Ambivalenz zwischen Liebe und Haß:

> Nun meine ich, erfassen wir endlich zweierlei in voller Klarheit, den Anteil der Liebe an der Entstehung des Gewissens und die verhängnisvolle Unvermeidlichkeit der Schuldgefühle. Es ist wirklich nicht entscheidend, ob man den Vater getötet oder sich der Tat enthalten hat, man muß sich in beiden Fällen schuldig finden, denn das Schuldgefühl ist der Ausdruck des Ambivalenzkonflikts, des ewigen Kampfes zwischen dem Eros und dem Destruktions- oder Todestrieb. (1930, p. 492)

Dieser Ambivalenzkonflikt wird in der Familie als Ödipuskonflikt erlebt und in der Gemeinschaft fortgesetzt, was eine weitere Steigerung der Schuldgefühle mit sich zieht:

> Was am Vater begonnen wurde, vollendet sich an der Masse. Ist die Kultur der notwendige Entwicklungsgang von der Familie zur Menschheit, so ist unablösbar mit ihr verbunden, als Folge des mitgeborenen Ambivalenzkonflikts, als Folge des ewigen Haders zwischen Liebe und Todesstreben, die Steigerung des Schuldgefühls vielleicht bis zu Höhen, die der Einzelne schwer erträglich findet. (pp. 492f)

Für Freud ist es fraglich ob die Menschen ihre Aggressionen genügend zügeln können, um zu überleben und die Kultur zu erhalten. Am Ende von *Das Unbehagen in der Kultur* schreibt er: »Die Schicksalsfrage der Menschenart scheint mir zu sein, ob und in welchem Maße es ihrer Kulturentwicklung gelingen wird, der Störung des Zusammenlebens durch den menschlichen Aggressions- und Selbstvernichtungstrieb Herr zu werden« (p. 506).

Religion I

Das Überich wird nicht nur als wachsame Instanz, sondern auch als Schicksalsmacht erlebt und das Individuum reagiert mit Todesangst, wenn es sich von seinem Schutz im Stich gelassen fühlt (Freud 1926d). Auch die Religion bietet Schutz und deshalb spielt sie innerhalb der Kultur besonders in Gewissensfragen eine bedeutende Rolle. Sie hilft dem Menschen, so Freud, die Angst vor dem Tod und die Hilflosigkeit gegenüber der Natur zu mildern.

Religiöser Glaube ist aus der Sicht Freuds ein Ersatz für den verlorenen Schutz des Vaters, der kindliche Wunsch von einem Vater weiterhin, wie einst in der Kindheit, beschützt zu werden, und stellt somit den Entwicklungsstand eines noch kindlichen und abhängigen Überichs dar (*Die Zukunft einer Illusion*, 1927, p. 346). Freud hält diesen Glauben für eine Illusion. Illusionen hängen mit Wunschvorstellungen zusammen, die dennoch manchmal Wirklichkeit werden können. Er gibt als Beispiel den Wunsch, daß ein Bürgermädchen einen Prinzen heiraten möchte. Das ist vielleicht nur eine Wunschvorstellung, aber das ist schon vorgekommen und es ist dies wahrscheinlicher, als »[d]aß der Messias kommen und ein goldenes Zeitalter begründen wird, [das] ist weit weniger wahrscheinlich« (p. 353). Gegen diese Art von Illusion muß der menschliche Intellekt und die Vernunft eingesetzt werden, »die Stimme des Intellekts ist leise, aber sie ruht nicht, ehe sie sich Gehör geschafft hat« (p. 377).[3]

Überich und Religion basieren aber, im Unterschied zum kindlichen Glauben, auf moralischen Wertesystemen. Die Religion hat m.E. immer versucht, durch Glaubenssätze und religiöse Erziehung die Triebe der Menschen zu zügeln und ethische Verhaltensweisen zu fördern. Freud sieht jedoch in *Die Zukunft einer*

---

3   Illusionen zu durchschauen und auf sie zu verzichten und Triebwünsche nicht gleich auszuleben, sondern sie aufzuschieben oder sogar ganz auf sie zu verzichten, wenn die Realität es verlangt, das sind die Überich-Botschaften von Freud, schreibt Bernd Nitzschke. Aber er fragt auch, ob ein Leben ohne »Ideale«, ohne Illusionen und illusionäre Wünsche überhaupt möglich ist und ob das »Ideal« Freuds, nämlich daß die Vernunft, die intellektuelle Einsicht, vielleicht eines Tages den Menschen ermöglichen wird, ihre Illusionen aufzugeben, nicht selber eine Illusion ist. Ob nicht »vielmehr die Trauer die Menschen pazifizieren könnte?«, »Trauer um das Vergangene und Verlorene«, die »der Fortschritt der Menschheit zu immer mehr Vernunft bisher« verweigert hat (Nitzschke 1994). (Vgl. zu diesem Thema auch Peter Gay 1988 und 1989).

Illusion den illusionären Aspekt des religiösen Glaubens als größeres Übel an als das Gute, das dieser Glauben vollbracht hat. Die Religion hat zwar Asoziales zu bändigen versucht, hat aber, so Freud, in den Jahrtausenden ihres Bestehens die Menschen nicht glücklicher gemacht und hat zugleich auch viele Konzessionen eingeräumt: »Die Unsittlichkeit hat zu allen Zeiten an der Religion keine mindere Stütze gefunden als die Sittlichkeit« (Freud 1927, p. 361).

Freud würde dem sicherlich zustimmen, daß empirisch gesehen ein Mensch mit religiösem Glauben nicht unbedingt über ein reifes Gewissen verfügen muß, sondern auch sehr gewissenlos sein kann, während ein Mensch ohne religiösen Glauben durchaus ein reifes Überich haben kann. Sicher ist auch, daß manche religiösen Institutionen auf selbstgerechte Weise Vorurteile erzeugen, sich als Träger der einzigen Wahrheit sehen und über die Jahrtausende für fürchterliche Kriege, Verfolgungen und Grausamkeiten verantwortlich sind.

Religion II

In seinem letzten großen Werk *Der Mann Moses und die monotheistische Religion* (1939) untersucht Freud u.a. die Bedeutung der sinaitischen Moral und beschreibt diese Moral als einen Fortschritt der Kultur und Zivilisation, weil sie ein großes Maß an Triebverzicht fordert (1939, p. 221).[4]

Der Verzicht auf das Ausagieren von sinnlichen und magischen Handlungen – eine Triebschwächung also – stärkt das Kultur-Überich des Judentums und stellt den großen ethischen Wert des jüdischen Monotheismus dar. Dieser Triebverzicht bzw. die Einschränkung ist, so Freud, bereits im ersten Gebot, dem Verbot, sich ein Abbild zu machen, enthalten. Es stellt eine »Entmaterialisierung« dar, nämlich das Aufgeben der sinnlichen Wahrnehmung und die Idee, daß ein Gott verehrt wird, der unsichtbar ist, und ist so eine »Vorkehrung gegen magische Mißbräuche« (p. 220). Dies alles bildet einen Anreiz zur Sublimierung und einen »Triumph der Geistigkeit über die Sinnlichkeit, streng genommen einen Trieb-

---

4   Die historisch-wissenschaftlichen Bedenken (siehe Rice 1990, Yerushalmi 1991, Bernstein 2003, Assmann 2004) gegen Freuds Moses spielen für Freuds Ausführungen in Bezug auf das Überich, denen ich hier nachgehe, keine Rolle.

verzicht« (p. 220). Diese neue Geistigkeit beruht nicht mehr auf unmittelbarer Wahrnehmung, sondern jetzt sind »Vorstellungen, Erinnerungen und Schlußprozesse maßgebend« (p. 221).

Im Lauf der Zeit wurde die jüdische Religion immer mehr eine des Triebverzichts, deren ethische Ideale später auch von den Propheten gepredigt wurden. Sie forderten nicht Opferdienst, sondern den Glauben an einen Gott und ein Leben, das auf Wahrheit und Gerechtigkeit beruht.

Der Dekalog, den Moses vom Sinai herunterbrachte, formuliert die zentralen ethischen Forderungen eines gerechten Lebens, wobei der Schwerpunkt auf den Verboten von Mord und Inzest liegt (Kernberg pers. Mitteilung). Thomas Mann beschreibt ihn so: »das Bündig-Bindende ist es und Kurzgefaßte, der Fels des Anstandes [...] das A und O des Menschenbenehmens [...] Gottes gedrängtes Sittengesetz [...] unverbrüchlich eingegraben [...] die Quintessenz des Menschenanstandes« (Mann 1944, pp. 156, 167) (vgl. auch das Kapitel »C.G. Jung: Das Gewissen«).

Das Christentum steht als Beispiel für eine Kulturentwicklung, die andere Wege ging. Es wurde, im Unterschied zum jüdischen Monotheismus, der eine Vaterreligion ist, eine Sohnesreligion, die den Vatergott ersetzte bzw. dessen Rolle praktisch übernahm. Es übernahm viele Riten von umliegenden heidnischen Völkern und führte, wenn auch verschleiert, so Freud, den Polytheismus wieder ein. Die Muttergöttin und andere göttliche Gestalten wurden wieder angebetet, magische und abergläubische Elemente haben somit die geistige Entwicklung der nächsten zwei Jahrtausende gehemmt (Freud 1939, p. 194).

Überich und Religion

Das Überich setzt Normen und schafft ein moralisches Wertesystem, das gemeinschaftsfördernd und kulturerhaltend ist. Die Religion stellt auch eine Kulturleistung dar und ist Kulturträger, gründet aber auf Glaubenssätzen, die, befolgt man sie, Geliebtwerden (von Gott), Erlösung und in manchen Religionen ein glückliches Leben nach dem Tod verheißen. Sie stellt ein integriertes Wertesystem dar und ist Teil des Ichideals und des Überichs, des Kultur-Überichs und seiner Werte. Sie repräsentiert zugleich das Glaubenssystem, das eine spezielle Gruppe der Gesellschaft über Jahrhunderte entwickelt und perpetuiert hat und das auch vom individuellen Überich integriert wurde. So wie die Moral des Überichs sich im Laufe der Zeit wandelt, so werden auch die religiösen Glaubenssätze in der Zeit neu ausgelegt und subjektiv modifiziert.

Im Gegensatz zu seiner kritischen Beurteilung der Religion in *Die Zukunft einer Illusion* zeigte Freud in anderen Schriften mehr Verständnis für die Bedeutung der Religion, worauf Roazen (1968) hinweist. Z.B. beschreibt er schon 1912 in *Totem und Tabu* die Religion als auf Schuldbewußtsein beruhend, eine These, die er 1939 in *Der Mann Moses und die monotheistische Religion* weiterführt, wo er zugleich die Religion auch als historische Wahrheit würdigt. Was er 1927 noch als Wahnidee abgetan hat, beschreibt er 1939 so: »Wir haben längst begriffen, daß in der Wahnidee ein Stück vergessener Wahrheit steckt [...]. Einen solchen Gehalt an historisch zu nennender Wahrheit müssen wir auch den Glaubenssätzen der Religion zugestehen [...]« (Freud 1939, p. 190f).

Religion ist ein humanistisches, idealisiertes System, in dem das Gute beschützt und das Böse bekämpft werden soll. Sie stellt eine ideale und transzendente Funktion für die Menschen dar, die als ein Gegengewicht zu ihren primitiven Aggressionen stehen soll. Dabei ist eine Qualität des Irrationalen und Illusionären unvermeidlich. Religion als kollektives Überich hat auf einer übergeordneten kulturellen und sozialen Ebene die Aufgaben, die das individuelle Überich für den einzelnen Menschen hat. Gott ist Vorbild des Kultur-Überichs, und aus psychoanalytischer Sicht ist er kein Super-Überich, sondern stellt eine Überich-Projektion des gläubigen Individuums dar.

Das religiöse Erleben – Rainer Krause beschreibt es als »Dialog mit etwas Vollkommenem« (Krause 1998, p. 203) – kann den Abstand zwischen Ich und Ichideal verringern, und das Ich erlebt dadurch narzißtische Gratifikation. Es ist ein Erleben der Transzendenz.

Es besteht nur ein scheinbarer Widerspruch in Freuds Aussagen über den Wert der Religion als Rückschritt, als Ersatz für einen beschützenden Vater einerseits, während er andererseits den jüdischen Monotheismus als geistigen Fortschritt darstellt. Letzteren sieht Freud als ethisch überlegen gegenüber bestimmten Aspekten des Christentums: Sich ein Bild zu machen, sich magischen Handlungen hinzugeben sei ein Zeichen dafür, daß das Überich weniger entwickelt und die Möglichkeit zum Verzicht nicht gegeben ist. Denn für ein reifes Überich, genauso wie für den Kulturaufbau, sei ein hoher Grad an Abstraktion (von der sinnlichen Wahrnehmung) notwendig.

Antisemitismus

Von 1919 an bis zuletzt beschäftigte sich Freud mit den Gründen für den »unsterblichen Haß«, wie er es in einem Brief an Arnold Zweig formuliert, den sich die Juden zugezogen haben (Freud 1968).[5] Er geht davon aus, daß nicht nur die Gemeinsamkeiten und der Zusammenhalt der Juden sowie die Idee der Auserwähltheit den Haß und Neid anderer Völker und Religionen geweckt haben, sondern daß auch die Vorstellung von einem einzigen Gott, der alles sieht, der also ein strenges kollektives Überich repräsentiert, die anderen ängstigte und ihnen bedrohlich erschien.

Rainer Krause weist auf die Unsichtbarkeit des jüdischen Gottes hin, den auch Moses, obwohl er Gott darum bat, nicht von Angesicht zu Angesicht sehen durfte: »Du kannst mein Angesicht nicht sehen, denn kein Mensch kann mich sehen und am Leben bleiben« (Exodus 12, 33 in Krause 1998, p. 204).

Das Christentum hat diese religiöse Bedingung ignoriert, indem es eine reiche göttliche Ikonographie geschaffen hat. Meines Erachtens ist auch diese Mißachtung des 1. Gebotes, die unbewußte Schuldgefühle erzeugt, ein weiteres Motiv für den Judenhaß.

Ebenso war der Verzicht der Juden auf das Menschenopfer eine Provokation, weil er einen ganz anderen Umgang mit Aggressionen und der Realität verlangte, denn Erlösung konnte nicht mehr durch die Opferung eines Tieres oder Menschen erlangt werden (Nitzschke 1996). Dieser Verzicht auf das Menschenopfer wird von einigen Wissenschaftlern als »die grundlegende Kulturtat der Juden« angesehen (Rosenthal in Nitzschke 1996, p. 169).[6]

Triebverzicht oder Triebbeschränkung heißt, sich dem Realitätsprinzip zu fügen, d.h. die Grenzen, die die Realität setzt, zu akzeptieren, um ihr gewachsen zu sein. Serge Moscovici betont im Zusammenhang mit Freuds *Moses* diese

---

5   Richard J. Bernstein geht davon aus, daß Freud den Moses vor allem mit der Intention geschrieben hat, die Ethik des Judentums darzustellen und den Antisemitismus zu erklären.

6   G. Heinsohn schreibt, der »Kerngedanke« der jüdischen Ethik »verdichtet sich in einem einzigen prophetischen Satz: ›Ich habe Lust an der Liebe und nicht am Opfer‹ (Hosea 6:6)« und findet sich auch im »Kern des sinaitischen Dekaloges als fünftes Gebot« (1995, p. 137).

Notwendigkeit: »Nicht um der Autorität oder der Enthaltsamkeit willen, sondern nur, um der äußeren Welt, den Zwängen der Arbeit und des gesellschaftlichen Lebens gewachsen zu sein« (Moscovici 1984, p. 434).[7]

Freud sah die Notwendigkeit des Triebverzichts, weil ein Leben nach dem Lustprinzip nicht möglich sei: »Dies Prinzip beherrscht die Leistung des seelischen Apparates vom Anfang an; an seiner Zweckdienlichkeit kann kein Zweifel sein, und doch ist sein Programm im Hader mit der ganzen Welt. [...] Es ist überhaupt nicht durchführbar, alle Einrichtungen des Alls widerstreben ihm; man möchte sagen, die Absicht, daß der Mensch ›glücklich‹ sei, ist im Plan der ›Schöpfung‹ nicht enthalten« (Freud 1930, p. 434).

Ähnlich wie Moscovici versteht Bernd Nitzschke das Realitätsprinzip als selbsterhaltend: »Das Individuum lernt, alle jene Formen des Lustgewinns aufzuschieben, zu modifizieren oder aufzugeben, durch die es seine vitalen Bedürfnisse, seine körperliche Integrität oder seinen Selbstwert gefährdet sieht. Gleichzeitig lernt es, die Unlust in Kauf zu nehmen, die der Sicherung seiner existentiellen (auch seiner narzißtischen) Interessen dient« (Nitzschke 1997, p. 146f).

Triebverzicht ist eine Grundforderung der Psychoanalyse. Und gerade diese Forderung hat, genau so wie die jüdische monotheistische Moral, die Freud beschreibt, immer wieder den Haß und die Ablehnung anderer hervorgerufen.

Andererseits ist es auch eines der Therapieziele Freuds, den harten und strengen Einfluß des Überichs im Individuum zu vermindern, so daß die extreme Angst vor dem Überich verschwindet. Und doch muß die Angst vor dem Überich als Gewissensangst das ganze Leben lang bestehen bleiben. Freud ist der Ansicht, daß die meisten Menschen ein wenig ausgebildetes Gewissen haben. In seiner charakteristisch erzählerischen Art illustriert er dies treffend mit einer Weiterführung von Kants Ausspruch, der das Gewissen mit dem gestirnten Himmel vergleicht: »Die Gestirne sind gewiß großartig, aber was das Gewissen betrifft, so hat Gott hierin ungleichmäßige und nachlässige Arbeit geleistet, denn eine große Überzahl von Menschen hat davon nur ein bescheidenes Maß oder kaum so viel, als noch der Rede wert ist, mitbekommen« (Freud 1932, p. 67).

---

7   Moscovici stellt fest: Moses erlaubte es nicht, »Illusionen zu nähren«, sondern es ging ihm wie Freud um die Wahrheit. »Diese Ethik hat dazu gedient, einen äußerst zähen menschlichen Charakterzug zu schmieden und zu bewahren, welcher den Stürmen der Geschichte erfolgreich zu trotzen vermochte« (Moscovici 1984, p. 398 ff).

Die Bedeutung von Freuds Überich-Forschung

Die Wahrheitssuche war für Freud eines der hervorragendsten Ziele der psychoanalytischen Behandlung. Er hat die Überlegung abgelehnt, daß der Mensch getröstet werden könne für des Lebens Misere (Gedo). Der Inhalt der psychoanalytischen Lehre ist grundsätzlich nicht tröstlich. Alles, was eine Illusion aufrechterhalten könnte, muß aufgelöst werden, denn die Wahrheitssuche ist eine Suche nach der Realität: »Und endlich ist nicht zu vergessen, daß die analytische Beziehung auf Wahrheitsliebe, d.h. auf die Anerkennung der Realität gegründet ist und jeden Schein und Trug ausschließt« (Freud 1937, p. 94). Es geht dabei natürlich nicht um irgendeine absolute Wahrheit, sondern um die individuelle Wahrheit des Einzelnen, um eine Suche, für die Offenheit und Diskussionsbereitschaft nötig sind.

Freud hat damit zu einer anwendbaren Theorie zusammengefaßt, was auch die Künstler in ihrer eigenen Sprache der Kunstwerke formuliert haben, z.B. Albert Camus, der wie Freud an die Sinnlosigkeit des Lebens an sich und an die Sinnhaftigkeit menschlichen Lebens bzw. menschlichen Handelns glaubte und Realität mit Gerechtigkeit verband. In »Briefe an einen deutschen Freund« schreibt er:

> Ich jedoch habe mich für die Gerechtigkeit entschieden, um der Erde treu zu bleiben. Ich glaube weiterhin, daß unserer Welt kein tieferer Sinn innewohnt. Aber ich weiß, daß etwas in ihr Sinn hat, und das ist der Mensch; denn er ist das einzige Wesen, das Sinn fordert. (Camus 1945, p. 105)

Und Camus schreibt diesem fiktiven deutschen Freund weiter: »[…] Sie haben sich für die Ungerechtigkeit entschieden. Sie haben sich auf die Seite der Götter geschlagen« (p. 104). Camus war der Überzeugung, daß »[d]ie Gerechtigkeit aufzubauen und die Freiheit zu retten« das einzige Ziel ist, für das es sich zu leben und zu kämpfen lohnt. Er wußte aber auch, daß es keine absolute Gerechtigkeit und keine absolute Freiheit gibt; sie verwirklichen zu wollen würde in »Zerstörung der Welt« enden. Die Tugend, die für ihn an erster Stelle steht, ist »lucidité«, der klare Verstand: »Il s'agit de vivre la lucidité dans un monde où la dispersion est la règle.« »Vor jeder Entscheidung und vor allem Mut steht sie an erster Stelle« sagt H. Wernicke über Camus (Wernicke 1989).

Es hat sich gezeigt, daß das Überich eine sehr hochentwickelte Funktion des Menschen ist, weil es eine von Konventionen unabhängige Instanz darstellt und die Beziehungen jenseits von Konformismus und Nützlichkeit bestimmt. Und es ist, wie ich denke, die höchste psychische Errungenschaft des Menschen, sich nach moralischen Werten richten zu können und die vier Werte Wahrheit, Güte, Schönheit und Gerechtigkeit, die dem Ich wie auch dem Überich angehören, in das Leben zu integrieren.

Nach Freud hat das Nachdenken über das Gewissen nicht aufgehört. Ich möchte das anhand von bekannten und einflußreichen psychoanalytischen Autoren zeigen, die im Laufe der Zeit die verschiedensten Aspekte der Überichtheorie weiterentwickelt haben.

2. Heinz Hartmann: *Psychoanalyse und moralische Werte*

> *Psychoanalyse und moralische Werte* ist Hartmanns Meisterwerk in psychoanalytischer Theorie.   R. Schafer 1994

Hartmann hat die moralische Entwicklung besonders im Kontext von Umwelteinflüssen verstanden und untersucht. Soziale Anpassung ist für ihn eine Notwendigkeit und zwar auf der Grundlage des unauflöslichen Gegensatzes zwischen individueller und kultureller Verschiedenheit einerseits und einer allgemeinen und konventionellen Kultur und Moral andererseits. Die Umwelt hat demzufolge einen großen Anteil am Aufbau des Überichs, aber trotzdem geht »eine relative Freiheit vom soziokulturellen Druck mit der Entwicklung des Überichs parallel«, weil »soziale Angst« verinnerlicht und so in »moralische Angst und Schuldgefühl umgewandelt« wird (Hartmann 1960, p. 29).

Ein weiteres wichtiges Anliegen war es Hartmann, die Unterschiede zwischen einem psychologischen und einem wertenden Umgang mit dem Gewissen genauer herauszuarbeiten.

Die Moralität hat ihren Ursprung in der Außenwelt, nämlich in den frühen Objektbeziehungen, die dann langsam zu einem Teil der inneren Welt werden (pp. 21, 29). Nicht nur Gebote und Verbote der Eltern, auch ihre Liebe ist für das Überich mitbestimmend.

Darüber hinaus hat auch die weitere soziale und kulturelle Umwelt einen Anteil an der inneren Entwicklung des moralischen Verhaltens und wird schließlich auch zu einem Teil des eigenen Selbst. Umgekehrt wird die gesellschaftliche und kulturelle Tradition durch das Überich aufrecht erhalten. Und auch das Ich hat Anteil an der Weiterentwicklung moralischer Werte, indem es sie differenziert, generalisiert und integriert (p. 23).

Während das Überich die Qualität des Moralsystems entscheidend prägt, kommt dem Ich bei Hartmann eine besonders wichtige Rolle bei der Bildung und dem Befolgen von Moralgesetzen zu (pp. 25, 27f). Das Ich kann z.B. in einer konventionellen Umgebung persönliche moralische Werte unterdrücken und auf konformem Verhalten bestehen oder aber umgekehrt kann es dem Überich helfen, dessen individuelle moralische Forderungen durchzusetzen.

Für das moralische Gleichgewicht eines Menschen ist entscheidend, ob er in seinen moralischen Handlungen Konstanz und Zuverlässigkeit, auch in konfliktuellen Situationen, gegenüber der Realität besitzt (p. 23).

Die Psychoanalyse kann die Entwicklung moralischer Werte besonders fördern, indem sie dem Individuum hilft, durch Selbsterkenntnis seine eigenen Ideale und Erwartungen, seine moralischen Ziele besser kennenzulernen, sie zu erweitern und zu festigen. Je besser man sich und seine eigenen moralischen Ziele und Handlungen – die z.T. unbewußt sind – kennt, desto sicherer wird man im Umgang mit der inneren und äußeren Realität.

Hartmann sagt, daß es vor Freud keine systematische Psychologie des moralischen Verhaltens und seiner Genese gegeben habe. Erst Freud selbst habe sich für die psychologische Erforschung des moralischen Verhaltens interessiert, »[a]ber er hatte kein Bedürfnis, auf die Frage nach der Gültigkeit moralischer Gefühle und Urteile tiefer einzugehen. Niemals hat er sich vollständig mit irgendeinem Moralsystem identifiziert und noch weniger machte er den Versuch, selber solch ein System zu entwickeln« (Hartmann 1960, p. 11). Er wollte mit seiner Methode »Haltungen, Gefühle, Beurteilungen und Handlungen«, die als moralische zu erkennen sind, erforschen. Er machte auf das Problem der moralischen Konflikte aufmerksam, die sich aus der sexuellen und aggressiven Entwicklung des Kindes ergeben. Das Gewissen war für Freud, so Hartmann, von überragender Bedeutung, und er sah sein Fehlen als ein ernstes Problem an: Moral ist »ein notwendiges Attribut des ›natürlichen Menschen‹«. Er war aber weder ein »Morallehrer« noch sah er in der Psychoanalyse eine Weltanschauung: »die Psychoanalyse ›ist ganz ungeeignet, eine eigene Weltanschauung zu bilden‹« (Freud 1932 in Hartmann 1960, p. 15).

Hartmann bemerkt, daß viele Menschen moralisches Verhalten als eine schwere Last ansehen, als etwas Überkommenes aus der Vergangenheit, und so verleugnen und rationalisieren sie echte Überich-Befehle, um sich ihnen zu entziehen. So wird auch die Psychoanalyse oft mißverstanden als eine Wissenschaft, die von der Moral befreien soll, die mit Moral nichts zu tun hat, nur weil sie im klinischen Bereich keine Werturteile fällt (Hartmann 1960, p. 32f).

Aber auch wenn die Psychoanalyse nicht mit moralischen Geboten arbeitet und es selbstverständlich ist, daß der Analytiker gegenüber dem Patienten keine moralischen Werturteile fällt, so ist es dennoch erstaunlich, so Hartmann, daß Analysanden auch außerhalb der analytischen Situation so tun, als gäbe es nichts mehr, was moralisch zu bewerten wäre.

Oft stehen Selbstinteressen und moralische Werte in Konflikt miteinander, und gewöhnlich siegt das Selbstinteresse, was sogar, so Hartmann, von vielen als fortschrittlich angesehen wird: »Im Sinne des Selbst-Interesses zu handeln gilt als ›gesünder‹, als ›rationaler‹ – ganz allgemein als ›legitimer‹ – als wenn man in Übereinstimmung mit Moralprinzipien handelt« (p. 59).

Bestimmte moralische Werte sind aber allgemeingültig. Es gibt Gemeinsamkeiten innerhalb verschiedener Moralsysteme, die von vielen unterschätzt werden, wie z.B. die Struktur des seelischen Apparates, die Art wie man Kinder aufzieht, die Überich-Bildung, die Tatsache, daß Mord, Lügen, Diebstahl, Inzest überall als negativ bewertet werden, daß das Prinzip der Wechselseitigkeit allgemein anerkannt wird. Nach welchen Wertesystemen ein Mensch sich jedoch richtet, hängt immer auch von seiner persönlichen Dynamik und seiner psychischen Entwicklungsgeschichte ab.

Die Psychoanalyse beeinflußt moralisches Verhalten, ohne mit moralischen Werturteilen zu arbeiten, weil sie eine weitreichende Veränderung der Persönlichkeit bewirkt. Das Ich kann z.B. eine bessere Kommunikation zum Überich aufbauen, indem letzteres das Wertesystem für das Ich transparenter macht. Die moralische Einstellung zur Sexualität wird meist durch die Analyse verändert, sie wird freier und reifer. Erweiterte Selbsterkenntnis erhöht das Gefühl der Verantwortung für sich und andere, Aggressionen gegen sich und andere werden gemildert oder neutralisiert (p. 66).

Das Individuum lernt in der Analyse zwischen echten moralischen Werten und »unechten«, rationalisierten zu unterscheiden. Bei der Verzerrung moralischer Werte, von denen Hartmann spricht, denke ich an sehr verbreitete Rationalisierungen bei Patienten in der Analyse, wenn sie z.B. berichten, sie hätten sich ›gut‹ gefühlt, wenn sie jemanden zurückgewiesen oder aggressiv behandelt, ihm Vorwürfe gemacht hätten, wobei offensichtlich ist, daß sie einem Bedürfnis nach Revanche und nicht einem Überich-Befehl gefolgt sind, wie sie meinen.

Hartmann schreibt: »Was wir bei der Beurteilung einer Tat ›gut‹ nennen, bezieht sich nicht auf unser Wohlgefühl bei der Beobachtung der Tat; es bezieht sich auf deren Übereinstimmung mit einem System moralischer Werte« (p. 36).

Die Analyse als therapeutisches Instrument verändert die moralische Einstellung des Analysierten, sein Überich wird milder, gleicht sich mehr dem Ich an, und so wird auch die Qualität der Schuldgefühle realistischer. Die Motivationen bestimmter Handlungen werden deutlicher. Das Verantwortungsgefühl wächst.

Hartmann, Gründer und Vertreter der amerikanischen Ichpsychologie, schreibt gewisse Funktionen, die von anderen Autoren dem Überich zugeschrieben werden, dem Ich zu. Wenn das Ich freiwillig die Wertvorstellungen des Überichs übernimmt und nicht von ihm gezwungen wird, kann das Ich auch besser mit der Realität und gesellschaftlichen Regeln umgehen, weil ein bewußtes Durcharbeiten der eigenen moralischen Werte von unbewußten kindlichen Moralvorstellungen befreit.

Eine Aufspaltung des Überichs tritt, wie schon Freud (1921) bemerkt hat, bei Massenphänomenen ein, wenn ein Mensch Teil einer Massenbewegung wird. Er vertritt dann regressive Werte, die ein Führer proklamiert (Hartmann 1964, p. 62).

Die Projektion des Überichs auf einen Führer hat zwar eine befreiende Loslösung vom eigenen Überich zur Folge, aber diese regressive Einstellung fördert Gewalttätigkeit in Massenbewegungen, indem dem Führer die Entscheidung überlassen wird, welchen Werten gefolgt werden muß.

3. Heinz Hartmann und Rudolph Loewenstein: Das Überich

Notes on the Superego

In der psychoanalytischen Literatur wird das Ichideal meistens als eine frühe Struktur in der Psyche des Kindes beschrieben, während das Überich sich später entwickeln soll. Für Heinz Hartmann und Rudolph Loewenstein ist das Ichideal Teil des Überichs, das sich während des ödipalen Konflikts bildet, eine spätere Entwicklungsstufe auch als die frühen Idealisierungen. Mit diesen Gedanken in »Notes on the Superego« schließen sie sich an Freud an, das Ichideal stellt sich für sie demnach als ein Aspekt des Überichs dar.

Die genetischen Determinanten der späteren Struktur des Überichs sind die frühen oralen und analen Konflikte – heute würden wir sagen: die archaischen ödipalen Konflikte –, sie beeinflussen die spätere Überich-Struktur, aber sie sind nicht zu verwechseln mit den Funktionen des Überichs, denn sie haben noch nichts mit Moral zu tun (Hartmann und Loewenstein 1962, pp. 44, 53).

Die Funktionen des Überichs sind Gewissen, Selbstkritik und das Aufrechterhalten von Idealen (pp. 43f). Auch der Grad der Ichreifung, wie z.B. die Fähigkeit der Selbstbeobachtung (die nach den Autoren eine Ichleistung ist) und die intellektuelle Entwicklung des Kindes sind wichtig in der Zeit, in der das Überich sich formt (p. 46). Selbstbeobachtung und die Wahrnehmung der inneren Realität sind also, nach Hartmann und Loewenstein, nicht nur Überich- sondern auch Ich-Funktionen. Und genauso wie das Ich ist auch das Überich Selbsttäuschungen ausgesetzt.

Moralische Gebote und Verbote und das Streben nach Idealen sind eng miteinander verknüpft, und indem sie sich gegenseitig verstärken, verschmelzen sie im Ich zu einem moralischen System. Das Individuum hat sich damit einen integrierten moralischen Standard gesichert, wodurch eine Verminderung von Schuldgefühlen und gleichzeitig eine narzißtische Befriedigung erreicht wird (p. 62).

Interessant ist die Unterscheidung, die die Autoren zwischen Moral und Idealen von Perfektion machen: So sind z.B. die vier Kardinaltugenden Weisheit, Tapferkeit, Besonnenheit und Gerechtigkeit Ziele des Ichideals, die zwar moralische Implikationen haben, aber keine moralischen Forderungen darstellen.

Konflikte innerhalb des Überichs sowie auch Spannungen zwischen Ich und Überich ergeben sich immer wieder. Entscheidend ist, wie die beiden in Bezug auf realistisches und moralisches Verhalten und in Bezug auf soziale Anpassung zusammenwirken. Das Überich entwickelt sich weiter im Laufe der Zeit. Begegnungen mit bewunderten Personen sowie das sozio-kulturelle Umfeld bleiben dabei auch weiterhin formend (p. 76). Diese Entwicklung kann zu einer Anpassung des Ichideals an das Überich führen und ein gesundes Äquilibrium zwischen beiden herstellen. Durch eine solche Integration wird ein persönliches Wertesystem hergestellt – ein Wertesystem, das die idealen Forderungen des Ichideals mit den Geboten und Verboten des Überichs verbindet.

Gelegentlich rebelliert das Ich gegen die Forderungen des Überichs und verteidigt sich außer durch die bekannten Abwehrmechanismen dadurch, daß es eigene Wünsche als Überichforderungen ausgibt.

Ich erinnere hier an Daniel Lagache, der dieses Verhalten als eine Verwechslung vom Ichideal, das zum System Überich gehört, mit dem Idealich erklärte, das eine narzißtische Genese hat und aus kindlichen oder primitiven Wünschen nach Lusterfüllung gebildet ist.

Idealforderungen und Verbote, Ichideal und Überich sind also in jedem moralischen Wertesystem eng miteinander verbunden und die Überich-Bildung ist nie abgeschlossen. Auch das Ich entwickelt sich immer weiter und übernimmt später die »Werteprüfung« (value testing), mit der es feststellt, inwiefern die moralischen Entscheidungen des Überichs authentisch sind. Dadurch verschieben sich auch die Grenzen zwischen unbewußten und bewußten Überich-Funktionen, die Beziehung zwischen Überich und Ich wird immer flexibler.

Hartmann und Loewenstein haben eine allgemeine Betrachtung der Überichentwicklung im Freudschen Sinne angestellt. Aber erst die Arbeiten von Jacobson, Kernberg und Sandler auf diesem Gebiet haben durch Heranziehung der Objektbeziehungstheorie das Überich-Konzept auf den heutigen subtilen Stand gebracht und uns erlaubt auch die Pathologien des Überichs besser zu verstehen.

4. Edith Jacobson: Stufen der Überichentwicklung

Das Selbst und die Welt der Objekte

> Unter enormem Anwachsen der intrapsychischen Spannungen entwickelt sich das Überich zu einem autonomen zentralen System zur Regulierung der libidinösen und aggressiven Besetzungen der Selbstrepräsentanzen, unabhängig von der Außenwelt.
>
> E. Jacobson

Jacobson hat eine der umfassendsten metapsychologischen Darstellungen von Struktur und Funktionen des Überichs gegeben. Sie war die Erste, die eine Theorie von Selbst- und Objektrepräsentanzen (d.h. wie die äußeren Objekte und das Selbst als Objekt wahrgenommen werden) gebildet und diese als Bausteine des Ichs und des Überichs beschrieben hat.

Entscheidend in dem Prozeß der Überich-Bildung, der durch die Identifizierungen des Ichs mit den Elternbildern zustande kommt, ist, ob die Elternobjekte des Kindes und andere Figuren, mit denen das Kind sich identifiziert, den realen Vorbildern ähnlich sind oder idealisiert werden, weit weggerückt sind von der Realität oder sogar ihr reaktiv entgegengesetzt werden und ob das Selbstbild realistisch wahrgenommen wird (Jacobson 1964, dt.: p. 101). Identifizierungen mit den frühen Geboten und Verboten, die mit der Realität der Eltern übereinstimmen, fördern nicht nur die Überichentwicklung, sondern auch eine realistische Ichbildung.

Jacobson betont auch die Wichtigkeit einer Reifung des Ichs, das sich in seinen Zielen und seinem Leistungsstreben gleichzeitig mit dem Überich entwickelt. Denn zur Überichentwicklung gehört auch ein Ich, das gelernt hat, die seelischen

Eigenschaften der Eltern, ihre Normen, Gedanken, Gefühle zu verstehen (p. 138). In der ödipalen Phase lernt das Kind, zwischen Wunsch- und Phantasiewelt und Realität zu unterscheiden (p. 103). Das Ich wird so fähig, zu einer guten Einschätzung der Realität zu gelangen, was auch die Überich-Bildung fördert. Die Wunschwelt, die sich auf frühe Selbst- wie auf Liebesobjekte bezieht, wandelt sich langsam zu einem Ichideal um. Dieses besteht aus dem idealisierten Selbstbild vermischt mit den idealisierten Eigenschaften der Eltern sowie realistischen Zielen des Ichs.

Durch die Internalisierung der elterlichen Gebote und Verbote werden die verschiedenen Überichfunktionen geformt, zu denen u.a. Selbstkritik und Durchsetzungsvermögen gehören (p. 105). Langsam werden dann sowohl die Idealisierungen als auch die Gebote in abstrakte Werte umgeformt. Darüber hinaus ist die Überich-Bildung, nach Jacobson, auch von angeborenen Faktoren abhängig.

Jacobson beschreibt verschiedene Stadien oder Schichten der Überich-Bildung. Die unterste, tiefste Schicht besteht aus Überich-Vorläufern und wird in der präödipalen Phase durch die Internalisierung vor allem »böser« strafender Objekte und Selbstbilder gebildet, verzerrt durch die eigenen archaisch-primitiven Phantasien des Kindes, die von sexuellen und aggressiven Triebwünschen bestimmt sind. In dieser ersten Schicht sind Selbst- und Objektbilder noch fusioniert.

Die präödipalen Wertvorstellungen der oralen Phase werden von Lust/Unlust bestimmt. In der analen Phase werden die Aggressionen des Kindes zum ersten Mal auf das eigene Selbst und nicht mehr auf das Objekt gerichtet. In dieser Phase entsteht auch die Gegenseitigkeit des Nehmens und Gebens. In der präödipalen Zeit tragen Frustrationen und Enttäuschung, besonders wenn sie in einer liebevollen Atmosphäre erlebt werden, zur Entwicklung des Ichs und der Differenzierung der Objektbeziehungen bei, indem sie dazu beitragen, magische Vorstellungen und Illusionen bezüglich der Eltern aufgeben zu können.

In der nächsten, der zweiten Schicht bildet sich das Ichideal aus idealen Konzepten des Selbst und den idealisierten Eigenschaften der Eltern, aber auch die realistischen Selbst- und Elternbilder spielen bereits eine Rolle. Das Ichideal wiederholt und widerspiegelt auf einer höheren Stufe die kindliche Sehnsucht, die nie ganz aufgegeben wird, eins zu sein mit der Mutter, dem ersten Liebesobjekt. »Auch unser nie endender Kampf um Übereinstimmung von Ich und Ich-Ideal ist ein Reflex des ewigen Fortbestehens dieses Wunsches« (p. 108).

Die Integration guter und böser Objektbeziehungen bewirkt in der dritten Schicht, während des ödipalen Konflikts, eine realistischere Einschätzung der Gebote und Verbote der Eltern. Enttäuschungen werden als Entwertungen auf die Eltern projiziert, haben aber positive Auswirkungen, indem das Kind seine Illusionen und magischen Ideen, die es von der elterlichen Allmacht hatte, aufgeben kann und eine realistischere Einstellung zum Selbst und zu den Objekten der Umwelt gewinnt. Die Feindseligkeit gegen die Eltern wird später durch eine erneute Idealisierung kompensiert (die aber jetzt nicht mehr der primitiven Idealisierung der zweiten Schicht gleicht, sondern eine Reaktion auf Schuldgefühle gegenüber den Eltern darstellt), während die Idealisierung der Selbstimago gegen eine Selbstentwertung wirkt. (p. 122). Sexuelle und aggressive Impulse nehmen ab und Selbstkontrolle und die Fähigkeit zur Selbstkritik entwickeln sich. So entstehen langsam stabile Objektbeziehungen zu den Eltern. Diese Entwicklungen geben dem Kind Sicherheit und ein erhöhtes Selbstwertgefühl.

In der vierten Schicht wird das Überich durch den fortlaufenden Prozeß der Verinnerlichung in ein abstraktes Wertesystem und in abstrakte Ideale verwandelt und kommt so von der Idealisierung von Personen frei (pp. 122f, 133). Durch Neutralisierung von exzessiven, primitiven Schuldgefühlen und exzessiven inneren Forderungen, die sich gegenseitig entschärfen, entsteht die Fähigkeit, normale differenzierte Schuldgefühle zu erleben und zu tolerieren. Unpersönliche moralische Prinzipien regulieren den Umgang mit Beziehungen.

Das Überich, das tief im Unbewußten liegt, vermittelt Schuldgefühle, die meist auch unbewußt bleiben. Es operiert mit moralischen Begriffen wie richtig – falsch, gut – böse und beurteilt so die menschlichen sozialen Beziehungen; es stellt die Stimme des Gewissens dar. Während die Struktur des Überichs unbewußt bleibt, kann man das eigene Gewissen auch bewußt erleben, z.B. als ein gutes Gewissen, das ein befriedigendes Gefühl im Bewußtsein erzeugt. Auch unsere ethischen Werte sind uns bei einem gut ausgebildeten Überich bewußt und so können Schuldgefühle differenziert erlebt werden. Schwere depressive Verstimmungen und pathologische Schuldgefühle sind das Resultat eines primitiven Überichs. Letzteres kann zwar selbstbestrafend wirken, aber das Ich ist dann nicht in der Lage, selbstkritische moralische Kräfte zu mobilisieren (p. 145).

In der Adoleszenz findet eine Neuorientierung statt. Ödipale Wünsche, die aus der Kindheit stammen, kehren wieder. Aber gleichzeitig muß der Jugendliche zu einem erwachsenen Sexualverhalten finden. Die Stimme des Überichs sagt nun: »»Als Erwachsener darfst du sexuelle Freiheit und Freiheit im Denken und Handeln in dem Maße genießen, wie du auf deine infantilen Triebwünsche verzichtest, die Bindung an die Kindheit lockerst und die ethischen Normen und Verpflichtungen eines Erwachsenen akzeptierst‹« (p. 187). Nach turbulenten Triebkonflikten können sich dann moralische Wertvorstellungen weiterentwikkeln, so daß man die innere und äußere Realität noch besser beurteilen und auch danach handeln kann.

Es ist wichtig, daß Ich und Überich harmonisch aufeinander abgestimmt sind und zusammenarbeiten. Aber oft stimmen die Interessen und Ziele des Ichs und des Überichs nicht überein und so gibt es »Kollisionen der moralischen Grundsätze des Überichs mit diesen utilitaristisch-ehrgeizigen Zielen des Ichs« (p. 165). Wenn jedoch das Überich moralische Anpassung und soziales Verhalten reguliert und das Ich die praktische Anpassung an die Gesellschaft und an die Realität übernimmt, so besteht Harmonie zwischen beiden.

Edith Jacobson hat die vollkommenste Beschreibung der verschiedenen Entwicklungsschichten des Überichs gegeben und damit auch ein tieferes Verständnis für die Pathologien des Überichs geschaffen, das Otto F. Kernberg dann weiter ausgebaut hat.

Traumatische Erfahrungen in der Kindheit bewirken eine Überwucherung von phantastischen Geboten und Verboten im Kind, die von ihm dann projiziert werden und so normale oder sogar ideale Forderungen der Eltern verzerren. So werden in der Phantasie des Kindes harmlose Ansprüche zu sadistisch-perfektionistischen Geboten umgewandelt, die nicht befolgt werden können, so daß die Eltern noch sadistischer erscheinen. Eine solche Entwicklung führt im besten Fall zu einer rigiden aggressiven Überichbildung, im schlimmsten Fall zum Stillstand, so daß die normale realistische ödipale Schicht nicht erreicht werden kann, und das Realitätsbewußtsein gestört ist, woraus schwere Überich-Defizite entstehen können. Mit diesen hat sich später Kernberg befaßt.

5. Annie Reich: Überich und Ichideal

Annie Reich beschreibt in einer frühen Schrift das Ichideal und dessen Wirkung auf narzißtische Frauen (Reich 1953). Diese Frauen sehnen sich nach Verschmelzung mit einem narzißtisch geliebten Objekt, eine Sehnsucht, die Reich als »*unio mystica*« bezeichnet. Die »*unio mystica*« wird wie ein Zusammenfließen von Selbst und Primärobjekt (Mutter) erlebt, wodurch der Abstand zwischen Ich und Ichideal scheinbar aufgehoben ist, was das verminderte Selbstwertgefühl erhöhen kann. Das Ichideal stammt aus einer Zeit, in der das Kind vor allem die Mutter als sein Ideal angesehen hat und so werden wollte wie sie. Narzißtische Frauen bleiben mit der Mutter identifiziert und suchen dann oft einen Partner, mit dessen Stärke, Intelligenz oder Wichtigkeit sie sich dann kompensatorisch identifizieren können. Die narzißtische Befriedigung wird wieder hergestellt, die Bindung an die Mutter wurde in diesen Fällen nie aufgegeben. Der Partner hat die Stelle der als ideal erlebten Mutter eingenommen.

Wenn diese Sehnsucht nach der Mutter nicht aufgegeben wird, bleibt das Ichideal grandios und verhindert so reife Objektbeziehungen, weil das Ich schwach und das Überich unterentwickelt bleibt. Eine Realitätsanpassung wird nicht geleistet und reale Begrenzungen können nicht akzeptiert werden. Andererseits, erklärt Reich, ist Identifizierung und Idealisierung, im Gegensatz zur Liebe, für manche der einzig mögliche Ersatz für Objektbeziehungen.

Das Überich wird von Reich als eine separate Instanz gesehen, die sich vom Ichideal grundlegend unterscheidet. Die Strukturierung des Überichs wird möglich, wenn das Kind lernt, die Realität zu akzeptieren. Durch das Ichideal hingegen versucht es, die verlorene Omnipotenz der Kindheit wiederzugewinnen, um so die Selbstachtung zu regulieren. Reich schließt sich Nunberg an, der sagt, daß das Ichideal auf der Identifizierung mit der Mutter und der Liebe für sie gründet, während das Überich aus der Angst vor dem Vater entsteht und für Triebkontrolle und Anpassung an die Realität zuständig ist (p. 29).

Das Überich, wenn ungenügend entwickelt, bleibt infantil und abhängig von dem Urteil anderer oder aber es wird auf andere projiziert, die dann für diesen Menschen Bewertungen treffen, über Recht und Unrecht entscheiden sollen. Nur ein reifes Überich kann die Realität richtig einschätzen, kann urteilen, ohne von Emotionen überwältigt zu werden, und somit zwischen Gut und Böse unterscheiden.

In »Early Identifications as Archaic Elements in the Superego« (1954) setzt Annie Reich den Gedanken fort, daß, wenn man in frühen Ichideal-Identifizierungen steckenbleibt, sich an eine frühe Elternimago klammert, man glaubt, mit Hilfe von magischen Wunschvorstellungen sein Ziel erreichen zu können. Diese Vorstellungen ersetzen dann eine normale realistische Befriedigung, um für kurze Zeit Ängste und vermindertes Selbstgefühl zum Verschwinden zu bringen. Es ist notwendig, ein Gefühl für den eigenen Wert zu entwickeln, dann wird auch das Ichideal realistischer. Denn Realitätsprüfung, d.h. das Unterscheiden-Können zwischen Wunschphantasien und realen Gegebenheiten, ist eine Vorbedingung für ein gut funktionierendes Überich.

In »Pathologic Forms of Self-Esteem Regulations« setzt Reich sich mit dem infantilen narzißtischen Charakter auseinander, der Wunsch von Realität nicht unterscheiden kann (Reich 1960, p. 216). Wünsche, das Unmögliche zu erreichen, zeigen an, daß man sich mit der inneren und äußeren Realität nicht auseinandersetzen kann. Das Überich soll dabei helfen, das innere Bild von sich richtig zu beurteilen, während das Ich hilft, die äußere Realität richtig einzuschätzen. Wenn das Ich dabei versagt, ist auch das Überich betroffen, weil sich das Individuum dann auch moralisch nicht richtig einschätzen kann: Das Überich ist dann nicht genügend internalisiert und wird, wie schon eben beschrieben, z.T. auf andere projiziert, die dann die moralische Entscheidung treffen sollen. Ich- und Überich-Defekt treffen da zusammen.

Eine positive Bewertung seiner selbst ist eine Vorbedingung für das eigene Wohlbefinden. Reich hält sich in »Pathologic Forms of Self-Esteem Regulations« (1960) an Jacobsons Gedanken, daß das Selbstwertgefühl die Diskrepanz oder die Harmonie zwischen Selbstrepräsentanz und dem Wunsch-Konzept des Selbst ausdrückt. Durch das Überich haben wir die Möglichkeit, unser Selbstwertgefühl zu regulieren, indem es uns hilft, die innere und äußere Realität zu bewerten, und uns erlaubt, anstatt absolute Perfektion zu erwarten, toleranter und empathischer gegen uns selbst und andere zu sein.

6. Roy Schafer: Das Überich ist nicht nur streng

»The Loving and Beloved Superego in Freud's Structural Theory«

Schafer geht in dieser Arbeit davon aus, daß Freud im Überich nicht nur eine strafende und verfolgende Instanz sieht, sondern auch eine liebende, und so versucht er eine Beschreibung der oft übersehenen liebevollen Funktionen des Überichs.

Freud hielt vorwiegend an dem strengen, oft feindseligen Überich fest, weil es bei der Erklärung der negativen therapeutischen Reaktion half, die Freud mit dem damals von ihm entdeckten Todestrieb verband, der unter dem Einfluß therapeutischer Probleme formuliert wurde und dessen Destruktivität durch das Überich gebunden und ausgegrenzt werden kann. Ferner hilft das strenge Überich, die erotischen Wünsche des Ödipuskomplexes zu kontrollieren und einzugrenzen (Schafer 1960, p. 169f). Darüber hinaus beobachtete Freud in seinen Analysen mit zwangsneurotischen, melancholischen und paranoischen Patienten ein überaus strenges Überich.

Das Überich war für Freud eine Instanz, die korrigiert und zensiert, aber auch beobachtet, aufpaßt, behütet und beschützt. Das Überich »ist immer im Dienst«[8] (»it is ever on duty«), nichts bleibt ihm verborgen, wobei es auch hilfreich ist, indem es die verschiedenen Grade des Bösen unterscheiden und entsprechend reagieren kann. Schuldgefühle dienen dann als Signale, um extreme Hilflosigkeiten und Traumata vermeiden zu können (p. 174). Dennoch sah Freud es als eine Hauptaufgabe der Psychoanalyse an, das Ich von seiner extremen Abhängigkeit vom Überich zu befreien.

---

8   Übersetzungen aus dem Englischen und Französischen von AR.

In der Todesangst der Melancholie z.B. fühlt das Ich sich vom Überich gehaßt und verfolgt anstatt geliebt (Freud 1923), während vom Überich geliebt zu werden für das Ich Leben bedeutet. Das Überich ist da in der Rolle des Retters und Beschützers, wie es in der Kindheit der Vater gewesen ist und wie es später die Vorsehung und das Schicksal übernommen haben.

Daneben aber sichert das Überich durch Kontrolle der erotischen ödipalen Impulse die liebevolle Bindung an die Eltern in desexualisierter Form. Der Preis dafür ist, auf triebhafte Wünsche verzichten zu müssen. Die Angst vor dem Überich und die Abhängigkeit von ihm werden später, nach Freuds Meinung, noch durch die Angst vor der Gemeinschaft, dem Schicksal und vor dem Tod erweitert (p. 168).

Das liebende und geliebte Überich wird von Freud in seine Theorie mit einbezogen. Es ist ein Repräsentant des Es, denn es stellt als Nachfolger des überwundenen Ödipuskomplexes einen zwar entsexualisierten, aber befriedigenden Ersatz der ödipalen Beziehung dar. Das Ich wird vom Es geliebt, wie man früher die realen Eltern geliebt hat, und das Ich wird vom Überich geliebt, wie man sich gewünscht hat, von den Eltern geliebt zu werden.

Bereits in *Totem und Tabu* (1912-13), worin Freud den Ursprung des Gewissens erklärt, wird ein liebevoller Aspekt des Überichs beschrieben. Es gehört zur Entwicklung des Sohnes, in der Phantasie mörderische Gefühle für den Vater zu haben. Der Mord am Vater durch die Bruderhorde (bzw. diese Phantasie) ruft tiefe Schuld- und Ambivalenzgefühle hervor. Die liebevolle Gefühlsseite dieser Ambivalenz erzeugt Reue und bewirkt, daß die väterliche Autorität innerlich von der Bruderhorde wieder aufgerichtet wird.»In dieser Hypothese bringt Liebe den ermordeten Vater in Form des Gewissens wieder zum Leben«, schreibt Schafer (p. 172f).

In Situationen, in denen man sich vom Überich im Stich gelassen fühlt, wie z.B. in traumatischen Neurosen oder Depressionen, verliert man jede Sicherheit und fühlt sich alleingelassen von einer Schicksalsmacht. Hingegen ist normaler Mut und Durchhaltevermögen und die Fähigkeit, intensivste Stimulation und Deprivation zu ertragen, ein Zeichen dafür, daß man sich vom Überich oder vom Schicksal anerkannt und geliebt fühlt. Auch Gefühle der Minderwertigkeit sind, nach Freud, eine Indikation, daß man die Liebe des Überichs verloren hat, genauso wie Schuldgefühle ein Zeichen dafür sind, daß man sich vom Überich gehaßt fühlt (p. 178f).

Das Kind wird durch die Gewissensentwicklung auf das Leben in einer zivilisierten Gemeinschaft vorbereitet. Das Überich hilft also, Objektbeziehungen zu bilden und zu gestalten, indem das Kind lernt, soziale Gefühle zu entwickeln, wenn ihm sinnvolle Grenzen gesetzt werden und wenn es auch bestraft wird, denn damit korrigieren die Eltern die erschreckenden Phantasien von Bestrafung, die das Kind in sich trägt und selbst gegen seine verbotenen Impulse richtet (p. 184). Es hängt viel von der Qualität und Sicherheit der elterlichen moralischen Führung ab, ob und wie das Kind durch Internalisierung des elterlichen Überichs sich selbst Vater werden und damit moralische Werte entwickeln kann.

Das liebende und geliebte Überich wird durch die geliebten und bewunderten ödipalen und präödipalen Eltern gebildet und die Liebesfähigkeit, die so vermittelt wird, hilft dem Kind später, die eigenen Kinder zu beschützen und zu führen. Und selbst das bestrafende Überich ist Teil elterlicher Fürsorge und Liebe.

Das Ich bleibt zeitlebens vom Überich abhängig und versucht, dessen Liebe nicht zu verlieren. Dabei lernt es, »Schmerz, Einschränkung, Mißhandlung und Verlassenheit zu ertragen« (p. 179), und ist stolz, wenn es ihm gelingt, Verzicht zu üben.

Das liebende Überich hilft, befriedigende Objektbeziehungen zu halten und die Liebe sowie auch Schuldgefühle, die dafür nötig sind, zu erleben, und es bewirkt, daß diese Beziehungen nicht unter zu starken Ambivalenzen stehen.

7. Joseph und Anne-Marie Sandler: Das unterstützende Überich

1960 hat Joseph Sandler »The Concept of Superego« in *The Psychoanalytic Study of the Child* (neu erschienen 1987) publiziert, zusammen mit Roy Schafers Arbeit über das Überich. Darin hat er, wie Schafer, die freundlichen, stützenden Eigenschaften des Überichs beschrieben.

Das Kind kann schon sehr früh erkennen, wann sein Verhalten bei den Eltern Zustimmung und wann Ablehnung hervorruft. So bringen die Eltern dem Kind das Realitätsprinzip nahe, und es lernt, daß dieses das Lustprinzip ersetzen kann.

Wenn das Kind sich mit den Eltern identifiziert, fühlt es sich eins mit den bewunderten Eigenschaften der Eltern und das verschafft ihm ein Gefühl des Selbstwertes. Identifizierung mit den Eltern einerseits und ein Verhalten, das ihre Zustimmung fördert, andererseits sind zwei Möglichkeiten des Kindes, sich geliebt zu fühlen. Dabei handelt es sich noch um das, was Sandler das präautonome Überich (»preautonomous superego«, 1960, p. 37) nennt, ein Überich, das noch unter der Autorität der Eltern steht und eine Basis für das spätere Überich darstellt. Warnsignale wie die Angst vor bevorstehender Strafe oder Liebesverlust können noch nicht als Schuldgefühle verstanden werden. Diese werden erst nach der Auflösung des Ödipuskonflikts erlebbar, wenn sich aus der Introjektion der Eltern das Überich gebildet hat.

Introjekte können teilweise oder sogar ganz die realen Objekte ersetzen. So wird die Beziehung zu den realen Eltern zwar aufrecht erhalten, aber sie sind nicht mehr so wesentlich als Autoritäten. Sandler vergißt, daß, wenn die Eltern als gute Introjekte verinnerlicht worden sind, die Kinder diese wieder auf die Eltern projizieren und so die gute Beziehung zu ihnen verstärken.

Das Überich ist jetzt auch fähig, Liebe und Wohlbefinden zu vermitteln. Selbstwert und Selbstvertrauen sind gestärkt, wenn das Ich sich vom Überich geliebt fühlt. Natürlich ist das Kind in gewisser Hinsicht trotzdem noch auf die Liebe der Eltern angewiesen und auch die Unterstützung eines Freundes bleibt für unser Selbstwertgefühl das ganze Leben lang wichtig (p. 42).

In *Internal Objects Revisited* (1998) gehen Joseph und Anne-Marie Sandler auf die Bedeutung des Überichs in seinem Verhältnis zu Objektbeziehungen ein. Das Gefühl, von den Eltern geliebt zu werden, gibt dem Kind Sicherheit und stärkt sein Selbstwertgefühl. Später sind es nicht mehr die Eltern, sondern das Elternintrojekt, das zum Überich geworden ist, das dem Kind Wohlbefinden und Sicherheit vermittelt, und zwar dann, wenn das Überich sich mit dem Ich in Harmonie befindet (pp. 9f). In jedem Menschen besteht ein großer Wunsch nach Sicherheit, Geborgenheit und Wohlbefinden und auch der Wunsch, sich gegen unangenehme Gefühle, vorhandene oder zu erwartende, zu schützen. Dieser Wunsch wird durch die Interaktion mit einem geeigneten Objekt, entweder einem realen äußeren oder einem phantasierten, erfüllt: »Object relations can, from this point of view, be seen as wish fulfilments […]« (p. 122).

Die Beziehung zwischen Ich und Überich kann als eine Objektbeziehung verstanden werden, in der das Ich vom Überich nicht nur kritisiert und beurteilt, sondern auch geliebt wird. Das Überich ist dann zu einer inneren Autorität geworden, ein »innerer Begleiter«, »a sort of back-seat driver«(p. 128).

Die Autoren betonen die schützende Funktion des Überichs, die dem Wunsch des Kindes, aber auch des Erwachsenen, nach Schutz und Wohlbefinden gerecht wird. Wie sich das Kind früher von den Eltern gehalten fühlte, wird der Erwachsene vom Überich gehalten und so wird sein Selbstwertgefühl gestärkt.

In gewisser Weise sind wir unser ganzes Leben lang von der realistischen Meinung anderer, für uns wichtiger Personen, die wir als innere Objekte internalisiert haben, abhängig, davon daß sie uns anerkennen und schätzen. Da aber das Überich langsam eine abstrakte hochindividualisierte Instanz in uns geworden ist, unterstützt und sichert es unser Selbstwertgefühl auch in Momenten, wenn äußere Bestätigungen fehlen. Das Überich garantiert Schutz auch in turbulenten Zeiten.

8. Robert Emde: Das Kind

Moral ist für Emde »die internalisierte Neigung, etwas zu tun sowie auch es nicht zu tun« (Emde et al. 1991, p. 252). Die Entwicklung der moralischen Internalisierung ist ein Prozeß, in dem Individuen den Konflikt zwischen persönlichen Bedürfnissen und sozialen Verpflichtungen regulieren. Dieser Prozeß setzt ein, bevor das Kind über Selbsterkenntnis und moralisches Urteilsvermögen verfügt.

Die Autoren fanden bei ihren Untersuchungen, es gäbe so etwas wie »procedural knowledge«, das nicht im Bewußtsein verankert ist. Das Kleinkind muß sich also der verschiedenen Regeln, nach denen es handelt, nicht bewußt sein, um ihnen folgen zu können. Dieses Wissen erwirbt das Kind durch Erfahrung, durch tägliche Interaktion mit der Mutter oder dem Betreuer (caregiver), indem es z.b. bei bestimmten wiederholten Akten den Gesichtsausdruck der Mutter beobachtet. Durch ein face-to-face wechselseitiges Verhalten (»turn-taking«) mit dem Betreuer erlernt es soziale Regeln. Während der Beobachtung signifikanter Erwachsener kann das Kleinkind durch deren emotionalen Gesichtsausdruck oder andere Indikationen ihre emotionalen Neigungen und ihre Verfügbarkeit unbewußt erkennen. Das Kind wird sich dem Betreuer z.B. zuwenden, wenn etwas Neues auf es zukommt, und mit einem fragenden Blick den Gesichtsausdruck des Betreuers beobachten, um zu wissen, wie es sich verhalten soll. Emde nennt das »social referencing«, es basiert auf der Beständigkeit der Emotionen im Selbst und im anderen, d.h. das Kind hat bereits öfters in einer gewissen Regelmässigkeit und Beständigkeit die eigenen Emotionen und die der Mutter (Betreuer) erlebt.

Durch die Evolution verfügen wir, so die Autoren, über angeborene Tendenzen, die wir für unsere moralische Entwicklung brauchen und die durch das ganze Leben erhalten bleiben. Diese sind Exploration, Selbstregulierung, Beobachtung der Affekte und kognitive Wahrnehmung und vor allem »social fittedness« (soziale Eignung). Letzteres ist ein komplexes dynamisches Verhalten und besteht in einem von Geburt an mitgebrachten Anpassungsvermögen, um menschliche

Interaktionen durch Augenkontakt oder Mimik sowohl zu initiieren wie auch aufrechtzuerhalten und zu beenden (p. 255).

Dieses frühe moralische Selbst wird durch das elterliche »tu's« und »tu's nicht« weiterentwickelt. Das Kleinkind lernt Regeln in der Beziehung zum Betreuer und es helfen ihm dabei die eigenen angeborenen, oben erwähnten Neigungen und Motivationen. Regeln, die z.B. Gegenseitigkeit (reciprocity) beinhalten, entwickeln sich aus der Motivation der sozialen Angemessenheit, ebenso das »turn-taking«. Diese, durch face-to-face »turn-taking« erlernten Regeln stellen, nach Emde et al., eine Grundform der Moralität dar, denn alle moralischen Systeme beinhalten ein Gefühl für Reziprozität.

»Turn-taking« führt noch zu einem anderen wichtigen Aspekt früher Moralität, nämlich Empathie. Am Ende des 2. Lebensjahres spielt »social referencing« eine wichtige Rolle, wenn das Kind in unsicheren Situationen sich wichtigen Erwachsenen fragend zuwendet und von ihnen emotionale Signale erwartet. In dieser Zeit beginnt das Kind auch zu leiden, wenn ein anderer Schmerzen zeigt, und es hat den Drang, helfen zu wollen. Ungefähr zu derselben Zeit kann das Kind moralische Konflikte erleben und z.T. lösen. Auch das Bedürfnis nach »getting it right« (es in Ordnung bringen) entwickelt sich jetzt, d.h. wenn das Kind ein bekanntes Objekt sieht, das es gut kennt, und es ihm beschmutzt oder fehlerhaft erscheint, möchte das Kind es in Ordnung bringen. Auch darin sehen die Autoren eine Form früher Moralität. Kagan, so Emde, meint, daß alle Moralsysteme internalisierte Standards haben, die mit Gefühlen des Unbehagens einhergehen, wenn diese Standards verletzt werden.

Die Autoren sind überzeugt, daß sich moralisches Verhalten im Kind am besten durch die mit dem Betreuer geteilten Emotionen und Gefühle entwickeln kann. Aber die Unterstützung und fortlaufende Betreuung durch die Erwachsenen ist dafür entscheidend Das Kind kann soziale Regeln lernen, Gefühle für andere entwickeln, Schmerzen und Frustrationen ertragen, wenn die Eltern im Kind ein moralisches Bewußtsein fördern und die Werte der Eltern mit dem narzißtischen Selbstverständnis des Kindes übereinstimmen.

Emde et al. beschreiben aufgrund ihrer empirischen Beobachtungen überzeugend diese Fusion von angeborenen affektiven und kognitiven Fähigkeiten mit beziehungsabhängigen emotionalen und kognitiven Einflüssen, die von der moralischen Einstellung der Eltern mitbestimmt sind und zum Aufbau eines moralischen Gewissens beim Kind fundamental beitragen.

9. Melanie Klein: Archaische Ursprünge des Überichs

Sicherheit, Liebe, Dankbarkeit

Vielleicht die größte Revolution innerhalb der Überich-Theorie der Psychoanalyse sind Melanie Kleins Beiträge zu den präödipalen Ursprüngen des Überichs, d.h. ihre Beschreibung der Internalisierung von phantastischen, idealisierten und verfolgenden Imagines der präödipalen Mutter und des präödipalen Elternpaares. Klein umriss die Charakteristika dieser frühen Überich-Struktur, die heute allgemein als die erste und tiefste Schicht in der Entwicklung des Überichs anerkannt wird und die indirekt zu den Untersuchungen von Edith Jacobson führten.

Die Entwicklung des Überichs ist das Resultat einer Folge von Introjektionen »guter« und »böser« Objekte in der frühesten Kindheit. Diese wurden in Zeiten von Liebe und Haß internalisiert und langsam im Ich assimiliert und integriert.

In »Frühstadien des Ödipuskonfliktes« (1928) versetzt Melanie Klein den Ödipuskonflikt in die Zeit der Entwöhnung, Ende des ersten bis Anfang des zweiten Lebensjahres. Die Formation des Überichs beginnt gleich danach, also mit dem Einsetzen des Ödipuskonfliktes, ist aber noch primitiv. Der Ödipuskomplex drückt sich zunächst in prägenitalen, d.h. oralen und analen Impulsen bzw. Versagungen aus, die Angst machen, da das strenge, sadistische Überich, das in der oralen und anal-sadistischen Phase entsteht, auf ein noch kaum entwickeltes Ich stößt. In der Phantasie des Einjährigen entsteht die Angst, gebissen und verschlungen zu werden. Sie spiegelt den nach außen projizierten Wunsch des Kindes wider, die Mutter zu beißen und zu verschlingen. Das Kleinkind erwartet deshalb furchtbare Strafen von dem Elternintrojekt, so daß auch sein Überich in dieser Zeit beißend und strafend ist. Das Überich bezieht von daher seine Strenge und seine stark sadistischen Züge und ist viel grausamer als die realen Eltern je gewesen sind. In dieser Frage stimmt Klein mit Freud überein.

Vier Jahre später läßt Klein die Überichentwicklung zwischen das erste halbe und das dritte Lebensjahr fallen (1932). Sie hat in dieser Arbeit vor allem den Haß erforscht, und erst später stellt sie die Liebe dem Haß zur Seite. Frühe Introjekte und Identifizierungen des Kindes bilden die frühen Stadien des Überichs. Der orale Sadismus im Kleinkind erreicht seinen Höhepunkt während der Entwöhnung und des Beginns des Ödipuskonflikts. Die sadistischen Phantasien des Kindes zentrieren sich auf den elterlichen Sexualverkehr (Urszene); das Kind stellt sich vor, daß die Eltern sich gegenseitig mit den Genitalien zerstören. Diese Phantasien initiieren den Ödipuskonflikt sowie auch die Überich-Bildung. Letztere wird eben durch diese destruktiven Impulse und Phantasien sowie die daraus resultierenden Ängste und Schuldgefühle ausgelöst.

So ist es also Haß, der den Ödipuskonflikt und die frühen Stadien des Überichs einleitet. Klein beruft sich auf Freud, der in »Triebe und Triebschicksale« (1915) feststellt, daß Haß, der durch die narzißtische Zurückweisung der äußeren Welt und ihrer Stimuli entsteht, älter ist als Liebe. Diese ersten Ängste sind verfolgende, gehören der paranoid-schizoiden Position an und sind nach Klein, eine Manifestation des Todestriebs.

Die in der oral-sadistischen Phase introjizierten Objekte – die ersten Objektbesetzungen und Identifizierungen – bilden also schon das beginnende Überich (Klein 1932, dt.: p. 179). Diese feindseligen inneren Objekte – auch das Überich – werden aber wieder ausgestoßen, auf Objekte der Außenwelt projiziert. Die durch Haß und Angst verzerrten inneren Objekte sind so für die Entwicklung der Objektbeziehungen sowie für die Formation des Überichs und die Anpassung an die Realität von größter Bedeutung: In der Phantasie werden Zerstörungen von Objekten vorgenommen und diese beeinflussen natürlich die Beziehungen zur Außenwelt.

Die Phantasien des Kleinkindes von verfolgenden, grausamen Mächten wie Drachen, Monstern, verschlingenden Wölfen stellen das frühe Überich dar, vor dem das Kind Angst hat, es würde von ihm gebissen oder verschlungen werden (Klein 1933). Hinter diesen Figuren stehen die Eltern, wie Klein durch ihre Kinderanalysen bestätigt gefunden hat. Sie erklärt das mit den furchterregenden Ängsten bezüglich der tief-unbewußten, verdrängten, aggressiven Impulse gegen die Eltern, die das Kind dann auf die Eltern projiziert. » [U]nter dem Einfluß des Überichs [werden die Eltern] in einem phantastischen Licht wahrgenommen« (1933, dt.: p. 9).

In der genitalen Phase hat das Kind meist die sadistischen Impulse und eigenen aggressiven Strebungen überwunden, die Objekte der Außenwelt werden realistischer gesehen, die Ängste haben abgenommen und an deren Stelle können Schuldgefühle erlebt werden, weil das Kind jetzt glaubt, sein Haß hätte Mutter, Vater und die ganze Welt angegriffen. So ist das Überich entsprechend milder geworden. Das Kind kann jetzt positive Objektbeziehungen entwickeln, es beginnt Rücksicht zu nehmen, soziale Gefühle zu erleben und den Wunsch nach Wiedergutmachung zu empfinden. Die Psychoanalyse kann den Aggressionstrieb sicherlich nicht abschaffen, aber »durch eine Minderung der Angst [...] kann sie es verhindern, daß Haß und Angst sich kontinuierlich wechselseitig verstärken« (p. 19).

Wenn das Individuum das primäre gute Objekt in sich aufgerichtet hat, ist es fähig zu lieben, auch wenn das Liebesobjekt Schwächen hat, während Idealisierung oft schnell wieder verschwindet und meist ein Zeichen von Neid ist, der so überdeckt wird. Der stärkste Neid steht immer in Zusammenhang mit dem Neid auf die nahrungsgebende Brust und tiefe Schuldgefühle entstehen durch das Gefühl, diese Brust beschädigt zu haben.

Das Kind reagiert jetzt mit Liebe und Dankbarkeit auf die Pflege und Liebe der Mutter (1937). Es hat Angst, das geliebte Objekt zerstört zu haben, Schuldgefühle sowie Sorge, Mitgefühl und die Verantwortung für den anderen stellen sich ein.

Eine andere Bedingung der Liebe ist die Fähigkeit, sich mit anderen identifizieren zu können; das ist eines der wichtigsten Elemente menschlicher Beziehung, laut Klein. Wir handeln an dem anderen wie ein gutes Elternobjekt und stellen so in der Phantasie die Liebe her, die wir uns von den Eltern seinerzeit gewünscht haben (dt.: pp. 115f).

Forschen und Kreativ-Sein bedeutet, »neues Territorium« zu entdecken und somit ein Verlassen der Mutter einerseits und ein neues Wiederfinden von ihr andererseits (pp. 145f. »Der Wunsch nach Wiedergutmachung, der so eng mit der Sorge um die geliebte Person und der Angst vor ihrem Tode verbunden ist, kann nur in schöpferischen und konstruktiven Formen Ausdruck finden« (p. 148).

Die beiden Grundbedürfnisse Sicherheit und Liebe sind für immer mit den ersten emotionalen Erfahrungen, der mit der Mutter erlebten Liebe verbunden. Auch die Beziehung, die wir zu uns selbst haben, ist für die Liebesfähigkeit entscheidend. Sie hängt nicht nur von guten Erfahrungen mit den ersten Objekten ab, sondern auch davon, ob und wie wir die liebevollen und reichen, aber auch die frustrierenden Erfahrungen mit Personen der Vergangenheit in uns bewahren: »Diese auf realen Erfahrungen und Erinnerungen beruhenden Phantasie-Beziehungen bilden einen Teil unseres kontinuierlichen aktiven Gefühlslebens und unserer Vorstellungswelt; sie tragen zu unserem Glück und unserer seelischen Kraft bei« (pp. 153f).

Wenn wir Wiedergutmachung leisten, sind wir auch fähig, mehr Liebe zu geben und zu empfangen. Je mehr Befriedigung und Liebe wir erleben, desto weniger anfällig sind wir für Deprivationen und um so besser auch gefeit gegenüber Gier und Haß.

Eine gute Beziehung zu sich selbst ist die Bedingung für Liebe und Toleranz gegenüber anderen. Darunter versteht Melanie Klein die Beziehung zu all dem, was wir in uns schätzen und lieben und was wir in uns hassen. Wir schätzen in uns das, was wir durch unsere Beziehung zu äußeren Menschen an Gutem erworben haben, und auch die damit verbundenen Emotionen sind innerer Besitz geworden. Was wir hassen, sind die harten und strengen Objekte in uns, die vor allem die Folge unserer Aggressionen gegen unsere Eltern sind. Wenn das Individuum in der Lage, war die guten inneren Eltern in sich zu bewahren, die ihm das Vertrauen in andere und den Glauben an die eigene Güte erhalten haben, so wird es in Zeiten von Unglück und Traurigkeit wieder in der Außenwelt Menschen finden, die für die guten inneren Eltern stehen.

Die Fähigkeit des Kindes zu lieben wird gestärkt, wenn im Kind die »böse« und die »gute« Brust fusionieren und es immer mehr gute und realistische Objekte reintrojizieren kann. Böse Introjekte hingegen vergrößern die Gier und mindern die Frustrationstoleranz. Allmählich werden aber Gefühle der Liebe und destruktive Impulse gegen ein und dasselbe Objekt im Ich synthetisiert. Die entstandenen Schuldgefühle erzeugen im Kind das Bedürfnis, Wiedergutmachung für die Objekte zu leisten, die es in der Phantasie meint beschädigt zu haben. Depression und Trauer stellen sich dadurch ein, und Klein hat beobachtet, »daß zusammen mit dem Erleben tiefer Depression auch Gefühle der Hoffnung auftauchen« (1952a, dt.: p. 128).

In »Zur Entwicklung psychischen Funktionierens« (1958) stellt die Herausgeberin in einem Kommentar fest, daß Klein eine neue und andere Sicht bezüglich des Überichs gefunden hat. Die phantastischen schreckenerregenden Gestalten, die 1933 noch Teil des kindlichen Gewissens waren, beschreibt Klein 1958 als abgespalten von Ich und Überich, sie befinden sich in einem abgetrennten, tief unbewußten Teil der Psyche. Lebenstrieb und Todestrieb, die Fundamente von Liebe und Haß, gehen im Ich eine Fusion ein, und wenn der Lebenstrieb und damit die Liebesfähigkeit stärker ist, ist das Ich auch der Angst gewachsen, die der Todestrieb hervorruft.

Das Überich entsteht aus der konfliktuellen Polarität des Lebens- und Todestriebes im Ich. Introjektionen, die im Dienste des Lebenstriebs stehen, verbinden sich mit den Todestrieb-Elementen. Überwiegt der Lebenstrieb, so werden die guten Objekte vor den destruktiven Impulsen und dem Haß geschützt. Der Todestrieb wird so vom Überich gebunden: »Das Über-Ich wird, wenn die Entwicklung gut verläuft, bis zu einem gewissen Grad als hilfreich empfunden und operiert nicht als überstrenges Gewissen«. Das Überich hat also auch einen schützenden Aspekt (p. 378f).

In »Neid und Dankbarkeit« (1957), der letzten großen Schrift Melanie Kleins, erklärt sie, daß Neid Liebesgefühle und Gefühle der Dankbarkeit unmöglich macht, weil er die erste Beziehung, die zur Mutter, verletzt. Neid besteht aus oral- und anal-sadistischen Impulsen, die von Geburt an wirken und konstitutionell verankert sind. Dankbarkeit gehört zur Liebesfähigkeit und sorgt für gute Objektbeziehungen und befähigt dazu, das Gute im anderen zu erkennen und zu schätzen (dt.: p. 299).

Dem Kleinkind Frustrationen zu ersparen ist unrealistisch, denn sie ermöglichen Anpassung an die äußere Realität und sind hilfreich für die Entwicklung des Ichs und des Realitätssinns. Nur durch Konflikte wird man kreativ (p. 297). Auch Genuß (enjoyment) kann das Kleinkind nur erleben, wenn die Fähigkeit zu lieben entwickelt ist, und das Gefühl der Dankbarkeit wird erst durch Genießen-Können möglich. Ohne Dankbarkeit ist auch keine Großzügigkeit denkbar. Dankbarkeit entsteht in der frühen Kindheit, wenn die Mutter für das Kleinkind das eine und einzige Objekt ist, sie entsteht aus der Liebe (p. 300f).

Neid verhindert nicht nur Beziehungen zu guten Objekten und beeinträchtigt Gefühle der Dankbarkeit, er verwischt auch, so Klein, die Unterscheidung zwischen Gut und Böse (p. 360). Entwertung und Idealisierung anderer dienen als Neidabwehr. Auch die Selbstentwertung wehrt Neid ab: um mit anderen nicht rivalisieren zu müssen, verleugnet man so seinen Neid auf diese Personen (p. 341).

Schlußbemerkungen

Klein hat beobachtet, daß schon beim Kleinkind archaisch-ödipale und ödipale Konflikte ineinander übergehen, was wir heute in den Analysen von Patienten, besonders bei Borderline Störungen, beobachten können. Sie ist der Meinung, daß der ganze ödipale Konflikt schon im ersten Lebensjahr existiert, wenn auch der Höhepunkt erst im 4. und 5. Lebensjahr erreicht wird. Wir wissen, daß auch aus der Sicht der französischen psychoanalytischen Schule (A. Green, J. Chasseguet-Smirgel, J. Laplanche) die archaische Triangulierung schon sehr früh stattfindet: Der Vater als hinzugekommener Dritter zersprengt dann die Symbiose Mutter-Kind.

Für die klassische Psychoanalyse ist Neid eine archaische ödipale Emotion und erst mit dem Eintritt ins Ödipale wird Eifersucht erlebt. Auch nach Klein ist die Eifersucht eine spätere Emotion als Neid und Gier, so daß m.E. das Kleinkind noch nicht das ganze Ausmaß des ödipalen Konfliktes in diesem frühen Alter erleben kann. Jedoch werden die frühen Eindrücke der Triangulierung nachträglich mit Eifersucht besetzt. Diese entsteht durch das Gefühl des Ausgeschlossenseins und des Betrogenwerdens durch die Triangulierung.

Klein erklärt, daß die Überichentwicklung in verschiedenen Stadien vor sich geht. In der paranoid-schizoiden Position ist das Überich verfolgend, voll oral-sadistischer Aggressivität, was eine Manifestation des Todestriebes darstellt, mit Phantasien und Impulsen von Verschlungenwerden und Verschlingen, wo Neid und Gier als Hauptemotionen herrschen. Sie machen das frühe Überich grausam und mitleidslos.

Das Überich mildert sich erst mit dem Eintritt in die depressive Position, wenn die befriedigenden Erlebnisse mit der guten Brust, eine Manifestation des Lebenstriebs, mit dem Todestrieb vereinigt werden. Dann ist es möglich, Ambivalenzen zu ertragen, jedoch nur, wenn der Lebenstrieb stärker ist als der Todestrieb. Dann kann das Ich auch Angst und Bedauern über die phantasierte Beschädigung des Objekts erleben. Soziale Gefühle entwickeln sich und das Gefühl der Besorgnis und der Dankbarkeit, das beim Kleinkind dann auftaucht, bewirkt, daß das Überich liebevoller wird und das Ich dann bereit ist, Wiedergutmachung zu leisten. Durch Dankbarkeit kann Liebe sich weiterentwickeln und wird bewahrt (Kernberg 1995).

Wenn die depressive Position erreicht ist, erkennt das Kind die Mutter und andere als ganze Objekte und damit einher geht ein grundlegender Wandel im Ich:

Es wird kohärenter und weniger gespalten. Es entstehen dann Ängste durch Ambivalenzen und die Hauptangst des Kindes ist, daß das gute Objekt, das äußere wie das innere, durch seine destruktiven Impulse zerstört wird. Die Erfahrung der Depression erweckt den Wunsch nach Restitution, d.h. nach Wiederherstellung des zerstörten Objekts. Diese kann sowohl am äußeren wie am inneren Objekt real oder durch omnipotente Phantasien erfolgen.

In der depressiven Position kann das Kind Verantwortung übernehmen, entwickelt Besorgnis und ist fähig, Schuldgefühle zu empfinden. Dadurch wird das Überich integriert und milder und wird vom Kind auch geliebt. Aber auch in der depressiven Position ist man nie ganz frei; Ängste, die mit Ambivalenzen, Verlust und Schuld zusammenhängen, treten immer wieder auf. (Segal 1986, pp. 67-80).

In einem Aufsatz über Melanie Klein (Winnicott 1962, »On the Kleinian Contribution«) schreibt Winnicott, daß er von den Supervisionen bei Klein viel gelernt hat, unter anderem, daß die Fähigkeit, Besorgnis und Schuldgefühle zu erleben, eine Leistung darstellt, die das Hauptmerkmal der depressiven Position ist, und daß es eher diese Leistung ist als das Depressive, was den Wert dieser Position ausmacht, auch wenn Depression zu dieser Phase gehört. Wiedergutmachung und Wiederherstellung (Reparation und Restitution) sind dann möglich. Denn ein menschliches Wesen kann seine eigenen destruktiven Impulse und Ideen nicht ertragen ohne die Erfahrung zu machen, daß es Wiedergutmachung leisten kann, und dazu braucht es die Gegenwart eines Liebesobjekts (Mutter). Das war, nach Winnicotts Meinung, der wichtigste Beitrag von Melanie Klein.

Melanie Klein hat ein weites Panorama der Überichentwicklung, seine Wirkung auf das Kleinkind sowie seine Bedeutung für den Erwachsenen ausgebreitet. So schreckenerregend die ersten Überich-Erlebnisse sind, so hoffnungsvoll und versöhnlich sind Kleins Antworten für den reifen Erwachsenen. Das Empfinden von Schuldgefühlen, von Dankbarkeit und der Wille zur Wiedergutmachung und dadurch Liebe für sich und andere sind die großen erlösenden kreativen Eigenschaften, die das moralische Gewissen ausmachen und die es uns ermöglichen, geglückte und befriedigende Beziehungen einzugehen.

Wie schon bei Freud und später bei Schafer, Kernberg und Sandler hat das Überich auch bei Klein eine beschützende Funktion.

10. Donald W. Winnicott: Besorgnis

Die Entwicklung der Fähigkeit zur Besorgnis

Winnicott sieht in der Fähigkeit, Besorgnis zu fühlen, einen Grundzug und eine wichtige Voraussetzung für menschliches Zusammenleben, eine Eigenschaft, die den Menschen Verantwortung fühlen und auch übernehmen läßt. Winnicott untersucht die Ätiologie der Fähigkeit zur Besorgnis und ihren Zusammenhang mit der kindlichen Entwicklung sowie die Konsequenzen, wenn Besorgnis nicht entwickelt wird oder diese Fähigkeit wieder verlorengeht.

Besorgnis heißt, daß dem Menschen die Beziehung zu sich und anderen etwas bedeutet (»cares and minds«). Es ist dies ein positives Gefühl der Verantwortung für sich und andere.

Der Ursprung der Fähigkeit zur Besorgnis gehört in das dyadische Beziehungssystem der frühen Mutter-Kind-Beziehung. Sie beginnt, sobald das Kleinkind die Mutter als ganze Person erleben kann und sie nicht mehr in eine gute und eine böse Mutter aufspaltet.

Diese wichtige emotionale Entwicklung kann aber nur dann stattfinden, wenn die äußere Umgebung, das Umfeld »gut genug« ist (1963a, engl.: p. 74). Wenn das Kind ein eigenes Selbst geformt hat und die Mutter als ganzes Objekt erkennen und sowohl liebende wie aggressiv-destruktive Impulse für eine Person (die Mutter) erleben kann, ist die Fähigkeit zur Ambivalenz erreicht. Das Kind fühlt jetzt, daß es ein eigenes Innenleben hat, daß die Mutter ein von ihm getrenntes Objekt ist (Nicht-Ich). Mit der Erfahrung der Ambivalenz hat das Kind gelernt, daß es Liebe und Haß für dieselbe Person empfinden kann, und damit ist die Besorgnis verbunden, daß das Kind durch seine »bösen« Gefühle die Mutter zerstören könnte.

Die aggressiven Triebe, die das Kleinkind gegen die Mutter richtet, die Phantasie, daß es sie besitzen, verschlingen möchte, geht gleichzeitig mit der Erfahrung einher, daß die Mutter die Aggression überlebt, d.h., daß sie sich nicht rächt, und auch, daß es die Mutter braucht und liebt. Diese Ambivalenz führt zu Schuldgefühlen. Letztere bleiben unbewußt und drücken sich durch Besorgnis aus. Schuldgefühle zeigen sich nur dann, wenn keine Gelegenheit zur Wiedergutmachung gegeben ist.

Wenn die Mutter »gut genug« ist, wird sie dem Kind die Gelegenheit zur Wiedergutmachung (reparation) geben, und es wird dadurch besorgt sein und die Verantwortung für seine Gefühle übernehmen können. Reparation ist ein wichtiger Begriff bei Winnicott, den er von Melanie Klein übernommen hat, die darin einen hohen ethischen Wert sah.

Wenn das Kind mit Hilfe der guten Mutter seine Triebe erleben kann, und ihm auch die Möglichkeit der Wiedergutmachung gegeben ist, wird es immer mutiger im Erleben seines Selbst, d.h., es kann durch die Hilfe der Mutter seine inneren Impulse frei entfalten und kann sich so nicht nur als zerstörerisch, sondern auch als liebevoll erleben. Auch in solchen Fällen werden Schuldgefühle nicht erlebt, sondern bleiben latent. Sie zeigen sich nur dann als Traurigkeit oder depressive Verstimmtheit, wenn keine Gelegenheit zur Wiedergutmachung gegeben ist (1963a, dt.: p. 98f).

Ist die Trennung zwischen Mutter (Eltern) und Kleinkind nicht vollzogen worden, kann es sich nicht als separates Wesen erleben, das seinen eigenen Beitrag leisten kann; dann ist es auch unmöglich, Wiedergutmachung zu leisten. Und wenn keine verläßliche Mutterfigur diese entgegennimmt, wird das Kind depressiv und Angst überfällt es, da es von den eigenen inneren aggressiven Figuren überwältigt wird, ohne daß diese durch eine gute Mutter und die eigene Wiedergutmachung gemildert worden wären. Dann tritt ein Verlust der Fähigkeit, Besorgnis zu erleben ein, Ängste und Schuldgefühle werden unerträglich und primitive Abwehrmechanismen wie Spalten und Desintegration stellen sich ein. Das Kind kann sich selbst nicht mehr als Einheit erleben.

Was in der Phantasie zerstört wurde, können wir aktiv durch Wiedergutmachung wiederherstellen. Das beruhigt Schuldgefühle und somit das Gewissen.

11. Roger Money-Kyrle: Selbsterkenntnis und Freiheit

Freuds Entdeckung des Überichs war eine der großen Leistungen der Psychoanalyse, erklärt Money-Kyrle. Und daran anschließend beschäftigt ihn die Frage, auf welche Weise unsere Moral und auch unsere politische Sichtweise sich verändern, wenn wir mehr psychologische Einsicht, mehr Selbsterkenntnis gewinnen, d.h. wenn wir bewußter werden.

In »Psycho-Analysis and Ethics« (1952) definiert Money-Kyrle Moral als Impuls, etwas zu tun oder es zu unterlassen, weil einem dieses Tun oder Unterlassen Schuldgefühle machen würde. Unsere moralische Einstellung entwickelt und differenziert sich durch psychologische Einsichten, durch vermehrte Selbsterkenntnis, durch Bewußtseinserweiterung, durch das Aufdecken unbewußter Ängste und Schuldgefühle, d.h. durch das »Streben nach Wahrheit« (pursuit of truth). Der Autor geht davon aus, daß sich die moralische Einstellung der Menschen auch dann verändert, wenn sie allmählich in der Analyse die Wahrheit über sich erfahren (p. 229). Unsere destruktiven und sexuellen Impulse zu erkennen, den »eisernen Vorhang« der Verdrängungen aufzuheben hilft uns, die Phantasien von den Realitäten und z.B. die wahren Feinde von den imaginierten unterscheiden zu lernen, den eigenen Haß von dem vermeintlichen Haß des anderen. Das mildert irrationale Ängste. Die Analyse erhöht auch die Fähigkeit, Schuldgefühle zu empfinden und Reparation zu leisten; davon profitiert nicht nur das Individuum, sondern auch die Gesellschaft.

Hat das Individuum Selbsterkenntnis gewonnen, wird es freier von Restriktionen und setzt sich auch im sozialen und politischen Bereich für freiheitliche Ideen ein. Es entscheidet sich dann, nach Money-Kyrle, für eine tolerante demokratische politische Struktur.

Für Money-Kyrle gibt es zwei Arten des Umgangs mit dem Gewissen, die mit zwei Arten von Schuldgefühlen zusammen auftreten. Die eine Art ist mit einem verfolgenden Überich verbunden, das Schuldgefühle verfolgender Art hervorruft, so daß das Individuum meint, inneren verfolgenden Figuren oder äußeren Mächten Widerstand entgegenbringen zu müssen. Sie basiert vorwiegend auf Angst vor äußeren und inneren Autoritäten. Die zweite Art hingegen ist auf Liebe aufgebaut und die Schuldgefühle, die bei solchen Menschen entstehen, deren innere Figuren hauptsächlich gut sind, zeigen sich in Besorgnis, andere verletzt, verraten oder nicht beschützt zu haben. Bei der ersteren Art reagiert das Individuum hauptsächlich mit Günstig-Stimmen, im zweiten Fall wird das depressive Element wie Trauer und Schmerz vorherrschen, verbunden mit dem Wunsch, Reparation zu leisten. Diese zwei Arten des Gewissenserlebens sind einerseits typisch für verschiedene Arten von Individuen, andererseits können sie in einem Menschen auch nebeneinander bestehen (p. 231).

Money-Kyrle postuliert vier verschiedene Gruppen und deren Einstellungen gegenüber der Moral. Die Menschen der ersten Gruppe scheinen keinerlei Moral zu besitzen, sie können bewußt keinerlei Schuldgefühle erleben, sie verleugnen sie und sehen andere, die moralisch denken und handeln, als Schwächlinge an. Sie bezahlen diese Freiheit von Angst und Depression aber mit der Unfähigkeit, sich selbst zu verstehen. Diejenigen der zweiten Gruppe haben Angst, die Wahrheit über sich zu erfahren. Sie sind selbstgerecht und zensierend, sehen Probleme und Schuld nur bei anderen und leben in einer Haltung moralischer Entrüstung. Die dritte und vierte Gruppe sind sich ihres Gewissens bewußt, die einen neigen jedoch mehr zu verfolgenden Schuldgefühlen und daher zu Gehorsam gegenüber einem strengen Überich oder dessen Repräsentanz in der Außenwelt. Ihr Gewissen hat eine autoritäre Struktur. Diejenigen der vierten Gruppe haben die Fähigkeit zu depressiven Schuldgefühlen und sind freier, haben weniger Angst vor Ungehorsam und können mehr Verantwortung für sich und andere übernehmen und auch danach handeln. Sie haben ein humanistisches Gewissen und sind besorgt über Disloyalitäten gegenüber Personen oder Werten, die von ihren guten inneren Objekten repräsentiert werden. Im Umgang mit der Sexualmoral neigt die dritte Gruppe zur Konformität und richtet sich nach konventionellen Normen. Die vierte Gruppe ist freier von Restriktionen und richtet sich vorwiegend nach den eigenen Gefühlen.

Nach Ende des 2. Weltkriegs 1946 ging Money-Kyrle als Mitglied der *Control Commission* nach Deutschland, um dort im *Assessment Centre* psychiatrische Interviews mit Deutschen zu machen, um sie auf ihre demokratische bzw. faschistische Gesinnung zu testen und festzustellen, wer sich für Schlüsselpositionen in der deutschen Verwaltung eigne. Sowohl Money-Kyrle als auch der Psychoanalytiker H. Dicks fanden in diesen Tests maßgebende kontrastierende Strukturen des Gewissens bei den Kandidaten (sie waren alle keine aktiven Nazis gewesen). Die einen hatten einen autoritären Charakter, die anderen eine humanistische Gesinnung. Erstere hatten einen nicht zu hinterfragenden Gehorsam gegenüber Befehlen und ihr Schuldgefühl wurde dann aktiviert, wenn sie diesen Gehorsam nicht ausführten. Die Humanisten hingegen – eine viel kleinere Gruppe – hatten Schuldgefühle nicht, weil sie die Autorität in Frage gestellt hatten, sondern weil sie das Gefühl hatten, sich nicht genügend gegen sie gestellt zu haben (p. 234).

Zwei Attribute tragen, so der Autor, zu einer normalen psychischen Gesundheit bei: Menschen mit einem humanistischen Gewissen besitzen einen höheren Grad von psychischer Reife und sind eher bereit, sich für ihre Wertvorstellungen einzusetzen. Dies hat auch politische und soziale Konsequenzen. Diese Menschen sind daher gegen Totalitarismus in allen seinen Formen eingestellt. Ein Staat, der ihr Gewissen kontrolliert, wäre für sie unerträglich. Zum anderen basiert ihre Moral nicht auf Ängsten vor verfolgenden anderen, sie können deshalb toleranter sein und setzen sich für demokratische Ziele ein. Das heißt, nach Money-Kyrle, sie sind loyal gegenüber ihren eigenen Werten und doch tolerant gegenüber Andersdenkenden. Weise Menschen, urteilt Money-Kyrle, sind humanistisch in ihrer moralischen und demokratisch in ihrer politischen Gesinnung (p. 234).

Ich gebe aber zu bedenken, daß ein reifes, unabhängiges Überich mit einem individualisierten Wertesystem unterminiert wird, wenn ihm zwanghafte totalitäre Werte von einem totalitärem politischen System aufgedrängt werden, so daß ein fehlerhaftes Funktionieren des Überichs bei solchen Individuen verursacht wird. Man kann deshalb nicht schließen, daß alle Anhänger eines totalitären Systems ein minderwertiges Überich haben oder alle, die einer politischen demokratischen Gesinnung verpflichtet sind, ein reifes Überich besitzen. Die Beziehung zwischen einem individualisierten Überich und dem konventionellen Wertesystem der jeweiligen Kultur ist komplex und kann wahrscheinlich nicht auf eine vereinfachte Formel reduziert werden.

12. John Steiner: Die Schuld des Ödipus

Steiner, einer der hervorragenden Kleinianer der neueren britischen Generation, bringt eine neue Deutung der Ödipus-Sage, die die Beziehung zwischen der Selbstblendung des Ödipus und seiner späteren Schuldverleugnung aufdeckt. Das wirft ein neues Licht auf Ödipus und zeigt, daß omnipotente Verleugnung der Realität das Gewissen verblendet.

Der Autor behandelt in *Orte des Seelischen Rückzugs* u.a. perverse Beziehungen zur Realität, die in enger Verbindung zur Moral stehen. Er bezieht sich auf Gedanken von Money-Kyrle, der erklärte, daß es drei primäre Tatsachen des Lebens (*facts of life*) gibt, die den Wirklichkeitssinn grundsätzlich bestimmen und die man erkennen und annehmen muß, um die Realität überhaupt akzeptieren zu können. Diese drei Aspekte sind:
1. Die Anerkennung der Brust als ein außerordentlich gutes Objekt,
2. die Anerkennung, daß der Sexualverkehr der Eltern ein höchst kreativer Akt ist, und
3. die Erkenntnis von der Unvermeidlichkeit von Zeit und Tod (Steiner 1993, engl.: p. 95f).

Nummer 1 bedeutet die Erkenntnis, daß die Quelle des Guten, die das Kleinkind zum Leben benötigt, außen zu finden ist und nicht in ihm selbst liegt, daß es äußere gute Objekte gibt.

Nummer 2 steht in Zusammenhang mit der Urszene und dem Ödipuskomplex und der Notwendigkeit zu akzeptieren, daß ein Dritter in die Dyade Mutter-Kind einbricht. Wenn das Kind sich mit beiden Eltern identifizieren kann, wird es später sein eigenes kreatives Leben aufbauen können. Wenn die Trennung zwischen den Generationen, von deren Notwendigkeit auch Chasseguet-Smirgel spricht, nicht deutlich akzeptiert wird, ist es auch nicht möglich, zwischen Gut und Böse,

Liebe und Haß zu unterscheiden. Das Individuum entwickelt dann perverse Beziehungen zu anderen Menschen, d.h. gute Objekte werden abgelehnt und böse idealisiert.

Nummer 3, der Tod, stellt den zentralen Aspekt von Verlust dar, und man muß lernen, daß nichts, auch nicht die guten Dinge, von ewiger Dauer sind, und auch, daß man sich mit schlechten Dingen im Leben abfinden muß.

Es gibt Menschen, die die Realität in bestimmten Situationen halb akzeptieren, hinschauen und auch wieder wegschauen, und dementsprechend eine perverse Einstellung zur Realität und auch zur Wahrheit haben. Um dies zu illustrieren gibt Steiner eine faszinierende Neuinterpretation der Ödipus-Dramen von Sophokles. Steiner betont, daß seine Sicht die klassische Interpretation, die auf dem manifesten Inhalt beruht, nicht ersetzen soll, sondern daß es möglich ist, wie bei einem Traum, verschiedene Ebenen unbewußter Bedeutung zu entdecken. Er stützt sich auf den Klassizisten Philip Vellacott, der meint, Ödipus war weder unwissend noch unschuldig in dem Sinn, daß er nicht wußte, wen er ermordet und wen er geheiratet hatte, und auch seine Umgebung hat es gewußt. Steiner hingegen meint, daß Ödipus es »halb wußte«.

König Laios von Theben erfährt vom Orakel des Apollon, daß er durch die Hand seines Sohnes sterben wird. Deshalb übergeben er und seine Frau Jokaste den neugeborenen Sohn einem Hirten, der ihn aussetzen soll. Dieser aber hat Mitleid mit dem Knaben und so wird Ödipus (d.h. Schwellfuß, weil seine Eltern ihm die Füße durchbohrt und zusammengebunden hatten) an den Hof des Königs Polybos und der Königin Merope von Korinth gebracht und von dem Königspaar aufgezogen. Ödipus kommen allmählich, aufgrund von Andeutungen, Zweifel an seiner Abstammung, und so befragt er das Orakel in Delphi, das ihm zwar keine definitive Auskunft über seine Herkunft gibt, jedoch wiederholt, er werde seinen Vater töten und seine Mutter heiraten. Um diesem Schicksal auszuweichen verläßt er Korinth. Auf dem Weg nach Theben, wo sich drei Wege kreuzen, erschlägt er im Streit einen Mann, der in einem Wagen fährt und von Herold und Gefolge begleitet wird. Ödipus kommt nach Theben, wo gerade der Mord des Herrschers betrauert wird, und bekommt – weil er durch das Lösen des Rätsels der Sphinx die Stadt von deren Tyrannei befreit hat – die Witwe des Herrschers, Jokaste, zur Frau.

Ödipus regiert Theben siebzehn Jahre lang, bis eine Seuche in der Stadt ausbricht. Das Orakel, wiederum befragt, sagt, daß die Stadt durch die Anwesenheit von Laios' Mörder bedroht ist. Ödipus macht sich zur Aufgabe, den Mörder zu finden. Teiresias, der weise Seher, sagt Ödipus endlich ins Gesicht, daß er, Ödipus, der Mörder ist und daß er nicht der Sohn von Polybos und Merope ist, sondern der von Laios und Jokaste. Ödipus glaubt es nicht und meint, einer Verschwörung zum Opfer gefallen zu sein. Er befragt aber Jokaste über die Umstände von Laios' Tod. Beweise bringen dann zwei Hirten, die als Zeugen gerufen werden. Der eine bestätigt, daß er das Kind Ödipus nicht ausgesetzt habe, und der zweite Hirte hatte die Ermordung von Laios beobachtet und stellt sich auch als jener dar, der Ödipus als Kleinkind zu Polybos nach Korinth gebracht hatte. Jokaste möchte zunächst die Wahrheit noch verleugnen, zuletzt aber erhängt sie sich, und Ödipus blendet sich mit den goldenen Nadeln der Toten.

Ödipus hätte dies alles viel früher wissen können, meint Vellacott, während Steiner selbst überzeugt ist, Ödipus wußte es nur halb und hat sein eines Auge dagegen verschlossen. Daß er eine wichtige Person umgebracht hatte, bezeugten Wagen und Entourage des Laios am Kreuzweg, und daß, als er daraufhin nach Theben kam, dort gerade die Ermordung des Königs betrauert wurde, hätte ihn ebenfalls hellhörig machen können. Da er gerade in Delphi gehört hatte, er werde seinen Vater ermorden und seine Mutter heiraten, hätte er auch nachdenklich werden müssen, als er einen Mann umbrachte, der sein Vater hätte sein können, und in Theben eine Frau heiratete, die im Alter seiner Mutter war. Und daß er selber Zweifel hatte, ob Polybos und Merope seine wahren Eltern waren, ist eine weitere Bestätigung dafür, daß er gewußt haben muß.

Es bestand eine geheime Kollusion zwischen allen, und es stellt sich später heraus, daß Teiresias es gewußt aber geschwiegen hat, daß Jokaste es gemerkt haben muß an den geschwollenen Füßen des Ödipus. Alle haben also die Wahrheit zugedeckt. Als Ödipus zuletzt gezwungen ist, die Wahrheit anzuerkennen, tut er dies mit großem Mut, es ist »ein wahrhaft heroischer Augenblick« (1993, dt.: p. 173). Aber dann wenden sich Schmerz und Schuldgefühle in Grauen: Jokaste erhängt sich und Ödipus blendet sich mit den Nadeln der toten Jokaste. Die Wahrheit ist zu fürchterlich für ihn.

In der Selbstblendung aber liegt eine Umkehr, indem Ödipus sich mit dieser Selbstbestrafung von seinem Schuldgefühl abwendet und »Schuld in Haß und Haß in tragische Selbstverstümmelung umgeschlagen sind« (p. 179). Haß, weil Jokaste, als Komplizin des Vaters Laios, ihn, Ödipus, hatte töten wollen, und auch deswegen, weil Jokaste sich durch ihren Selbstmord, den Ödipus als Verrat erlebt, entzogen hat, und er so die Schuld mit ihr nicht mehr teilen konnte.

Das Verbrechen des Vatermordes wird hier deshalb so unerträglich, weil Ödipus, so Steiner, auch noch »Muttermord« begeht, indem er Jokaste durch seine Schuld zum Selbstmord treibt, so daß sein Verbrechen gegen beide Eltern gerichtet ist und er damit Zerstörer ihrer Beziehung geworden ist (p. 180).

In *Ödipus auf Kolonos*, als blinder alter Mann, von seiner Tochter Antigone geführt, kann Ödipus die Schuld, die Wahrheit, die er zuvor eingestanden hatte, nicht mehr ertragen. Er muß sie rückgängig machen und verfällt einem Omnipotenz-Denken – er ist »ein heiliger Mann« geworden. Theseus von Athen gewährte ihm in Kolonos Asyl, nachdem ein neuerlicher delphischer Orakelspruch verkündet hatte, daß, wer Ödipus Zuflucht bietet und seinen Leichnam bestattet, von den Göttern in der Schlacht beschützt werde. All das führt dazu, daß Ödipus sich selbst zu einer gottgleichen Gestalt erhöht, hochmütig wird und hart und sich der Wahrheit und auch der Menschlichkeit gegenüber seinen Söhnen verschließt. Antigone bittet ihn vergeblich, Milde gegenüber ihrem Bruder Polyneikes walten zu lassen: »›Du gabst das Leben ihm: und hätt' er auch an dir, Vater, das Übelste, Ruchloseste getan, ihm böse zu vergelten, stünde dir nicht an. Nein, laß ihn! Böse Kinder haben andre auch und heftigen Zorn; jedoch zu Herzen gehender Zuspruch der Liebe heilt beschwörend die Natur‹« (Sophokles zitiert in Steiner 1993, dt.).

Während er in *König Ödipus* nur ein Auge gegen die Wahrheit verschlossen, sich von ihr noch nicht ganz abgekehrt hatte, und letztlich dann doch seine Schuld eingestehen konnte, ist Ödipus in *Ödipus auf Kolonos* blind geworden. Er hat sich, so Steiner, von seiner Wahrheit und der Realität zurückgezogen: Er leugnet nicht die Tat, aber die Verantwortung und die Schuld dafür, denn er fühlt sich gottgleich und Götter werden nicht schuldig. Das normale menschliche Überich des Ödipus, das nach Erkennen der Wahrheit die Schuld eingestanden hatte, ist durch überhöhtes Omnipotenz-Denken zerstört und durch ein primitives grausames Überich ersetzt worden.

Ödipus kann die Realität nicht mehr sehen. Scham und Schuldgefühle sind der Verleugnung gewichen. Die Verleugnung der Wahrheit wird zum moralischen Problem, weil sie Beziehungen und Menschen zerstören kann.

Freud hat den Ödipuskonflikt als eine fundamentale Struktur der menschlichen Existenz verstanden. In der *Traumdeutung* sagt er, daß es nicht möglich sei, das Schicksal, das einem Menschen bestimmt ist, zu umgehen, es anders zu gestalten als vorbestimmt. *König Ödipus* ist eine »Schicksalstragödie«, die den

Menschen zeigen soll, daß sie ohnmächtig gegenüber dem »übermächtigen Willen der Götter« sind (Freud 1900, p. 268). Die Tragödie stellt die »Wunscherfüllung unserer Kindheit« (p. 269) dar. Kein anderes Thema seiner psychoanalytischen Forschung habe so viel »erbitterten Widerspruch, ein so grimmiges Sträuben« erweckt wie die Entdeckung des unbewußten Inzestwunsches. Auf Jung indirekt anspielend, schreibt er in einer Fußnote: »Die letzte Zeit hat selbst einen Versuch gebracht, den Inzest, allen Erfahrungen trotzend, nur als ›symbolisch‹ gelten zu lassen« (p. 270, Fußnote 1).

Freud sagt also, der Ödipuskonflikt ist unvermeidlich, er strukturiert das Leben, es gibt kein Entrinnen,. Es gibt aber für Freud eine Überwindung durch Sublimierung, d. h. eine Identifikation, im Fall des Knaben, mit dem Vater und die Verschiebung der Liebe von der Mutter auf ein nichtinzestuöses Objekt, wobei auch dieses immer ödipale Wünsche verkörpern wird.

Steiner erweitert Freuds Gedanken im Sinne von zwei neurotischen Lösungen, sofern der Konflikt nicht überwunden wurde: 1. Ödipus kann die Wahrheit bezüglich seiner Taten zwar erkennen, er schaut aber nur halb hin, er schwebt in einem Halbwissen, aber er erkennt seine Schuld an. 2. Er findet die Wahrheit so unerträglich, daß er Schuld und Verantwortung dafür verleugnen muß. Indem er sich den Göttern gleichsetzt, kann er nicht mehr schuldig sein. So hat er sich von der Realität zurückgezogen, was für Steiner eine perverse Lösung ist.

Steiner bezieht sich auf Freuds Arbeit über Trauer und Melancholie, in der Freud betont, daß man in der Trauerarbeit die Realität des Verlustes, der so schmerzlich ist, langsam akzeptieren muß.

Steiner beschreibt Patienten, die nicht fähig sind, Schmerzen wie Verlust und Schuld oder auch Ängste zu ertragen, und die einen Rückzug antreten an einen inneren Ort, wo sie sich beschützt fühlen, aber für normale Objektbeziehungen nicht erreichbar sind. Die Sicherheit des Rückzugs vermindert reale Kontakte, indem Verlust und Schuld und andere Gefühle, die zu normalen Objektbeziehungen gehören, nicht mehr gespürt werden.

13. Eric Rayner: Gerechtigkeit

»The Intuition of Justice as a Factor in Interpretation«

Der britische Psychoanalytiker Eric Rayner setzt sich in dieser Arbeit mit Ursprung und Bedeutung der Gerechtigkeit als einem wichtigen Bestandteil des Überichs und einem fundamentalen Element in der sozialen und politischen Gemeinschaft auseinander. Er stellt Wechselseitigkeit, Fairneß, Empathie als Qualitäten dar, die den Menschen gerecht sein lassen.

Seit Freud die Bedeutung von Schuldgefühlen erkannt hat, ist deutlich geworden, wie wichtig die Berücksichtigung von moralischen Qualitäten in der Psychoanalyse, besonders bei Neurosen und Persönlichkeitsstörungen ist, erklärt Rayner in diesem Vortrag über Gerechtigkeit, den er 1994 in Santiago di Chile gehalten hat.

Gerechtigkeit ist ein ganz persönlicher Teil der Moral, und Rayner will zeigen, daß es im Menschen ein Potential der intuitiven Gerechtigkeit gibt, die sich auf persönliche wie auch auf soziale und legale Angelegenheiten beziehen kann und die auch in der klinischen Arbeit mit Patienten wirksam ist.

Intuitive Gerechtigkeit entspringt nicht einer plötzlichen Einsicht, sondern man muß an ihr innerlich arbeiten bis sie deutlich wird. Und Gerechtigkeit, wie sie das Individuum empfindet, steht oft im Widerspruch zur Gerechtigkeit innerhalb einer Gemeinschaft. Die Beurteilung dessen, was gerecht ist, unterliegt oft groben Irrtümern. Gerechtigkeit verändert sich auch im Laufe der Geschichte. So sind z.B. Tierrechte eine ziemlich neue Errungenschaft.

Gerechtigkeit gründet sich auf Fairneß und wird nicht nur in der Gesellschaft, in der Familie und im Umgang mit Tieren, sondern auch sich selbst gegenüber angewendet.[9] Die Ausübung von Gerechtigkeit beruht auf Gemeinschaftlichkeit, Gegenseitigkeit und Empathie oder Einstimmung aufeinander (»in-tuness«). Um sie aufrecht zu erhalten, sind Sanktionen notwendig: Die Störer müssen ausgeschlossen werden. Solche Sanktionen sind auch in der Familie bekannt und oft sehr schmerzhaft. Die Konzepte des Überichs oder des inneren verfolgenden Objekts, wie sie von der Psychoanalyse eingeführt wurden, stehen für diese Sanktionen. Zur Gerechtigkeit gehört Selbstreflexion, die Eigenschaft, die der Kern der psychoanalytischen Methode ist. Vielleicht, sagt Rayner, ist ein Resultat der psychoanalytischen Therapie ein höherer Gerechtigkeitssinn. Gerechtigkeit ist ein komplexes Phänomen, sowohl gefühlsbetont wie auch intellektuell und logisch, bewußt, aber mit unbewußten Wurzeln, und es hat immer die Integrität einer ganzen sozialen Gruppe wie auch das Wohl der einzelnen Teile zu berücksichtigen.

Um gerecht zu sein, muß man komplexe Angelegenheiten genau und verantwortungsvoll einschätzen, bevor man ein Urteil abgibt. Rayner illustriert dies an einem Gerichtsfall, den er in einem Workshop kennengelernt hatte. Ein Fall, in dem ein Testament angefochten wurde, wurde zur Berufung dem Höchsten Gericht (Supreme Court) von Kalifornien vorgestellt. Das Gericht traf, nach dem Empfinden aller, eine gerechte Entscheidung, in der es die Gefühle der betroffenen Verwandten untereinander beschrieb und berücksichtigte. Die Richter haben sich auf diese Weise, so Rayner, eine genaue Vorstellung davon gemacht, was in diesem Fall gerecht war, und haben diese erst nach ihrer Entscheidung dem existierenden dazugehörigen Gesetz angepaßt.

Rayner machte eine kleine Studie in seiner Praxis, indem er einen Tag lang aufschrieb, was die Patienten auf der Couch als Erstes sagten, und er stellte fest, daß es bei den meisten um Fairneß und Gerechtigkeitsfragen bzw. Ungerechtigkeiten ging. Dabei handelte es sich nicht nur um Anklagen gegen andere, sondern auch um Selbstanklagen.

Gerechtigkeitssinn bedeutet, wie gesagt, Fairneß und diese entwickelt sich, nach psychoanalytischer Erkenntnis, aus der frühen empathischen Mutter-Kind-Beziehung durch das Erleben und Erlernen von Wechselseitigkeit, d.h. von »turn-

---

9 In Großbritannien werden Tieren, die dem Militär geholfen haben, Menschenleben zu retten, königliche Orden verliehen. So haben z.B. Hunde, Pferde, Tauben und Katzen diese Auszeichnung empfangen.

taking«-Interaktionen mit der Mutter oder dem Betreuer, die später in gegenseitiges Eingestimmtsein (affect-attunement) übergehen.

Rayner hält Wechselseitigkeit und Affekt-Einstimmung auch für Vorläufer des analytischen Prozesses, ja die Psychoanalyse selbst ist ein Gerechtigkeitsprozeß, sagt er, bei dem durch die Charakteranalyse mehr Offenheit und Fairneß gegenüber den eigenen Gefühlen erreicht wird und Nachdenklichkeit über Impulsgetriebenheit siegt. Rayner erklärt: »Analysis is then about the individual achieving fair shares between emotional issues of importance«. Gerechtigkeit betrifft also nicht nur den Umgang mit anderen, sondern auch den Umgang mit sich selbst, und man muß selber verantwortungsbewußt und selbstreflektiert sein, um gerecht sein zu können.

Rayner ist der Ansicht, daß die Idee von Gerechtigkeit sowohl den Einzelnen als auch das soziale System als Ganzes beschützen muß und daß eine Wechselwirkung und gegenseitige Abhängigkeit zwischen innerer und äußerer Gerechtigkeit (gegen sich selbst und gegen andere) besteht, indem eine demokratische Gesinnung eine demokratische Struktur und deren politische und soziale Ordnung unterstützt, und eine solche wiederum demokratisches Denken und einen gerechteren Umgang mit den eigenen inneren und äußeren Objekten fördert.

14. André Green: Das Böse

»Warum Böses«

> Wo etwas ist, dort soll nichts sein, lautet die Devise der Destruktion. Wo Leben ist, soll Tod sein.
>
> W. Sofsky 2002

André Green untersucht in »Warum Böses« (»Pourquoi le mal«) die verschiedenen Abstufungen und Elemente des Bösen und erklärt, daß die Prinzipien Gut-Böse, diese Dichotomisierung, unserer Existenz einen Sinn verleihen und es zunächst unerheblich ist, ob sie von einer göttlichen oder einer menschengemachten Ordnung herrühren. Sie stellen auf jeden Fall immer die Bezogenheit auf eine Norm dar, entweder auf eine absolute oder eine relative.

Während Freud noch 1915 in »Triebe und Triebschicksale« erklärt, daß das Ich die Außenwelt als indifferent erlebt, stellte er 1925 in »Die Verneinung« die Außenwelt, so Green, als das Fremde, Gehaßte, das Böse gegenüber dem Ich dar. Green führt diese Änderung bei Freud auf dessen Einführung des Todestriebes zurück. Der Gegensatz ist jetzt nicht mehr zwischen »Ich/innen/gut und fremd/außen/böse«, sondern zwischen Lebens- und Todestrieb (Green 1988, dt. 2000, p. 267).

Lustbefriedigung, die auf Gewalt basiert, ist dem Bösen zuzurechnen, wenn Haß überwiegt und Erotik dabei fast völlig ausgeschaltet ist. Dann erzeugt sie sexuelle Traumata, weil die Lust an einem Subjekt befriedigt wird, das sie nicht integrieren kann (p. 278). Die Unerklärlichkeit dieses Bösen hängt mit dessen Destruktions- und Machtwillen zusammen; es ist jedoch vom Sadomasochismus zu unterscheiden, weil dieser noch mit einem Lusterlebnis verbunden ist, das auf Gegenseitigkeit beruht.

Es gibt zweierlei Arten des Bösen, eine, die verständlich und analysierbar ist, und eine andere, die unerklärlich bleibt. Das verständliche Böse ist z.b. eine verbotene Überschreitung, die eine Quelle der Erregung und der Lust sein kann, die die Phantasie anregt und die kreativen Kräfte stimuliert. Es ist eine Transgression, die eine Grenze, die als unüberschreitbar gilt, durchbricht (p. 289f).

Die unerklärliche Form des Bösen ist, wie schon angedeutet, nicht mehr mit dem Lustprinzip verbunden, z.B. Mord ohne Leidenschaft (»meurtre sans passion«), da spielt die Destruktivität die Hauptrolle, bei der die Täter mit den Opfern weder durch Liebe noch durch Haß verbunden sind. Das Opfer ist von einem Tag auf den andern zum Fremden, ja sogar ein Unbekannter geworden, es wird »entobjektalisiert« (p. 288) (»désobjectalisé«). Diese Malignität des Bösen (»la malignité du mal«), diese pure Destruktivität ist nicht analysierbar, sie hat kein Warum, sie läßt »den Fluch auf das Haupt derer zurückfallen [...], die sich des Bösen schuldig machen« (p. 291). Das Prinzip ist nicht mehr die Lust sondern »Aktion«, Erbarmungslosigkeit. Dies ist, laut Green, eine Folge des Todestriebs. Der Autor ermahnt uns, die Existenz des Bösen in der Außenwelt zu erkennen, denn wir sind nicht nur von Gewalt umgeben, sondern auch vom Bösen. Und das Böse bleibt weiter bestehen, »seine Existenz besteht unerschütterlich fort« (p. 295).

Das Gute beruht auf Sympathie, während sich das maligne Böse durch eine Insensibilität gegenüber dem Leiden anderer, durch eine totale Indifferenz auszeichnet. Es will nicht die Leiden des anderen erhöhen, wie der Sadist es z.B. tut, der dadurch noch eine Beziehung zu dem Masochisten hat, nicht einmal das, schlimmer, es ignoriert diese Leiden. Das erschütterndste Bild dafür findet Green in einem Film über das Warschauer Ghetto: Eine Szene, in der zwei Nazi-Offiziere mit souveräner Indifferenz eine Strasse überquerten, die mit Leichen übersät war, die sie scheinbar nicht einmal wahrnahmen. Das maligne Böse liegt in der Gleichgültigkeit, und es ist, wie die Shoah, absolut ohne Sinn. Und obwohl es keine Erklärung, kein Warum gibt, muß man doch immer wieder nach dem Warum fragen, sagt Green. Es gibt kein Warum, weil das Böse ohne Warum ist (»Le mal est sans pourquoi«), denn seine *raison d'être* besteht darin zu verkünden, daß es keinen Sinn gibt, daß es keiner Ordnung unterstellt ist. Das maligne Böse ist der totale Nicht-Sinn, die pure Gewalt (»non-sens total, force pure«). Es besteht ohne jede Ordnung und verfolgt kein Ziel (p. 298).

Green sieht in der Shoah die »vollendetste« und »ausgeklügeltste« Form des Bösen, das Ereignis, das unser Zeitalter für immer prägen wird. Es repräsentiert einen »entscheidenden Sprung«, so »daß nichts in diesem Bereich jemals mehr so sein wird wie vorher« (p. 296f).

Eine Entobjektalisierung des Anderen, die nicht auf der Ebene des malignen Bösen angesiedelt ist, wird von Green bereits in seinen Ausführungen über den moralischen Narzißmus beschrieben (Green 1972). Der moralische Narzißt versucht, freiwillig auf eine Befriedigung zu verzichten. Er wünscht sich nichts mehr als Reinheit, wobei nur ein Fernbleiben vom Objekt diese Reinheit garantieren kann. Deshalb muß er allein bleiben und der Welt entsagen (p. 119). Das Gefühl, besser zu sein auf Grund von Versagungen und Verzicht, ist die Grundlage seines Stolzes.

Er verzichtet in grandioser Weise darauf, von eigenen Wünschen und Objekten abhängig zu sein, und doch wünscht er sich, wohl im Gegensatz zum Täter des malignen Bösen, nichts mehr als geliebt zu werden; er möchte für seinen Verzicht auf Vergnügen und Freude geliebt werden. Aber indem er seine triebhaften Bedürfnisse verneint, bleibt er emotional unreif und gerät durch dieses grandiose Verhalten in Konflikt mit der Realität: »Es bedeutet eine Weigerung, die Welt so zu sehen wie sie ist, nämlich als ein Schlachtfeld, auf dem der menschliche Appetit einem endlosen Kampf frönt« (p. 125).

Im Grunde will der moralische Narzißt den anderen abschaffen, d.h., er will alle Spannungen gegenüber den Objekten aufheben, was entweder zum Tod oder zur Unsterblichkeit führt (p. 133). Moralität ist für ihn ein autoerotisches Vergnügen, eine Suche nach unberührbarer Ganzheit, die jedoch kein Zeichen der Vollkommenheit, sondern eher ein Trugbild des Todes (»mirage of death«, p. 133) ist.

Der moralische Narzißt wird von Green zu einer Art negativem Helden erklärt. Ich habe an anderer Stelle (Raffay 1989/90) den Helden als einen Menschen beschrieben, der keine Furcht vor dem Tod hat, ja, der ihn sogar sucht. Oder, um mit Giraudoux zu sprechen: »Les héros sont ceux qui magnifient une vie qu'ils ne peuvent plus supporter«. Die Entwicklung des moralischen Narzißten, wie die des Helden, muß zu einem Stillstand kommen, einem inneren Tod gleich. Hugo von Hofmannsthal hat das exakt erkannt. In einem Brief an Richard Strauss schrieb er über sein Lustspiel *Ariadne auf Naxos*: »Es handelt sich um ein simples und ungeheueres Lebensproblem: das der Treue. An dem Verlorenen festhalten, ewig beharren, bis an den Tod. Oder aber leben, weiterleben, hinwegkommen, sich verwandeln, die Einheit der Seele preisgeben, und dennoch in der Verwandlung sich bewahren« (Strauss und Hofmannsthal 1952, p. 130). Nur im Tod ist alles rein.

Es gibt ein Reich, wo alles rein ist:
Es hat auch einen Namen: Totenreich (Hofmannsthal 1956, p. 39),

sagt Ariadne, die ursprünglich Ariagne hieß, die Heilige, Reine, ein Name, den auch die Unterweltsgöttin Persephone hatte. Totale Reinheit ist nur für Götter möglich, im Leben gibt es sie nicht, oder nur annäherungsweise zu dem Preis einer Menschenverachtung, einer narzißtischen Todessehnsucht, die, unlebendig, das Individuum von der Objektwelt trennt. Auseinandersetzungen in der Welt finden auf dem »Schlachtfeld« des Lebens statt.

15. Daniel Lagache: Ichideal und Idealich

»Sur la structure du Surmoi: relations
évolutives entre Idéal du Moi et Moi idéal«

Daniel Lagache beschäftigt sich in dieser Arbeit mit den Unterschieden zwischen Idealich und Überich/Ichideal. Das Überich ist die Autorität, die bestimmt, was man darf und was nicht, was gut und was böse ist, und das Ichideal zeigt an, wie man sich verhalten muß, um die Erwartungen dieser Autorität zu befriedigen.

Wie die modernen Objektbeziehungstheoretiker versteht Lagache das Überich nicht als ein System, das aus Identifizierungen mit den Eltern oder deren Überich usw. besteht, sondern es spiegelt *die Beziehung* Eltern-Kind wider; es wird nicht die Imago einer Person internalisiert, sondern das Muster einer Beziehung (Lagache 1995, p. 27f).

Die Überichstruktur beinhaltet aber nicht nur die Komplexität, die Freud beschrieben hat, ein System aus einer Vielheit von Identifikationen, sondern es kommt noch ein anderer wichtiger Faktor hinzu, nämlich das Idealich, das einen krassen Gegensatz zum Überich/Ichideal darstellt. Ersteres stellt die narzißtische Identifikation mit der Allmacht (toute-puissance) dar, letzteres die Unterwerfung unter die Allmacht (p. 33).

Oft kann in Analysen klinisch lange nicht zwischen Überich/Ichideal und Idealich unterschieden werden. Wenn die Struktur Überich/Ichideal nicht entwickelt wurde, identifiziert sich das Individuum mit dem Idealich. Letzteres hat eine narzißtische Genese und stellt eine Vereinigung des Ichs mit dem Es dar, es gehört der präödipalen Periode an und besteht auch aus der Identifikation mit der präödipalen omnipotenten Mutter. Kindliche oder primitive Wünsche von Lust und Lusterfüllung sind die Inhalte des Idealichs. Es ist also ein narzißtisches

Ideal, das sich später aus Identifizierungen mit außergewöhnlichen, wichtigen Persönlichkeiten weiter aufbaut und auch nur solche zuläßt, während es andere moralische Autoritäten abwertet, verachtet und als Feinde betrachtet.

Wird das Idealich aufrechterhalten und durch die Identifizierung mit wichtigen Persönlichkeiten angereichert, so befreit sich das Individuum durch diese narzißtische, grandiose Prägung von Überich und Ichideal. Das Idealich wird also als Abwehr gegen normales moralisches Empfinden, gegen das Überich, eingesetzt. Ein Beispiel dafür ist Hickey in O'Neills »Der Eismann kommt« (siehe das Kapitel »Eugene O'Neill«), der glaubt, moralisch gehandelt zu haben, indem er seine Frau im Schlaf getötet hat, um ihr das Leiden an ihm zu ersparen. Er beruft sich bei der Tat auf die Liebe zu ihr, fühlt sich nicht schuldig, ja sogar befreit, moralisch im Recht und als Held, der über Leben und Tod entscheiden kann.

Manche Menschen haben ideologische Hemmungen, sich dem Ichideal unterzuordnen. Lagache gibt hierzu das Beispiel eines Mannes, der sich emanzipieren will: Er wirft sich einerseits seine Beziehungen zu Prostituierten vor, weil sie gegen seine moralischen Prinzipien verstoßen, andererseits aber beklagt er seine Unfähigkeit, sich von diesen Prinzipien zu befreien und seine »natürlichen Rechte« zu beanspruchen. Es ist deutlich, daß dieser Mann ein Überich-Problem hat. Die Moral des Überichs entspricht jetzt nicht mehr den moralischen Erwartungen der Gesellschaft, sondern dem Kodex des Idealichs. Wenn das geschieht, wird der Gehorsam gegenüber gesellschaftlichen und moralischen Gesetzen als »Fehlverhalten« empfunden (p. 32). Solche Menschen glauben, sich selber gegenüber durchaus kritisch zu sein, ziehen aber keine Konsequenzen daraus; sie sprechen zwar von ihrem »bösen Ich« (»mauvais Moi«), aber sie tolerieren es, sprechen von ihm auf selbstgefällige Weise, ja sogar mit Zärtlichkeit, sie gehen mit sich um wie »verwöhnende Eltern« (p. 29). Solche Reaktionen zeigen, daß das Überich gar nicht oder sehr schwach entwickelt ist.

Das Ich identifiziert sich also mit dem Idealich und hält sich, wie gesagt, in dieser Identifizierung gleichzeitig für moralisch. So hört man oft Kommentare wie »eigentlich sollte es mir doch egal sein«, wenn jemand von einem moralischen Konflikt, einer Kränkung, einem schmerzlichen Erlebnis oder einer Ungerechtigkeit, die er anderen zugefügt oder selber erlebt hat, spricht. Dies sind Beispiele für eine Identifikation mit dem Idealich, wo die Überichnormen und der Sinn für Gerechtigkeit nicht mehr gültig sind. Durch das Idealich umgeben sich die Menschen mit einer Aura von liberaler Gesinnung, Fortschrittlichkeit und falscher Großzügigkeit, wobei eigene Gefühle und Handlungen so wie die anderer abgewehrt oder bagatellisiert werden. Unbewußt wird so die Unabhängigkeit vom Überich demonstriert. Damit wird aber jeder tiefere Konflikt vermieden, und die Folge ist, daß das Ich sich nicht richtig entwickeln kann und Objektbeziehungen »schattenhaft und unwirklich« bleiben, wie Kernberg es bei manchen Überich-Störungen festgestellt hat (vgl. das Kapitel »Otto F. Kernberg«).

16. Janine Chasseguet-Smirgel: *Das Ichideal*

> Wir sind immer auf der Suche nach der
> verlorenen Zeit – verloren in der Tat in
> dem Moment, wo die primäre Fusion
> aufgelöst wurde. Zwischen diesem
> Moment und dem vorausprojizierten, in
> dem sich vermeintlich der Inzest vollziehen
> soll, findet die ganze menschliche
> psychosexuelle Entwicklung statt.
>
> J. Chasseguet-Smirgel

Wenn man den Beitrag von Chasseguet-Smirgel zum Ichideal (1987) betrachtet, fällt die unterschiedliche psychologische Gedankenwelt auf, in der das Ichideal und dessen Abhängigkeit vom frühen Narzißmus stark betont und viel schärfer vom Überich getrennt gesehen wird als in der amerikanischen Ichpsychologie, wo eine integrierte Struktur von Ichideal und Überich angenommen wird.

Für die Autorin besteht, unter idealen Umständen, die Möglichkeit, daß das Ichideal in dem später sich entwickelnden Überich, d.h. den Geboten und Verboten der ödipalen Situation, in realistischer Art und Weise transformiert wird. Sie sieht aber auch die Möglichkeit der Integration des Ichideals in das ödipale Überich und weist überdies noch auf die Möglichkeit einer radikalen Dissoziation dieser zwei Entitäten hin. Die Gefahr einer solchen Integration besteht nämlich darin, daß das Ichideal als Abwehr gegen die Entwicklung des Überichs benutzt wird, und das charakterisiert, nach Chasseguet-Smirgel, die Perversion. Chasseguet-Smirgels Beitrag zur Pathologie des Ichideals, das die Perversion im Individuum fördert, indem es den Unterschied zwischen den Geschlechtern und den Generationen verleugnet, sowie ihre Auslegung utopischer, primitiver Weltsichten, die sich in massenpsychologischen Ideologien ausdrücken, ist von hervorragender Bedeutung.

In ihrem Werk *Das Ichideal* teilt die Autorin die Ansicht Edith Jacobsons, die die Sehnsucht nach Vereinigung des Ichs mit dem Ichideal als den Wunsch nach Verschmelzung mit der Mutter versteht, als Suche nach der verlorenen Einheit. Denn das Ichideal ist zwar vom Ich durch eine Kluft getrennt, es besteht aber ein tiefer Drang im Menschen, diese Trennung immer wieder aufzuheben, da sie eine narzißtische Kränkung ist. Dadurch entsteht der Inzestwunsch, der die Hoffnung auf eine Möglichkeit eröffnet, in die Mutter zurückzukehren, sich mit ihr zu vereinigen. Beim Mädchen wäre diese Urverschmelzung nur in der Homosexualität erreichbar, so daß, nach Ferenczi, das Mädchen sich mit dem Penis des Vaters im Koitus identifiziert, damit die Verschmelzung mit der Mutter stattfinden kann.

Für Chasseguet-Smirgel, wie auch für Annie Reich, besteht ein fundamentaler Unterschied zwischen Ichideal und Überich. Ersteres ist Erbe des primären Narzißmus, wie Freud 1914 festgestellt hat, letzteres ist Erbe des Ödipuskomplexes. »Das Über-Ich trennt das Kind von der Mutter, das Ichideal – sagen wir – drängt es zur Verschmelzung« (Chasseguet-Smirgel 1987, p. 80). Diese ist dazu da, die Illusion der Allmacht wiederherzustellen, wodurch aber die Fähigkeit zur Sublimierung beeinträchtigt wird. Durch den Versuch, die Inzestschranke zu überwinden, wird eine Bewältigung des Ödipuskomplexes verhindert, das Überich bleibt unreif, und es findet auch keine ausreichende Realitätsbewältigung statt. »Das Überich akzeptieren heißt, sich in die Tradition einfügen, ein Glied in der Kette werden und sich damit abfinden, nur ein Mensch zu sein« (p. 182).

Die normale Entwicklung des Ichideals wäre, daß der Knabe sich mit dem Vater und seinem Penis identifiziert. Am Beispiel des Perversen erklärt Chasseguet-Smirgel das Problem der Identifizierung mit dem Ichideal. Die Mutter des Perversen hat ihrem Sohn schön früh zu verstehen gegeben, daß er dem Vater gleich, ja ihm sogar überlegen ist. Und entsprechend wird sein Ichideal die Reifung zur Genitalität nicht vollziehen können. Der Sohn wird überzeugt sein, er brauche nicht so wie der Vater zu werden, denn er hat den Platz des Vater schon immer gehabt. Somit wird die Realität verkannt, nämlich daß der kleine Penis des Jungen die Mutter nicht befriedigen kann und daß zwischen den beiden ein Generationsunterschied besteht. Die Anerkennung des Generations- und Geschlechtsunterschieds ist für Chasseguet-Smirgel der Prüfstein der Realität (p. 23). Der Perverse muß »das Trugbild« aufrechterhalten, daß er der adäquate Partner seiner Mutter ist. Die genitale Liebe ist dem von der Mutter verachteten (kastrierten) Vater vorbehalten und deshalb minderwertig. Das Merkmal des

Perversen ist es also, daß er meint, schon am Ziel zu sein, daß er die ödipale Auseinandersetzung nicht braucht. Die Dyade Mutter-Kind bleibt erhalten, der Vater ist ausgeschlossen. Dadurch wird der ödipale Konflikt verhindert und somit auch die Bildung eines Überichs, die erst in der ödipalen Auseinandersetzung möglich wird.

Die Autorin beschreibt in *Zwei Bäume im Garten* (1986) einen primären Wunsch des Individuums, eine Welt ohne Hindernisse und Unterschiede zu erleben, »eine völlig glatte Welt«, die mit dem entleerten Mutterleib identisch ist, entleert vom Penis des Vaters, von Kindern und Exkrementen. Schon Freud hat diesen Wunsch nach Rückkehr in den Mutterleib mit dem Inzestwunsch verknüpft (p. 91). Es ist dies die Vorstellung eines Lebens nach dem Lustprinzip, in dem der Vater, das Denken und damit das Realitätsprinzip ausgeschaltet sind. Es geht hier aber nicht um ein ödipales Element, »sondern um die Repräsentation eines psychischen Geschehens ohne Hindernisse, das vom Lustprinzip beherrscht wird« (p. 113).

Das Ich ist vom Ichideal sehr oft nicht genügend getrennt. Das hat auch soziale und politische Konsequenzen: Wenn die väterliche Welt bekämpft oder zerstört wird, ist eine Verwirrung der Werte die Konsequenz. In ihren literarischen, historischen und politischen Untersuchungen stellte Chasseguet-Smirgel fest, daß hinter der Ideenwelt der Utopien und hinter dem Versuch, diese zu verwirklichen, die archaische Matrix des Ödipuskomplexes steht, d.h., in den Utopien, die ein politisches oder soziales System darstellen, soll – unbewußt – die Phantasiestruktur der frühen Mutter-Kind-Dyade errichtet werden. In diesen utopischen Welten – die Autorin gibt sowohl literarische wie politische Beispiele – sollen alle, die zu dieser Gemeinschaft gehören, unumschränkten Zugang zum mütterlichen »Paradies« haben, wobei die anderen, die »Fremden«, ausgeschlossen und verfolgt werden (siehe dort Kapitel 6).

Die Vereinigung des Ichs mit dem Ichideal ist nicht möglich. Eine mystische Vereinigung von Ich und Ichideal wurde z.B. in der höfischen Liebe des 12. Jahrhunderts versucht. Sie stand »ganz unter dem Zeichen der Spaltung zwischen Narzißmus und Trieben« (1987, p. 62). Dies ist auch der Fall, wenn jemand in »stiller Liebe« ein Objekt liebt, das gar nichts von dieser Liebe weiß. So kann das Ichideal und die Sehnsucht nach Verschmelzung fern von der konkreten Realität aufrecht erhalten werden. Die Autorin nennt dies »die Suche nach der reinen narzißtischen Exaltation« (p. 64). Die Spaltung zwischen Narzißmus und Trieben in diesen Arten der Liebe drückt »nur die quälende Sehnsucht nach der primären Verschmelzung« aus (Ibid.), eine Verachtung des Körpers, die eine genitale Entwicklung unmöglich macht.

Es ist nicht möglich, das Ichideal ganz aufzulösen; es lebt weiter in der Liebe und in der Sublimierung. Aber ein Ich, das von inzestuösen Wünschen ablassen kann, wird versuchen, die Kluft zwischen sich und dem Ichideal zu verringern, indem es sich mit einer Reihe von bewunderten Vorbildern identifiziert. Dadurch entsteht ein reifes Ichideal, das dann reife Ichqualitäten wie intellektuellen Mut, Wahrheitsliebe, Klarheit entwickeln kann (p. 183).

17. Otto F. Kernberg: Überich-Pathologien und die Funktion des Überichs in Paarbeziehungen und in Gruppen

Otto F. Kernberg hat verschiedene eminent wichtige Beiträge zum Verständnis des Überichs geleistet: zur Überich-Pathologie sowie zur Funktion des Überichs in der Liebesbeziehung des Paares, zum Charakter des Überichs in konventioneller Moral und zu seiner Bedeutung in Gruppen und Organisationen.

Obwohl Kernbergs Theorien direkt auf der ichpsychologischen Objektbeziehungstheorie von Edith Jacobson aufbauen und deren Darstellung der verschiedenen Schichten der Überichentwicklung eine der wichtigen Grundlagen für Otto F. Kernbergs Untersuchung narzißtischer und anderer Persönlichkeitsstörungen und ihrer Beschreibung sowie seiner Behandlungstechnik bildet, sieht man in seinen letzten Arbeiten auch französische Einflüsse, besonders was die Psychopathologie des Liebeslebens anbetrifft, ein Gebiet, auf dem u.a. Chasseguet-Smirgel Kernbergs theoretische Entwicklung beeinflußt hat.

Wie verbinden sich die Schichten Jacobsons mit den Pathologien des Überichs, die Kernberg beschreibt?

In *Schwere Persönlichkeitsstörungen* (1984) stellt Kernberg in dem Kapitel »Klinische Aspekte schwerer Überich-Pathologie« die verschiedenen Formen und Grade von Überich-Defekten dar, die über den Schweregrad der verschiedenen Persönlichkeitsstörungen und über deren Behandelbarkeit Auskunft geben. Damit hat Kernberg auch für die Praxis des Therapeuten theoretische sowie praktische Beiträge geleistet. Wenn die erste Schicht der Überichentwicklung, die Jacobson beschreibt, vorwiegend aus »bösen« überwältigenden Teilobjekten besteht, beeinflußt sie die nächste Schicht, in der sich das Ichideal bilden soll. Dieses wird dann überstreng, perfektionistisch und so kann auch die dritte Schicht nicht realistisch internalisiert werden, weil die perfektionistischen Gebote und primitiven Verbote die realistischen Aspekte der dritten Schicht, des späteren ödipalen Überichs, verzerren. Um sich von diesem Überich zu befreien, wird es dann meist total projiziert (z.B. auf einen Menschen oder eine Ideologie) und als verfolgende äußere Person oder Macht erlebt.

Um festzustellen, ob und auf welche Weise Patienten mit Borderline- und/oder narzißtischen Störungen psychotherapeutisch behandelt werden können, ist die Qualität ihrer Objektbeziehungen, nämlich ob sie tiefe und dauerhafte Beziehungen eingehen können, zu prüfen. Ebenso ist der Entwicklungsstand ihrer Überichfunktion sowie die Art ihres pathologischen Narzißmus ausschlaggebend für die Behandlungsmethode (p. 396). Patienten, die aufrichtig sein können und angemessene Schuldgefühle sowie moralische Verantwortung anderen gegenüber empfinden, haben ihre Überich-Funktion weitgehend ausgebildet. Dagegen spricht kaum vorhandene Anteilnahme und Empathie sowie grobe Unaufrichtigkeit für eine schwere Überich-Störung. Die Schwere der Überich-Defekte hat Auswirkungen auf das Maß der Persönlichkeitsstörung und bestimmt die Möglichkeiten und Techniken der Behandlung.

Die schwersten Überich-Defekte findet man bei Patienten mit antisozialer Persönlichkeitsstörung. Sie sind oft manifest sadistisch oder aber passiv aussaugend, ohne dabei Schuldgefühle zu empfinden, und sie sehen auch keinen Zusammenhang zwischen ihrem Verhalten und ihrer Beziehung zu anderen. Sie sind meist nicht fähig zu lieben. Solche Menschen können nur selten psychotherapeutisch behandelt werden. Sie scheinen mit einer »amoralischen Macht« identifiziert zu sein.

Hingegen sind narzißtische Persönlichkeiten mit antisozialem Verhalten in begrenztem Maße behandlungsfähig, denn sie können meist Abhängigkeit in der therapeutischen Beziehung zugeben und zum Ausdruck bringen, d.h. sie können Objektbeziehungen eingehen. Auch wenn diese unsicher sind und leicht störbar, was auf »überwältigende Elterngestalten, die als allmächtig und grausam erfahren wurden«, hinweist, denen sie sich unterwerfen müssen oder sich mit ihnen identifizieren (p. 405). Diese Patienten haben es schwer, eine Liebesbeziehung einzugehen und aufrechtzuerhalten.

Eine weitere weniger schwerwiegende Überich-Störung findet sich bei Patienten, die in der Therapie wichtige Informationen über ihr Leben oder ihre Erfahrungen verschweigen, entweder aus narzißtischen Gründen oder aus Angst vor

Kritik oder einem Eingreifen des Analytikers (p. 406). Manche hingegen halten nur einen Bereich aus Scham oder Schuldgefühlen geheim, was weder antisozial noch selbstdestruktiv ist.

Noch eine andere Form der Überich-Pathologie besteht bei manchen narzißtisch gestörten Persönlichkeiten, wenn sie insofern unehrlich sind, als sie nicht die Verantwortung für ihre Gefühle, Gedanken und Handlungen übernehmen und keine Besorgnis für sich und andere zeigen. Sie schützen sich vor Angst, Schuldgefühlen und Anteilnahme, indem sie Schuld und Besorgnis für sich und andere leugnen. Ihre inneren guten Objektbeziehungen sind in ständiger Gefahr von archaischen sadistischen Überich-Vorläufern zerstört zu werden. Sie wenden sich gegen Moral, verhalten sich aggressiv und rücksichtslos, weil sie meinen, sonst ausgebeutet zu werden. Durch Spaltung können sie widersprüchliche Gefühle für die gleiche Situation haben. Bei milderen Störungen sind idealisierte Überich-Vorläufer, die sich zusammen mit den sadistischen ausreichend integriert haben, vorhanden, so daß dann ein Gefühl für normale konventionelle Moral besteht. Aber ihre Beziehung zu anderen bleibt »schattenhaft oder unwirklich« (p. 412), weil sie tiefe Gefühle und entsprechende normale Abhängigkeitsbedürfnisse und Sehnsüchte als bedrohlich empfinden und deshalb meiden, sie können sie nicht erleben.

Bei Menschen mit einer neurotischen Persönlichkeitsorganisation sind die sadistischen und die idealisierten Überich-Vorläufer besser integriert und werden nicht mehr auf die realistischen Elternimagines projiziert, so daß die ödipale und somit eine allgemein normale Überichentwicklung möglich ist.[10] Diese Individuen haben ein gut integriertes, aber strenges Überich, das unbewußte Schuldgefühle erzeugt und somit für Ichhemmungen und verschiedene Symptombildungen, die in Zusammenhang mit der Verdrängung sexueller und aggressiver Triebimpulse stehen, verantwortlich ist. Sie sind jedoch zu differenzierten Objektbeziehungen fähig, die Überich-Strenge kann abgebaut werden, wenn die Bindung an die ödipalen Elternfiguren aufgegeben werden kann.

In *Liebesbeziehungen – Normalität und Pathologie* (1995) beschreibt Kernberg die Überichfunktionen, die in Liebesbeziehungen von Paaren wirksam sind. Besorgnis für sich und den Partner, ein reifes Überich also, schützt das

---

10 Überich-Vorläufer sind phantastische strafende oder idealisierte Instanzen, die das Kleinkind auf die frustrierende oder liebevolle Mutter projiziert (Jacobson in Kernberg 1984).

Paar. Und doch kann sexuelle Liebe auch bedroht sein, wenn ödipale Schuldgefühle zu einer Trennung von zärtlichen Liebesgefühlen und erotischem Verlangen führen. »Die Fähigkeit zu fortdauernder sexueller Leidenschaft kann also durch das Über-Ich gestärkt oder aber durch dieselbe Instanz zerstört werden« (dt.: p. 147).

Um sich verlieben zu können, muß das Ichideal ausgebildet sein. Es stellt, so Kernberg, eine sublimierte Form ödipalen Verlangens dar und ermöglicht Liebe auf einer nicht-inzestuösen Ebene. Man erlebt, »daß in der oder dem Geliebten ein begehrenswertes, zutiefst ersehntes Ideal in der äußeren Realität lebendig wird« (Ibid). Erwiderte Liebe und sexuelle Leidenschaft erhöhen das eigene Selbstwertgefühl und bewirken, daß Selbst- und Objektliebe in der sexuellen Leidenschaft miteinander verschmelzen.

Wenn man in der Liebe das Ichideal auf den geliebten Menschen projiziert, bewirkt dies durch die Reziprozität eine Erhöhung des Selbstwertgefühls. Kernberg schließt sich da J. Chasseguet-Smirgel an, die, im Widerspruch zu Freud, auch der Ansicht ist, daß die Projektion des Ichideals das Selbstwertgefühl nicht verringert.

Gemeinsame Werte, eine gemeinsame Überich-Struktur hilft dem Paar, in Konfliktsituationen die eigenen Schwächen zu erkennen, die des anderen zu tolerieren und so einen Ausweg zu finden.

Ein Überich, wenn genügend entwickelt, befähigt beide Partner, für sich und den anderen sowie für ihre Beziehung Verantwortung zu übernehmen, diese vor Aggressionen zu schützen und unvermeidliche Ambivalenzen zu akzeptieren. Das Ichideal läßt das Paar gemeinsame Werte bilden, und dieses gemeinsame Wertesystem schützt sie bei Überschreitungen und Verwundungen und hilft, diese zu überwinden. Die Fähigkeit, zu verzeihen, Schuldgefühle und Dankbarkeit zu empfinden sind Qualitäten des reifen Überichs und die Basis für Gegenseitigkeit in menschlichen Beziehungen überhaupt. Das Gefühl der Dankbarkeit geht zurück auf die Freude des Kleinkindes beim Erscheinen der Mutter oder einer Stellvertreterin und ist überhaupt die Ursache, daß Liebe sich entwickeln kann.

Wenn das Überich infantil geblieben ist, schränken meist konventionelle stereotype Vorstellungen von Sexualität das Sexualverhalten des Paares ein, und es kommt dann bei den Partnern zu wechselseitigen Projektionen dieser primitven Überich-Vorurteile und -Verbote.

Jedoch auch bei gewissen milderen Überich-Pathologien können die gemeinsamen Überich-Werte extrem rigide und verbietend sein und die konventionelle Moral der kulturellen Umwelt idealisieren. Sexuelle Bedürfnisse werden dabei oft stark eingeschränkt. Dann bewirken Überich-Projektionen, daß der eine Partner als moralische Autorität zum immerwährenden Verfolger des anderen wird, der den andern schuldig sprechen will. Hingegen gehört, wie gesagt, die Fähigkeit zu verzeihen zu jeder tiefen intimen Beziehung, denn jede menschliche Beziehung ist ambivalent und diese Ambivalenz kann nach Überwindung primitiver Spaltung, wenn Liebe Aggression überwiegt, ertragen werden. Wenn auch aggressive Züge toleriert werden, ist dies ein Indiz von emotionaler Reife.

Eine andere Gefahr für das Paar ist das Ausagieren von Überich-Konflikten, das sich oft in Lügen und Täuschungen zeigt, die vor realen oder phantasierten Aggressionen des Partners oder vor Verletzungen, Eifersucht oder Enttäuschung schützen sollen. Aber auch »›absolute Ehrlichkeit‹ [ist] manchmal nur rationalisierte Aggression« (p. 156), die gegenseitige Beschuldigungen und Überich-Projektionen fördert. Die Bereitschaft zur Versöhnung und der Glaube, daß Vertrauen nach einer Krise wiederhergestellt werden kann, ist entscheidend für reifes moralisches Empfinden (p. 155).

Kernberg demonstriert hier, daß es auch eine ethische Frage ist, wie man mit der Wahrheit umgeht.

In *Ideologie, Konflikt und Führung* (1998a/2000) beschreibt Kernberg Überich-Formationen und Konflikte, die in Ideologien einzelner sowie in Gruppengeschehen erkennbar sind. Ideologie definiert der Autor als »ein System von Glaubenssätzen, Überzeugungen, Phantasien und Mythen, das von allen Mitgliedern einer sozialen Gruppe geteilt wird« (dt., p. 141). Zentral für ein humanistisches Wertesystem ist der Respekt vor dem einzelnen und vor seinen individuellen Rechten und das Bestreben, ihm Gleichheit vor dem Gesetz zu sichern. Es gibt aber Weltanschauungen und ideologische Systeme, die alle Menschen, die ihre Ansichten nicht teilen, als Feinde betrachten, die vernichtet werden müssen. Ebenso müssen sie alle Aspekte des sozialen Lebens unter ihre Kontrolle bringen. Dies ist der paranoide Pol der Ideologien. Zu ihm gehören totalitäre Gesellschaften, religiöse fundamentalistische Bewegungen und gewisse Kulte. Diese Ideologien sind intolerant gegenüber der Sexualität, indem sie versuchen, invasive Eingriffe in Familien- und Intimbeziehungen zu diktieren. Ihre moralischen Prinzipien sind konventionell und konformistisch. »Diese Einteilung der Menschen in treue Anhänger und gefährliche Feinde kann man auch an manchen rassistischen und nationalistischen Ideologien beobachten« (p. 314).

Am anderen Ende dieses Spektrums »ideologischer Regression« sind die narzißtischen Ideologien angesiedelt, die aus politischen, gesellschaftlichen und religiösen Klischees bestehen. Es werden da nationale, religiöse und ethnische Feierlichkeiten zelebriert, die in der Gemeinde gewisse Funktionen erfüllen, die aber nichts mit den individuellen Bedürfnissen und dem Alltag der Gemeindemitglieder zu tun haben, deren individuelle Freiheit auch nicht respektiert wird (p. 314).

Zwischen diesen beiden Extremen steht ein humanistisches Wertesystem, in dem individuelle Rechte und individuelle Verantwortung als Grundlage betont werden. Dieses ist verbunden mit moralischen Forderungen, die sich sowohl auf die ethischen Werte des Individuums als auch auf die der Gemeinschaft stützen (p. 315).

Der Reifegrad des Überichs hat also nicht nur Einfluß auf innere und äußere Objektbeziehungen, sondern hat auch politische Implikationen: Je nach dem Stand seiner Überichentwicklung wird das Individuum seinen Beitrag zu einem der verschiedenen ideologischen Systeme leisten. Mit einem primitiven rigiden Überich, einer moralistischen Einstellung wird man sich autoritären Systemen verbunden fühlen, während man sich bei schweren antisozialen Tendenzen zu zynischen, amoralischen, manipulativen Glaubenssystemen hingezogen fühlen wird. Ein gut entwickeltes Überich erlaubt eine humane und tiefe individuell gestaltete Konstellation von Wertesystemen und fördert das Bekenntnis zu einer reifen humanistischen Ideologie.

So ist das Überich also auch ein entscheidender Faktor in Politik und politischer Gesinnung, es trägt dazu bei, Ideale von Ideologien unterscheiden zu können, und realisierbare Ideale von solchen, die Wunschvorstellungen bleiben müssen.

18. Exkurs: Objektbeziehungen – Entstehung und Bedeutung

> Man kann sogar sagen, daß die
> Psychoanalyse als eine allgemeine Theorie
> eine Objektbeziehungstheorie ist.
> O. F. Kernberg 1984

In *Trauer und Melancholie* spricht Freud von dem verlorenen Objekt, das durch Identifizierung erhalten bleibt. Ebenso betont er in *Das Ich und das Es,* daß das aufgegebene Objekt in das Ich aufgenommen wird. Und noch in *Abriß der Psychoanalyse* sagt er über die Bildung des Überichs: »Ein Stück der Außenwelt ist als Objekt, wenigstens partiell, aufgegeben und dafür (durch Identifizierung) ins Ich aufgenommen, also ein Bestandteil der Innenwelt geworden« (1938, p. 136). Die Objektbeziehungstheorie ist also schon bei Freud angelegt.

Melanie Klein und Ronald Fairbairn haben dann als erste eine Objektbeziehungstheorie entwickelt: Von Geburt an beginnt das Kind zunächst, Partialobjekte, nämlich die »gute« und die »böse« Brust, wahrzunehmen und zu introjizieren. Erst später entwickeln sich ganze Objektrepräsentanzen, die integriert werden. Klein stellt anhand der von ihr durchgeführten Kinderanalysen fest, daß die inneren Elternbilder nur zum Teil den äußeren realen Eltern entsprechen. Sie sind verzerrt und besonders in intensiven affektiven Momenten werden diese phantastischen Repräsentanzen dominant: böse und streng (Hexen, Dämonen) oder idealisiert. Die inneren Objekte sind also das Produkt unbewußter Phantasien: Die »guten« sind das Resultat der Libido, die »bösen« entstammen dem Todestrieb.

Es gibt verschiedene Sichtweisen und »Schulen« der Objektbeziehungstheorie. Die letzten und modernsten stammen von Otto F. Kernberg, der sich seit den 70er Jahren mit diesem Thema auseinandersetzt, und – eine etwas andere

Sichtweise – von Joseph und Anne-Marie Sandler. Gemäß Kernberg geht es sowohl um die Beziehung zu anderen als auch um die intrapsychischen Strukturen, die zunächst von der dyadischen Beziehung Mutter-Kind herstammen. Wie vor ihm Klein und Jacobson betont auch er, daß die innere Welt der Objekte von der Phantasie des Kleinkindes stark beeinflußt ist – es sind phantastische Objekte. Objektbeziehungen beginnen mit der frühesten Interaktion zwischen Mutter und Kind. Es wird nicht eine Objektimago internalisiert, sondern immer die Beziehung zwischen einer Selbst- und einer Objektrepräsentanz, eine Interaktion, die unter starkem Affekteinfluß entsteht. Verschiedene Affektzustände gegenüber demselben Objekt werden zu verschiedenen Zeiten aktiviert. Die lustvollen und unlustvollen Affekte werden mit den ihnen ähnlichen Trieben verbunden. Die lustbetonten entsprechen dem Sexualtrieb, die unlustvollen dem Aggressions- oder Todestrieb. Die Affekte sind also Ausdruck oder, jetzt nach Kernberg, Bausteine der Triebe. Sie werden ergänzt durch die affektiven bewußten und unbewußten Reaktionen der Mutter auf den Säugling, die dieser bei ihr schon sehr früh wahrnimmt (vgl. Kernberg 1992, 2001a). Durch die Integration von neuen Objektbeziehungen verändern sich die Affekte. So sieht Kernberg, im Gegensatz zu Freud, Triebe als eine hierarchisch übergeordnete Integration von Affekten, während für Freud Affekte von den Trieben herstammen.

Die Internalisierungen von Beziehungen mit wichtigen Anderen beginnen schon bei der Geburt. Auch hat das Kind eine angeborene Fähigkeit, unter niedriger Affektaktivierung zwischen Selbst und anderen zu unterscheiden, was es im Stadium von Spitzenaffekten nicht kann. Bei niedrigen Affektzuständen wird nämlich vom Kleinkind die Außenwelt realistisch wahrgenommen. Bei hohen hingegen können sowohl lustvolle wie auch schmerzliche affektive Erfahrungen gemacht werden, und die Selbst– und Objektrepräsentanzen werden unter extrem schmerzlichen Erfahrungen verzerrt, unter extrem lustvollen zur Verschmelzung gebracht. Dadurch wird eine spezifische Struktur erreicht, die schon in der Mutter-Kind Dyade angelegt ist. Die positiven affektiven Erfahrungen werden ebenso wie die negativen gespeichert, es entsteht eine Gedächtnisstruktur und das Kind wird versuchen, die positiv erlebten Affekte zu suchen und die negativ erlebten zu meiden.

Sobald eine gewisse Reife erreicht ist, die Realität vom Kind besser erfaßt wird und Schmerzen besser ertragen werden, werden die »bösen« und die »guten« Affekte integriert und die bösen dadurch neutralisiert.

Die Objektrepräsentanzen sind zunächst noch in idealisierte und verfolgende gespalten und werden erst mit der Zeit integriert, d.h., sie sind dann nicht mehr voneinander isoliert. Die Kombination von integrierten Selbst- und integrierten Objektrepräsentanzen bilden zusammen die Ichidentität.

Die Objektbeziehungstheorie ist heute in allen psychoanalytischen Theorien und psychoanalytischen Behandlungsmethoden zentral und stellt einen gemeinsamen Rahmen für die meisten unterschiedlichen psychoanalytischen Ansätze dar. Sie ist ein Model für den Zusammenhang von interpersonalen internalisierten Beziehungssystemen und intrapsychischen Strukturen, die von vergangenen Beziehungen mit anderen stammen und in der Gegenwart reaktiviert werden können (Kernberg 1998a).

Manche Objektbeziehungs-Theoretiker haben Freuds duale Triebtheorie durch eine Objektbeziehungstheorie ersetzt. Kernberg hingegen verbindet die duale Triebtheorie mit der Objektbeziehungstheorie und betrachtet die Triebe als übergeordnete motivierende Systeme, die aus Affekten bestehen. Das Es ist in dieser Theorie als die Totalität von verdrängten, gewünschten und gefürchteten primitiven, vor allem sexuellen und aggressiven Objektbeziehungen konzipiert (dt.: p.31). Das Überich entsteht durch die Internalisierung von idealisierten gebietenden und verbietenden Objekten. Neben dem Umgang mit der äußeren Realität und der Beziehung zum Überich hat das Ich die Aufgabe, bedrohliche Wünsche abzuwehren. Im Gegensatz zum Ich bestehen Überich und Es vorwiegend aus verdrängten Inhalten. Es sind psychische Strukturen, die tiefe Wurzeln im Unbewußten haben. Das Gewissen aber ist eine bewußte Funktion des z.T. unbewußten Überichs.

Eine harmonische Welt von inneren Objekten, die langsam entstanden ist, gibt dem Individuum Vertrauen in sein Selbst und in andere, gibt den menschlichen Beziehungen Tiefe, Unterstützung, Bestätigung und Führung, besonders in Zeiten der Krise wie Verlust, Verlassenheit, Versagen. Diese interne Welt verleiht auch gegenwärtigen Interaktionen mit anderen Tiefe (Kernberg 1976).

Joseph und Anne-Marie Sandler zeigen in *Internal Objects Revisited* wie auch schon in früheren Werken, daß die Tendenz besteht, internalisierte Objekte auf äußere zu projizieren, wobei diese äußeren Objektbeziehungen Wunscherfüllungen darstellen, ja, die Suche nach Beziehungen oder Wunscherfüllungen ist für die Autoren eigentlich dasselbe (1998, p.64), denn emotional bedeutsame Objektbeziehungen sind eine immer wiederkehrende Quelle von Wunscherfüllung. Solche Beziehungen können auch aus einer wunschphantasierten Interaktion entstanden sein. Manchmal sind sie getarnt, unkenntlich gemacht durch alle möglichen Abwehrmechanismen. Z.B. kann durch Projektion ein indifferentes Objekt als ein zugewandtes erlebt werden.

Die Autoren betonen, daß Wünsche, die um Objektbeziehungen kreisen, sei es mit phantasierten Personen oder mit realen, nicht nur triebhafter Natur sind, sondern es sind oft sogar vorwiegend Wünsche nach Schutz und Wohlbefinden. Der Wunsch nach Sicherheit und guten Gefühlen sowie danach, Nähe zu den »guten« Objekten zu erlangen und die »bösen« fernzuhalten, ist sehr groß (p. 76).

Wertschätzung der Beziehung bedeutet aber auch, den Wert des Objekts zu erkennen und »Besorgnis für die Beziehung wird bald auch Besorgnis für das Objekt« (p. 60).

B C.G. Jung und seine Nachfolger
Das Gewissenskonzept in der Analytischen Psychologie

1. C.G. Jung: Das Gewissen

Jungs Moraltheorie im Lichte ödipaler und nationalsozialistischer Verstrickung

> Zwei Arten ›böser Trieb‹ gibt es im Menschen:
> Der eine verführt ihn zur Sünde,
> der andere gaukelt ihm vor,
> die Sünde wäre ein göttliches Gebot.
> Rabbi Menachem Mendel aus Rymanow

> »Am Ende sind wir noch die Schuldigen,
> wir, die Opfer?«, und ich versuchte, ihm zu
> erklären: es gehe nicht um Schuld, sondern
> nur darum, daß man etwas einsehen müsse,
> schlicht und einfach, allein dem Verstand
> zuliebe, des Anstands wegen, sozusagen.
> I. Kertész, *Roman eines Schicksallosen*

a. Jung und die Frage nach dem Gewissen

Während Freud und die Psychoanalyse das Gewissen in umfangreichen Theorien erforscht haben, zeigt sich bei Jung das Gewissen zunächst in seinem allgemeinen Verhältnis zu anderen Menschen und zur Politik sowie in seinem Konzept von der Struktur der menschlichen Psyche. Erst gegen Ende seines Lebens hat er sich dem Gewissen explizit theoretisch zugewandt, und es fällt auf, daß dieser Aufsatz über das Gewissen wie auch frühere Arbeiten, so z.B. *Nach der Katastrophe* (1945), stark von seinen persönlichen Haltungen geprägt bleiben.

Während die Nachfolger Jungs implizite Vorstellungen vom Gewissen übernommen und weiter ausgebaut haben, haben sie sich auf seine expliziten Darlegungen im Gewissensaufsatz kaum bezogen.

Insgesamt hat die Analytische Psychologie relativ wenig zu diesem Thema publiziert. Die einschlägigen Schriften der Nachfolger Jungs sind eher als Versuche einer Ethik (Neumann 1948/1993) oder eines mythologischen oder theologischen Verständnisses (M. Stein 1993) zu charakterisieren denn als Intentionen, theoretische und klinische Erkenntnisse zur Gewissensfunktion zu erlangen. Ausnahmen sind die Arbeiten von John Beebe und Andrew Samuels. Ich werde mich mit diesen Autoren in den späteren Abschnitten befassen.

Eine Erklärung für diesen Mangel – mit dem ich mich hier aber nicht weiter beschäftigen kann – scheint mir in der Tatsache zu liegen, daß die Analytische Psychologie moralisierende und erzieherische Elemente in die klinische Arbeit einfließen läßt und so die Gewissensfrage dort bereits indirekt untergebracht ist. Jung selber sprach oft davon, daß die Analyse ein moralisches Problem sei (Gret Baumann-Jung, pers. Mitteilung).

Es bleibt aber interessant zu fragen, welche Gründe dafür ausschlaggebend waren, daß Jung sich erst so spät mit diesem eminent wichtigen Thema beschäftigt hat.

Der Einfluß von Jungs eigenen Phantasien und inneren Bildern auf seine Theoriebildung ist, wie er selbst feststellte, ungewöhnlich stark gewesen. Ich werde deshalb auf diese persönlichen Aspekte in meiner Untersuchung näher eingehen. Jung hat, nach eigener Aussage, nicht nur aus seinen subjektiven psychischen Erfahrungen eine generelle, allgemein gültige Theorie abgeleitet, sondern diese Theorie diente ihm auch vorwiegend dazu, sich selbst zu stabilisieren: »Meine Wissenschaft war das Mittel, um mich aus jenem Chaos herauszuwinden« (Jung 1962, p. 196).[11]

---

11 Jeffrey Satinover stellt fest: »Jung felt that his theories should be considered a contribution to science, but to an extent unusual for science, Jung translated personal inner experience directly into theory.« (1985, p. 53).

b. Die Archetypen

Da Jung das Gewissen als einen Archetyp und als autonomen Faktor und Komplex bezeichnet hat und es ersichtlich wird, daß das Gewissen als Archetyp auf einer wichtigen theoretischen Grundlage steht, fasse ich hier Archetypen- und Komplextheorie kurz zusammen. Eine extensive Besprechung dieser Konzepte würde den Rahmen dieser Arbeit sprengen. (Ich habe mich an anderer Stelle detailliert und kritisch damit befaßt: Raffay 1996).

Jung hat zu seiner Archetypentheorie widersprüchliche Aussagen gemacht, ohne einer von ihnen den Vorzug zu geben. Die Archetypen sind »mitgeborene[n] Formen der Anschauung, der Intuition [...] von Wahrnehmung und Erfassung« und sind »eine unvermeidliche und a priori determinierende Bedingung aller psychischen Prozesse« (Jung 1919/1971, p. 153f), es sind regelmäßig wiederkehrende Strukturen, den Menschen angeboren, unpersönlich und *a priori* gegeben (Jung 1974, p. 23).[12] Dem menschlichen Bewußtsein erscheinen sie vorwiegend als primordiale Bilder, Inhalte aus dem kollektiven Unbewußten, die durch Träume und Phantasien ins Bewußtsein gebracht werden. Sie entstammen also »der *vererbten Struktur des Gehirns [...].*« (Jung 1918/1974, p. 22). Samuels et al. nennen sie eine »hypothetische Entität« oder auch »structuring patterns of psychological performance« (1987, p. 26).

Die Haupteigenschaften der Archetypen sind, so Jung, ihre Numinosität sowie ihr autonomer zwingender Charakter. Sie sind nicht nur als innere Bilder erfahrbar, sondern sind auch »psychoid« und erscheinen als autonome *verdinglichte Mächte*, die Jung oft »Götter« und »Dämonen« nennt und magischen bzw. übernatürlichen Mächten gleichsetzt. Dies meint er keineswegs nur als Metapher:

---

12 Jung vergleicht die Archetypen oft mit Platons Ideen. In Wirklichkeit haben aber letztere wenig mit den Archetypen zu tun, wie Ch. Türcke feststellt, denn die Ideen Platons sind nicht, wie die Archetypen, primär psychischer Natur, sondern als »kosmische Substanz« zu verstehen (Türcke 1992, p. 97. Siehe auch die Kritik an der Archetypentheorie bei Balmer 1972, Homans 1979, Satinover 1986, Gedo 1981, Ticho 1982, McLynn 1996).

»Es soll ausdrücklich festgestellt werden, daß es sich dabei nicht um Erkenntnisinhalte handelt, sondern um transsubjektive, weitgehend autonome psychische Systeme, welche mithin der Bewußtseinskontrolle bedingt unterstellt sind und sich wahrscheinlich größtenteils derselben entziehen« (Jung 1964, p. 106f).

Um die Archetypen gruppieren sich autonome, vom Bewußtsein abgespaltene Bilder und Ideen, die Jung Komplexe nennt. Darunter versteht er unbewußte, in Opposition zum Bewußtsein stehende, vom Ich abgespaltene Teile in der Psyche. Er nennt sie abgesplitterte »Teilpersönlichkeiten«, »fragmentierte Persönlichkeitsanteile«. Das Charakteristische eines Komplexes ist seine Unabhängigkeit vom Bewußtsein, seine Autonomie. Der Komplex äußert sich im Subjekt meist durch ungewollte, eruptive und unreflektierte Äußerungen, die von starken Affekten begleitet werden (Jung 1934a/1971, pp. 111-112).

Jung hat die Validität seiner Archetypentheorie weder hinterfragt noch klinisch bewiesen. Als Beweis, daß die Archetypen angeboren sind, gibt er die Existenz universaler mythologischer Motive an (Jung 1958, p. 190). Die Komplextheorie ist hingegen ein wichtiger Beitrag zur modernen Psychose-Theorie.

c. Jungs Gewissensaufsatz

In seiner Arbeit über das Gewissen will Jung zweierlei deutlich machen: a. daß das menschliche Gewissen ein angeborenes archetypisches Geschehen ist, welches aus der Tiefe des kollektiven Unbewußten spontan aufsteigt, und b. daß es zweierlei Arten von Gewissen gibt, von denen er eines »angelernte« Moral nennt, die auf dem »Sittenkodex« basiert, das zweite aber das echte individuelle Gewissen, welches er als moralisch, manchmal auch als ethisch bezeichnet, das vom kollektiven Unbewußten herkommt und unbeeinflußt vom Sitten- oder Moralkodex ist. Dieses nennt er auch *vox dei* (Stimme Gottes).

Jung veranschaulicht diese Gedanken am Traumbeispiel eines Patienten: Ein Geschäftsmann, dem eine scheinbar ehrenwerte geschäftliche Offerte gemacht wurde, »die aber, wie es sich später herausstellte, ihn in eine fatale Betrugsaffäre verwickelt haben würde, wenn er sie angenommen hätte«, träumt in der darauffolgenden Nacht, »daß seine Hände und Vorderarme mit schwarzem Schmutz bedeckt waren«. Der Träumer konnte, so Jung, keinen Zusammenhang zwischen dem Traum und den Ereignissen des Vortags sehen, »weil er sich nicht zugestehen konnte, daß ihn die Offerte *an der verwundbaren Stelle, nämlich der Erwartung eines guten Geschäftes,* getroffen hatte« (Hervorhebung AR). Daraufhin warnte Jung den Patienten und bewahrte ihn durch seine Warnung vor größerem Schaden (Jung 1958, p. 186).

Jung schließt seine Erklärungen mit der Feststellung, daß wir aus diesem Traum »ein wichtiges Faktum« lernen über »die moralische Bewertung des Handelns«, »[d]ie sich im spezifischen Gefühlston der entsprechenden Vorstellung ausdrückt«: Sie ist nicht immer eine bewußte Angelegenheit, sondern funktioniert auch ohne das Bewußtsein (p. 187). »[D]as Ich wurde in diesem Fall durch eine *unbewußte Persönlichkeit,* welche den nötigen Gewissensakt vollzieht, ersetzt« (p. 188).

Mit dieser Darstellung bietet Jung den Traum als Illustration dafür an, daß das Unbewußte ein Vorwissen hat und dadurch beim Träumer, ohne daß er es versteht, eine moralische Reaktion hervorruft, sowie selbst ein moralisches Urteil fällt, eine »moralische Bewertung des Handelns« vornimmt und somit »Warnungen« äußert, die man nur zu verstehen braucht.

Andererseits produziert das Unbewußte aber auch »Unmoralisches« ohne, wie im Fall des Geschäftsmannes, moralische Hinweise zu geben. Das zeigt Jung an den Träumen einer Patientin: Eine »distinguierte Dame«, die einen »untadeligen Lebenswandel« führte, eine »geistig hochgestimmte Haltung« hatte, wird von »abscheulichen Träumen« heimgesucht. Ihre »unschmackhaften Traumbilder« waren bevölkert von Prostituierten und venerischen Krankheiten. Das Unbewußte, so Jung, nimmt hier nicht eine moralische Haltung ein wie bei dem Geschäftsmann, sondern produziert »Immoralitäten«. Der Traum, so Jung, »ermahnt«, aber er »verführt« auch und »[e]s scheint vielmehr, als ob es [das Unbewußte, AR] mit der gleichen Objektivität, mit der es unmoralische Phantasien produziert, auch moralische Urteile fällt« (p. 191).

Einwände, Exkurs

Jung versucht hier, die zentrale psychologische Frage nach dem Gewissen als Theorie darzulegen. Man hat aber den Eindruck, daß dies mit sehr wenig klinischem Material geschieht, von dem uns alles Wesentliche auch noch vorenthalten wird. Die Lebensumstände des Patienten werden nur in »stenografischen Kürzeln« (Balmer) wiedergegeben. So erfahren wir wenig von der Persönlichkeit des Analysanden, außer daß Geldverdienen seine schwache Stelle war. Wir wissen auch nicht, was die ominöse Offerte beinhaltete und in welche Art von »fataler Betrugsaffäre« er verwickelt worden wäre.

Durch das einfache »Lesen« des Traumes, indem er das Symbol der schmutzigen Hände herausgreift, »beweist« Jung seine Überzeugung, daß das Unbewußte moralisch sein kann. Der Jung-Kritiker E. Glover charakterisiert die Jungschen Traumdeutungen als »simply preconscious readings of symbolism dictated by the conscious reactions and motives of the respective ›analysts‹« (Glover 1950, p. 113).

Im Bewußtsein fehlte dem Patienten, so Jung, das schlechte Gewissen und so mußte das Traumbild der schmutzigen Hände den Träumer auf die »unsaubere Arbeit« hinweisen. Um sich seines Gewissens bewußt zu werden, »mußte er mir den Traum erzählen«, schreibt Jung (1958, p. 186).

Der Traum des Patienten als Beispiel für das Gewissen im Unbewußten wäre aber nur dann überzeugend, wenn neben dem einfachen »Lesen« auch die Beziehung zwischen Patient und Analytiker besprochen würde. Die dürftige Darstellung des Patienten, seiner Lebenssituation und seiner Beziehung zum Analytiker läßt so viele Fragen offen, daß auch der Nachweis eines unbewußten Gewissens anhand dieses Traumes nicht überzeugen kann.

Jungs Beschreibung des Patienten deutet auf eine Abwertung des Geschäftsmanns und auf Angst und Zweifel auf Seiten des Träumers hin. Der Geschäftsmann erlebt scheinbar Geldmachen unbewußt als Schmutz, als Anales und als etwas moralisch Verwerfliches, und der Therapeut stimmt mit ihm darin überein: Geld und Geschäfte sind Abzuwertendes, sind etwas, was Gier mobilisiert, wo man sich schmutzig macht. Er schreibt, im Patient bestehe »die vor Illegalem sich nicht scheuende Gewinnsucht des Ich« (p. 188), auch wenn die bewußte Haltung des Patienten ihm natürlich keine illegalen Geschäfte erlaubt hätte.

Ich kann mir vorstellen, daß auch Angst und Ärger des Patienten angesichts der Bewertungen Jungs in dem Traum stecken; die schmutzigen Hände wären dann aggressive Impulse, die der Träumer dem Therapeuten gegenüber unbewußt zum Ausdruck bringt. Im Sinne der Übertragung könnte auch eine Angst des Patienten bestehen, daß die Therapie mit Jung via projektiver Umkehr ein schmutziges Geschäft sei. Es ist anzunehmen, daß sich der Patient mit der erwähnten kritischen Einstellung Jungs ihm gegenüber identifiziert.

Auch die verdrängte, im Traum inszenierte Triebproblematik der Patientin sieht Jung nur als moralisches Problem bzw. Gewissensproblem an, er bezeichnet die triebhaften Wünsche und die Ängste, beschädigt zu werden, als »Obszönitäten«, er übersieht dabei jedoch die Leiden der Träumerin.[13]

Jungs Kritik an Freud I

Im Zusammenhang mit seinen Ausführungen kommt Jung auf Freuds Überich-Konzept und dessen Theorie des Unbewußten zu sprechen. Jung versteht das Gewissen als archetypisch, als ererbten Anteil der Psyche, der von Urzeiten auf uns gekommen ist. Das Freudsche Überich hingegen ist, so Jung, nicht ererbt, sondern etwas »Angelerntes« (1958, p. 188), »der vom Bewußtsein erworbene Bestand an traditionellem Brauchtum, der sogenannte Sittenkodex, wie er sich zum Beispiel im Dekalog verkörpert« (Ibid.). Es ist, so Jung, »ein patriarchales Überkommnis, das als solches eine bewußte Erwerbung und einen ebenso bewußten Besitz bedeutet« (Ibid.). Auch sei zu bezweifeln, sagt er weiter, daß das Unbewußte nur aus Verdrängungen bestehe, wie Freud es darstellt, und demnach vom Bewußtsein abhängig sei, »denn es ist eine bekannte Tatsache, daß es [das Unbewußte, AR] sich vom bewußten Willen kaum oder gar nicht beeinflussen läßt«. Er fährt fort: »Es kann von diesem nur verdrängt oder unterdrückt werden, und dies meist nur temporär [...] Wenn dem nicht so wäre, so würde die Psychotherapie kein Problem bedeuten. Mit Einsicht und Willen wäre dem Unbewußten endgültig beizukommen, und die Psyche ließe sich restlos in Beabsichtigtes verwandeln [...]«. Jung führt die psychoanalytische Theorie durch Übertreibungen und Vereinfachung *ad absurdum* und kommt zu dem Schluß: »*Nur weltfremde*

---

13 Jungs problematische Beziehung zur Sexualität ist bekannt; er hatte sowohl Schwierigkeiten, Sexuelles als wichtigen klinischen Faktor anzuerkennen, wie auch darüber in seinen Therapien zu sprechen. Ernest Jones gegenüber äußerte Jung, daß er ungern sexuelle Details mit Patienten bespreche, da dies, wenn man sich bei Dinner-Parties sähe, Verlegenheit auslöse (Stern 1977, p. 146). Micha Brumlik stellte fest: »*Jungs ganzes Lebenswerk stellt im Grunde den Versuch dar, die Sexualität beziehungsweise das ganze Unbewußte zu resakralisieren [...] Jung [wollte] hauptsächlich zeigen, daß alle Sexualität nur Symbol der Transzendenz ist*« (Brumlik 1986, p. 54). Zu Jungs Sexualangst und Sexualfeindlichkeit siehe auch Gess 1994, Raffay 1996, Höfer, 1993.

Idealisten, Rationalisten und andere Fanatiker können sich dergleichen Träumen hingeben. (Hervorhebung AR). Die Psyche ist keine Willkürerscheinung, sondern *Natur* [...]« und läßt sich nicht »in ein Artifizium verwandeln [...] ohne tiefste Schädigung menschlichen Wesens. Der Mensch läßt sich zwar in ein krankes Tier umgestalten, nicht aber in ein erdachtes Idealwesen« (p. 189).

Jung verwechselt Verdrängung und Unterdrückung und berücksichtigt auch nicht, daß das Freudsche Unbewußte nicht nur aus Verdrängungen besteht.

Jungs Gegenentwurf

Nachdem Jung Freuds Konzept des Überichs so dargestellt hat, setzt er dem seine eigene Theorie entgegen.

Sein archetypisches, ererbtes Gewissen ist mit dem bewußt »Erworbenen«, »Starren«, dem Überich Freuds unvereinbar. Für Jung ist die »moralische Reaktion ein ursprüngliches Verhalten der Psyche, während die Moralgesetze eine späte, in Sätzen erstarrte Folgeerscheinung des moralischen Verhaltens darstellen« (p. 193). Der Sittenkodex, wie Jung ihn versteht, unterscheidet sich also grundlegend vom Gewissensarchetyp, der *vox dei*.

Das Gewissen ist, als Archetyp des kollektiven Unbewußten, ein autonomer Faktor, den Jung auch als Komplex bezeichnet (p. 196), der sich »dem Willen des Subjektes entgegenstellt«, der sich nicht dem Willen unterwirft, eine »Manaerscheinung«, die als »Naturerscheinung« amoralisch ist (pp. 196-199). Trotzdem ist dieses Gewissen aus dem Unbewußten der Maßstab, nach dem man sich, so Jung, richten soll: »Der entscheidende Faktor des Gewissens [...], [d]er Entschluß [wie man sich bei Gewissensfragen zu entscheiden hat, AR] wird aus den dunklen Wassern der Tiefe geschöpft« (p. 206). Jung stellt fest, daß es ein »richtiges« und ein »falsches« Gewissen gibt und man sich irren kann, dennoch habe man der inneren Stimme zu folgen, da man sonst das Gefühl hat, eine Untreue begangen zu haben (p. 198f). Allerdings gibt er keinerlei Kriterium an, wie man die göttliche von der falschen Stimme unterscheiden kann, denn beide kommen aus dem Unbewußten und haben eigentlich dieselbe »Überzeugungskraft«.

Jung hat den Begriff »moralisch« sowohl für die aus dem Unbewußten aufsteigende Gewissensstimme als auch zeitweise für die Befolgung des Sittenkodex verwendet. Er führt aber noch eine weitere Sichtweise ein: daß nämlich die unbewußte Reaktion zwar als moralisch gelten kann, daß sie aber erst dann »ethisch« ist, wenn sie reflektiert, »das heißt einer bewußten Auseinandersetzung unterzogen wird« (p. 205). Das Ethos entsteht aus der »Kooperation bewußter und unbewußter Faktoren, in religiöser Sprache ausgedrückt: Der *Vernunft* und der *Gnade*«.

Diskussion

Jung mißversteht Freuds Überichkonzept, indem er das Gewissen als etwas »Angelerntes« bezeichnet, wohingegen die psychoanalytische Theorie darstellt, daß sich das Gewissen auf der Basis einer angeborenen Bereitschaft in der Beziehung zu anderen langsam entwickelt. Damit hat die Psychoanalyse die zwei Aspekte des Gewissens, die Jung trennt, in eine folgerichtige Beziehung zueinander gebracht.

Jung übergeht die schwierige und hochkomplizierte Entwicklung des menschlichen Gewissens von der Kindheit an und, noch wesentlicher, berücksichtigt die Beziehungsfaktoren Liebe und Besorgnis für den anderen Menschen sowie den Gerechtigkeitssinn bei Gewissensentscheidungen nicht. Seine Gewissenstheorie bekommt dadurch eine abgehobene, ja unrealistische Qualität. Im Übersehen der Tatsache, daß die Anwendung des Gewissens meist in einem objektbezogenen, einem sozialen Rahmen Sinn ergibt, wird es bei Jung eine einsame Stimme, für die eine interpersonale Qualität der Beziehungen nicht wichtig zu sein scheint. Die Idee des kollektiven Unbewußten und der »inneren Stimme« isoliert den Einzelnen von der Gemeinschaft. So kann Jung den »Sittenkodex«, der für die Gemeinschaft verpflichtet, nur als »Erstarrtes« und »Angelerntes« sehen und nicht als soziale Gerechtigkeit, die das menschliche Zusammenleben ermöglicht. Die Verantwortung, die mit sozialen Beziehungen verbunden ist, bleibt unerwähnt.[14]

---

14 Frank McLynn stellt in seiner großen Jung-Biographie im Zusammenhang mit Jungs Individuationsbegriff fest: »The emphasis on individual development and the neglect of relationships with other people is a serious defect in any theory of psychotherapy« (McLynn 1996, p. 313). Das trifft auch für die Gewissenstheorie zu.

Die Unkontrollierbarkeit und Isoliertheit dieser einsamen Gewissensentscheidungen wird noch dadurch verstärkt, daß Jung das Gewissen als autonomen Faktor oder Komplex bezeichnet, von dem er in einem anderen Zusammenhang sagt, daß dieser plötzlich hervortritt: »Die Komplexe benehmen sich wie cartesianische Teufelchen und scheinen sich an koboldartigen Streichen zu ergötzen. *Sie legen einem gerade das unrichtige Wort auf die Zunge* « (Hervorhebung AR, Jung 1934a/1971, p. 112). Es ist schwer vorstellbar, wie ein solcher »Kobold« auch moralische Gewissensentscheidungen fällen soll. Und selbst da, wo Jung den Komplex weniger radikal beschreibt, bleibt der Komplex auf jeden Fall eine »abgesprengte Teilpsyche« (p. 113), die mit dem Ich nicht verbunden ist.

Jung hat die zwei unvereinbaren Aspekte seines Moralbegriffs mit seinen zwei persönlichen Erfahrungswelten gleichgesetzt. Den Sittenkodex ordnet er der Vaterwelt, dem jüdischen Gott des Dekalogs zu, die reine Gewissensreaktion aus dem Unbewußten (*vox dei*) spiegelt, wie ich zeigen werde, die Muttersehnsucht wider. Er konnte und wollte diese Spaltung nicht aufheben, er mußte offenbar Vater- und Mutterwelt getrennt halten, wie auch aus seiner Autobiographie ersichtlich wird, wo er seine eigene Persönlichkeit in Nr. 1 und Nr. 2, die er als getrennt ansieht, aufspaltet. Diese Einstellung hat ihre Wurzeln in der Kindheit, wo Jung Vater und Mutter als absolut getrennt wahrnahm (sie schliefen auch nicht im selben Zimmer, Jung schlief im Zimmer seines Vaters). John Gedo bestätigt dies: »Jung viewed his parents as polar opposites: the world of his father, like that of Sigmund Freud, as empirical and rational; that of his mother as uncanny and numinous« (Gedo 1981, p. 77).

Die Polarisierung liegt sicherlich nicht nur in der eigenen Spaltung begründet (siehe weiter unten), sondern dient hier auch der Abwertung der psychoanalytischen Konzepte Freuds sowie der Entwertung des »fremden« Jüdischen und hiermit auch der »väterlichen« Gesetze. Freuds Überich-Theorie wie auch der Dekalog werden als inhuman, »angelernt«, »erstarrt« und veraltet (»patriarchales Überkommnis«) deklariert. Mit diesem Versuch der Entwertungen des Väterlichen mißdeutet Jung das Freudsche Überich und die 10 Gebote und verneint zugleich die moralischen und kulturellen Werte der judeo-christlichen Tradition, die für ihn nichts mit der »wahren Moral« zu tun haben.

Daß Jung damit nicht nur die Psychoanalyse, sondern auch die ethischen Elemente des Judentums mißversteht und verachtet, beweist seine Aussage:

Es ist nämlich nie zu vergessen – und das muß man der Freud'schen Schule zurufen – daß die Moral nicht in Form von Tafeln vom Sinai heruntergebracht und dem Volk aufgenötigt wurde, sondern die Moral ist eine Funktion der menschlichen Seele, die so alt ist wie die Menschheit. Die Moral wird nicht von außen aufgenötigt. (Jung 1916/ 1964, p. 28f)[15]

Eine Respektierung des Dekalogs wäre für Jung einer Unterwerfung unter die Welt der Väter (Paul Jung, Sigmund Freud) gleichgekommen, während seine eigene Theorie auf dem Muttergesetz basiert. Die Befreiung vom Väterlichen ist für Jung oberstes Gebot; es muß der inneren Stimme (der Mutter) Platz machen.[16]

Jung setzt Sittenkodex gleich mit konventioneller Moral. Otto F. Kernberg aber beschreibt die Rigidität einer konventionellen Moral als dem Latenzzeitalter zugehörig, während der Sittenkodex, in meinem Verständnis, als der soziale Niederschlag der menschlichen Überichentwicklung zu sehen ist, der auf den Einzelnen, sofern er ein reifes Überich hat, bestimmend wirken soll und der ihn davor bewahrt, eigene triebhafte Wünsche unreflektiert auszuleben.

---

15 In einem von Rabbi Mordechai Gafni (Direktor des *Jerusalem Institute for Jewish Culture*) wiedergegebenen Thora-Kommentar heißt es, es gibt zwei Wege zu Gott, 1. über das Corpus des jüdischen Gesetzes (mitzvot) und 2. über den göttlichen Willen (divine will). Und obwohl letzterer das wahre Ziel darstellt, ist es nur möglich, durch die generellen Prinzipien, die Gesetze (mitzvot), die innere Stimme zu finden. Ohne sie ist es allzu leicht, sich im Labyrinth von Ego und unerlöstem Verlangen (unredeemed desire) zu verlieren. Die Gebote schaffen einen Rahmen für Richtung und Ethik. »*Mitzvot sollen uns führen, indem sie zwischen Träumen und Illusionen, Leidenschaft und Pathologie differenzieren.*« (Gafni 1997, p. 60, Übersetzung und Hervorhebung AR).
16 J. Chasseguet-Smirgel untersucht in *Creativity and Perversion* die Bedeutung der verschiedenen Gebote in Leviticus 18 und 19 und legt dar, daß die biblischen Gebote das Ziel haben, die Vaterwelt nicht auszuschließen, da sie auf dem Prinzip der Teilung und Trennung basieren und die Idee, das Kind gehöre zur Mutter unter Ausgrenzung des Vaters, verhindern wollen. (Chasseguet-Smirgel 1985, pp. 6-8). Alles Trennende ist väterlich und soll dem Kind die Rückkehr in den Mutterleib versperren. (Chasseguet-Smirgel 1988, p. 175). J. Lacan vertritt eine ähnliche Theorie: Der Vater als Symbol der Logik und des Gesetzes kommt als Dritter, um die primitive Symbiose Mutter-Kind aufzulösen und zu zerstören.

Jung ist der Meinung, daß die meisten Menschen dauernder Selbsttäuschung unterliegen, so daß nur wenige die von ihm beschriebene Gewissens-Stimme wahrnehmen und ihr folgen können.

Jungs Wahrheitsbegriff

Jung betonte immer, Empiriker zu sein, trotzdem verleiht er seiner *vox dei*-Idee Gültigkeit, indem er feststellt, es habe schon seit jeher Menschen gegeben, die das Gewissen für die Stimme Gottes gehalten haben. Es sei also »*psychologisch wahr*«, da »die Meinung besteht, die Stimme des Gewissens sei Gottes Stimme« (p. 194). Letzteres ist seine *consensus gentium*-Theorie (vgl. hierzu Balmers Kritik, p. 113 und McLynn, p. 315).

Er setzt hier psychische Wirklichkeit mit psychologischer und sogar theologischer Wahrheit gleich, aber das ist kein Wahrheitsbeweis, denn psychologisch wahr im Sinne Jungs wären auch die Halluzinationen eines Schizophrenen, aber diese beweisen nicht die Wahrheit von dessen Ideen.

Schon Erich Fromm kritisierte den Wahrheitsbegriff Jungs:

> Jungs Anwendung der Konzeption der Wahrheit ist unhaltbar. Er behauptet, ›die Wahrheit ist eine Tatsache und kein Urteil‹ und ›ein Elefant ist wahr, weil er existiert‹. Aber er vergißt, daß Wahrheit sich immer und notwendigerweise auf ein Urteil bezieht und nicht auf die Beschreibung einer Erscheinung, [...] und stellt fest, eine Idee sei ›psychologisch wahr, insofern sie existiert‹, aber eine Idee ›existiert‹ unabhängig davon, ob sie eine Täuschung ist oder einem Sachverhalt entspricht. Das Vorhandensein einer Idee macht sie noch in keinem Sinn ›wahr‹. (Fromm 1950, p. 238)

Neben der *consensus gentium*-Theorie nimmt Jung indirekt und via Implikation seinen eigenen Gottesglauben als weiteren Beweis für die Existenz und Wirksamkeit der Gewissensstimme, »der Stimme Gottes«. Denn so wie für ihn die Gotteserfahrung »die evidenteste aller Erfahrungen« ist, die man nicht beweisen kann, und es für ihn ebenso klar war, »daß sie auch keines Beweises bedurfte [...]« (Jung 1962, p. 97), so ist auch die *vox dei* »evident«. Indem sich Jung offenbar als Garant dieser Gottesstimme versteht, rückt er sich in die Nähe der alttestamentarischen Propheten, die Gottes Willen verkündeten und für ihre Visionen auch keiner nachprüfbaren Beweise bedurften. (Sowohl Balmer als auch Gess, Eissler, McLynn und vor allem Gedo setzen sich mit Jungs Größenideen und deren Auswirkung auf seine Theorien auseinander).

Jungs Kritik an Freud II

Für den Gnostiker Jung ist die Außenwelt das Fremde und ist möglichst auszuschalten, um den eigenen inneren Prozeß voranzutreiben. Das das Gewissen Bestimmende kommt von innen, von den zwingenden Archetypen des kollektiven Unbewußten. Deshalb muß er das Freudsche Überich als das ganz andere, Fremde, Falsche darstellen. Jung meint zum Ureigensten vorzustoßen, wenn er die inneren Eingebungen als etwas Göttliches und ganz anderes als den von »außen« kommenden Sittenkodex erklärt. Er grenzt damit seine Lehre klar von Freudschen Gedanken ab. Der Jungianer Arvid Erlenmeyer stellt fest, daß »Jungs Trennung von Freud zu einem Theorieverlust führte, der heutige ›Jungianer‹ immer wieder zu Auseinandersetzungen mit ihrer Wissenschaftsgeschichte und ihrer Alltagspraxis zwingt« (Erlenmeyer 1990, p. 98).

Freud hat, anders als Jung es dargestellt hat, ein ursprüngliches Ur-Unbewußtes angenommen, zu dem die späteren Verdrängungen, die von dem ursprünglich vorhandenen Unbewußten angezogen werden, hinzukommen (Laplanche und Pontalis 1975, p. 564). Jung verwarf das Konzept der Verdrängung, da er selber zur Spaltung neigte und auch vorwiegend solche Patienten sah. Über die Spaltung in Jungs Persönlichkeit und deren Einfluß auf seine Theoriebildung kann ich in diesem Rahmen nicht näher eingehen, verweise aber auf die exzellente Arbeit von Winnicott 1964 (vgl. auch Gedo 1981, Satinover 1985, 1986, vgl. auch das Kapitel »Reflexionen – ein Vergleich«).

Auch mit dem *Natur-Credo*, daß die Psyche keine Willkürerscheinung, sondern »Natur« ist, grenzt Jung sich von Freud ab und nennt ihn nicht nur einen Rationalisten und deshalb Fanatiker, sondern beschreibt ihn auch als einen, der die Menschen in ein »Artifizium« und in »Idealwesen« (s. o.) verwandeln möchte. So setzt Jung seine aggressive und unzutreffende Kritik am Freudschen Denken, die er seit 1913 (also seit der Trennung von Freud) betreibt, fort. (Schon Karl Abraham stellt in seinem Aufsatz 1914 über Jungs Auslegung der Psychoanalyse fest, daß »[b]ei dem unkundigen Leser [...] der Eindruck entstehen [muß], als habe Freud [...] einmal solch handgreiflichen Unsinn behauptet« (Abraham 1914, p. 299).

Jungs Kritik offenbart auch seinen eigenen Anti-Intellektualismus und Anti-Rationalismus. Das Natur-Credo wird von Jung eingesetzt im Kampf gegen die Ethik der Zehn Gebote, die ja gerade für die *Beherrschung* der »Natur«, nämlich der aggressiven und sexuellen bzw. inzestuösen Triebe stehen. Sein Anti-Rationalismus geht weit zurück. Bereits in einem Brief vom 6. November 1915 an seinen Freund Dr. Hans Schmid-Guisan geht Jung polemisch gegen Freuds psychoanalytische Deutungen vor, die er als »afterwahr« bezeichnet, und schreibt u.a.: »Verstehen – comprehendere – katasyllambanein ist auch ein Verschlucken […]. Jedes Verstehen überhaupt, das ein Angliedern an allgemeine Gesichtspunkte ist, hat das Teufelselement in sich und tötet« (Jung 1972, p. 54).

d. Autobiographische Grundlagen

Die Muttersehnsucht

Wie von Jung in seiner Autobiographie beschrieben, erlebte er bei sich eine Spaltung in die Persönlichkeiten Nr. 1 und Nr. 2. Nr. 1 steht für das Bewußtsein, den Tag, das Helle, die Sonne, kurz für die Vaterwelt. Dabei steht sie auf der theoretischen Ebene für den Moralkodex, auf der persönlichen für die Welt Paul Jungs und Sigmund Freuds. Beide waren für Jung bewunderte, idealisierte und später verachtete und gehaßte, aber auch unbewußt beneidete Väter.

Die Persönlichkeit Nr. 2 steht auf der persönlichen Ebene für Jungs Mutter, auf der theoretischen setzt er sie mit dem Unbewußten gleich. Er fühlte sich der Mutter sehr ähnlich, da sie, wie er, eine Persönlichkeit Nr. 2 besaß: »Ich war sicher, daß auch sie aus zwei Personen bestand: die eine war harmlos und menschlich, die andere dagegen schien mir unheimlich. Sie kam nur zeitweise zum Vorschein, aber immer unerwartet und erschreckend. Sie sprach dann wie zu sich selber, aber das Gesagte galt mir und traf mich gewöhnlich im Innersten, so daß ich in der Regel sprachlos war« (Jung 1962, p. 54). Er beschreibt die ›unbewußte Seite‹ der Mutter auch als »ungeahnt mächtig […], eine dunkle, große Gestalt, die unantastbare Autorität besaß […]. Sie war wie eine Seherin, die zugleich ein seltsames Tier ist […]. Ruchlos wie die Wahrheit und die Natur« (pp. 54, 56). Es ist offensichtlich, daß Jung mit der Mutter über die Persönlichkeit Nr. 2 identifiziert war.

Diese Beschreibung läßt sich unschwer als die Wurzel der Archetypen- und *vox dei*-Theorie erkennen; es ist das Jungsche Credo der »unverfälschten Natur«, welches das unsublimierte »Natürliche« idealisiert und erhöht. Die Stimme der Mutter (Natur) wurde in der Gewissenstheorie zur Stimme Gottes, der man unbedenklich folgen kann, weil sie »archaische Natur« darstellte. Mit ihr konnte Jung eins sein bis ins hohe Alter, nein für immer, während der Vater (Sittenkodex) zugleich ausgeschaltet war.

Diese Persönlichkeit Nr. 2, die dem Unbewußten zugewandt ist, ist für Jung die bedeutend wertvollere, denn das Unbewußte ist ein »Schatzhaus[es] von urtümlichen Bildern«, eine »unendliche Quelle«. Solche Beschreibungen erinnern an die Sehnsüchte nach einer unbegrenzt gebenden Mutterimago der frühesten Kindheit (Atwood und Stolorow 1979/1993, p. 70, Übersetzung AR).

Aber nicht nur präödipale, auch ödipale Wünsche zeigen sich in dieser Muttersehnsucht und finden ihre Bestätigung in einer Deutung Jungs nach dem Tod des Vaters: Als er einige Tage nach dem Tod des Vaters seine Mutter sagen hörte: »›Er ist zur Zeit für dich gestorben‹«, deutete Jung das als: »›Ihr habt euch nicht verstanden, und er hätte dir hinderlich werden können‹« (Zit. nach Eissler 1982, p. 136). Unbewußt kann dies auch von Jung so interpretiert worden sein, daß die Mutter durch ihre Wünsche am Tod des Vaters schuld war und er, per Identifizierung mit ihr, auch.

Viele von Jungs Bemerkungen über seine Mutter in seiner Autobiographie weisen auf entsprechende ödipale Gefühle hin: »Meine Mutter hat mich meist weit über mein Alter genommen und mit mir wie mit einem Erwachsenen gesprochen. *Sie sagte mir offenbar alles das, was sie meinem Vater nicht hat sagen können […]*« (Hervorhebung AR, Jung 1962, p. 57), und: »Nach dem Tode meines Vaters zog ich in sein Zimmer, und innerhalb der Familie trat ich an seine Stelle«. So stellte sich ein ödipaler Triumph schon damals bei ihm ein, den er später immer wiederholen mußte. Aber auch entsprechende unbewußte Schuldgefühle waren vorhanden, denn er berichtet, daß ihm der Vater etwa sechs Wochen nach dessen Tod im Traum erschienen war und erklärt hatte, er habe sich gut erholt. Jung schreibt dazu: »Ich dachte, er würde mit Vorwürfe machen, weil ich in sein Zimmer gezogen war« (p. 101).

Die Muttersehnsucht, als *vox dei*-Idee in die Moraltheorie eingegangen, weist auf den Wunsch nach Vereinigung mit dem Idealich hin, welches, nach D. Lagache, die Mutter darstellt und als eine Abwehr des normalen Überichs zu verstehen ist. Folgerichtig wird durch diese Union der Vater ausgeschlossen.

Der Sieg über den Vater wird aber nicht nur in der Gewissenstheorie deutlich. So wie Jungs Interpretation von Freuds Konzept des Unbewußten einem Überflüssigmachen der Psychoanalyse gleichkommt, so hat Jung z.B. auch in seinen religionspsychologischen Schriften den liberal-theologischen Glauben seines Vaters für ungültig erklärt. Und noch mehr: Durch den direkten Kontakt zu Gott ist er dem Vater Paul Jung schon als Kind überlegen gewesen. Mit 12 Jahren, in der bekannten »Basler Münster Phantasie«, die er in seinen Erinnerungen beschreibt, konnte er nach vielen Nächten der Qual, nachdem er gedacht hatte, »Gott will offenbar auch meinen Mut«, die gefürchtete Phantasie zu Ende denken:

> Vor meinen Augen stand das schöne Münster, darüber der blaue Himmel, Gott sitzt auf goldenem Thron, hoch über der Welt, und unter dem Thron fällt ein ungeheures Exkrement auf das neue bunte Kirchendach, zerschmettert es und bricht die Kirchenwände auseinander. (Jung 1962, p. 42ff)

Gott zertrümmert hier nicht nur sein eigenes Haus, sondern auch die Kirche von Jungs Vater. Um Schuldgefühle zu vermeiden zieht Jung sich auf den Standpunkt zurück, daß Gott diese Gedanken offenbar von ihm wollte. K. Eissler interpretiert diese Schuldabwehr Jungs als eine Verschiebung der Schuld auf Gott: »Dem Kinde war es gelungen, einen persönlichen verbotenen Impuls in den Willen Gottes umzuformen, einen persönlichen Konflikt in ein göttliches Geheiß« (Eissler 1982, p. 133). Und so konnte er sich auch noch seinem Vater überlegen fühlen. Jung schreibt: »Ich hatte erfahren, was mein Vater nicht begriffen hatte – den Willen Gottes« (Jung 1962, p. 46).

Die Väter sind Feinde

In Korrelation zu seiner Muttersehnsucht hatte Jung ein gespaltenes und ein parasitäres Verhältnis zu männlichen Autoritäten. Solange sie ihm dienlich waren, benützte er sie, danach schob er sie verachtend von sich. So geschah es Eugen Bleuler, Freud, Richard Wilhelm (nach seinem Tod). Nie hat er je ein Wort der Dankbarkeit für seine Lehrer und »Väter« gefunden (Vgl. dazu Stern 1976 und McLynn 1996).

Jung konnte um den Verlust von Freud nicht trauern, obwohl die Trennung ihn zeitlebens beschäftigte. So schrieb er als Nachtrag in der *Neuen Zürcher Zeitung* vom 15. März 1934:

> In der redaktionellen Vorbemerkung zu meinem Artikel ›Zeitgenössisches‹ heißt es, daß ich von der Freudschen Lehre ausgegangen sei. Ich bin nicht von Freud ausgegangen [...]. Ich hatte bereits eine allgemein bekannte wissenschaftliche Stellung. [...] als ich

mich öffentlich für Freud einsetzte. Meine Mitarbeiterschaft vollzog sich unter dem Vorbehalt eines prinzipiellen Einwandes gegen die Sexualtheorie und dauerte bis zu dem Moment, wo Freud Sexualtheorie und Methode prinzipiell miteinander identifizierte.

1908 bat er Freud noch darum, ihn als Sohn anzusehen (McGuire 1974, 20. Februar 1908). Und auch sein erstes großes Werk über *Dementia praecox* (1907) hat er ganz im Sinne der Freudschen Psychoanalyse geschrieben. 1909 sah er in Freud noch einen Helden und Halbgott, und 1911 schreibt er an Freud »wir [sind] tatsächlich, dank Ihrer Entdeckungen, vor etwas sehr Großartiges gestellt […]« (29. August 1911). 1912 hat er sich noch als Freuds »Sohn« und »Erben« bezeichnet.[17]

Erst nach der Trennung von Freud löschte er nicht nur alle positiven Erinnerungen an ihn, sondern verließ mit einer Kehrtwendung die psychoanalytische Theorie. Gedo schreibt über Jungs Sicht von Freud: »he saw him as a reincarnation of his inadequate father« (Gedo 1981, p. 63).

Ödipale Verstrickung

Die schon erwähnten ödipalen Elemente fließen auch in Jungs Gewissenstheorie ein. Das eine betrifft die Vatermordphantasie, die in seiner violenten Kritik und Mißrepräsentation von Freuds Ideen in seinem Gewissensaufsatz in Erscheinung tritt, indem er nicht nur Freuds Überich-Konzept, sondern auch dessen Charakter angreift.

Das zweite ödipale Element betrifft seine Beziehung zu Frauen. Gegen Ende seines eigenen Lebens starben seine Frau Emma 1955 und seine Geliebte, Toni Wolff 1953. Es ist zu vermuten, daß nach Emmas und Wolffs Tod den alten Jung schwere unbewußte Schuldgefühle geplagt haben. Es ist mir bekannt, daß er in den letzten Lebensjahren an starker Unruhe und Depressivität litt (Gret Baumann-Jung, pers. Mitteilung). Schuldgefühle nach dem Tod eines geliebten Menschen sind natürlich und gehören zum Trauern. Jedoch hat der Tod der beiden Jung sehr schwer getroffen, so daß angenommen werden kann, daß er angesichts dieser langen und für die beiden Frauen außerordentlich schmerzlichen und turbulenten Dreiecksbeziehung vermutlich gefühlt hat, daß er in seiner Beziehung zu ihnen versagt hatte.

---

17 Zu dem höchstkomplizierten Verhältnis Freud-Jung siehe McGuire und Sauerländer 1974.

Um sich in irgendeiner Form Entlastung und Befreiung zu verschaffen, versuchte er, so scheint es plausibel, sich in dieser Arbeit über das Gewissen mit einer Moraltheorie zu legitimieren und sich eine innere Rechtfertigung zu verschaffen.

Diese 40 Jahre andauernde Dreiecksbeziehung, die er mit den beiden Frauen gelebt hat, ging einher mit einer kontinuierlichen Störung des Zusammenlebens. Jungs Beziehung zu Wolff wurde jedoch von ihm und verschiedentlich von Zürcher Jungianern als ein Akt seines Mutes, sich von kollektiven Vorurteilen befreien zu können, als Individuationsverhalten verstanden.

Die *vox dei*-These erscheint somit als eine späte unbewußte Rechtfertigung, daß Lustgefühle, z.B. ödipale Bedürfnisse, unter dem Deckmantel der »Stimme Gottes« nicht nur ausgelebt werden dürfen, sondern daß dies, in Umkehrung der Realität, sogar als besonders ethisch angesehen wird, weil es besonders schwierig ist.

Jung hat mit Emma und Wolff eine dreifache ödipale Befriedigung ausagiert: Emma wurde im Laufe der Ehe immer mehr zur »matronenhaften« Frau, wie Eissler überzeugend nachweist, was er eine »Ödipalisierung« der ehelichen Beziehung nennt (Eissler 1982, p. 94). Wolff war als ehemalige Patientin Jungs Tochter-Geliebte, außerdem glich sie der von Jung geliebten Kinderschwester, die, nach eigener Aussage, für ihn zeitlebens der »Inbegriff des Weiblichen« war. Wolff war also auch die junge Mutter-Geliebte seines Kindheitsideals.

Eissler beschreibt überzeugend anhand des Briefwechsels Freud/Jung sowie anhand von Jungs Schriften, wie dieser offenbar in einem tiefen ödipalen Konflikt verstrickt war. Er mußte das zunächst verleugnen, um dann aber »[i]n seiner Arbeit *Symbole der Wandlung* eine Kehrtwendung zu machen: [...] ›das für viele Menschen nötige erotische Wagnis wird oft allzu leicht durch moralische Gegengründe entmutigt‹ [...] ›Wer auf das Wagnis zu erleben verzichtet, muß den Wunsch dazu in sich ersticken, eine Art Selbstmord begehen‹ [...] Beherrschung eines sexuellen Triebwunsches«, schreibt Eissler, »wird nicht mehr in Betracht gezogen« (Eissler 1982, p. 96).

Die Befolgung der *vox dei*-These und die Abwertung des Moralkodex, was beides eine Abwehr des althergebrachten Gewissens der Vaterwelt darstellt, ebneten so der Erfüllung von bestimmten Triebwünschen den Weg.

Noch ein anderer entscheidender Faktor ermöglichte es Jung, sich ödipal so »frei« zu fühlen, nämlich seine Reinterpretation des Inzestmotivs und damit des Ödipuskomplexes, indem er ihn von der realen auf die metaphorische Ebene verschob (siehe *Symbole der Wandlung*, vormals *Wandlungen und Symbole der Libido*, das Werk, mit dem er sich innerlich von Freud und der Psychoanalyse verabschiedet hatte).

e. Der Nationalsozialismus und die Mystifikation des Bösen

> Es war den Deutschen vorbehalten, eine
> Revolution nie gesehener Art zu veranstalten:
> Ohne Idee, gegen die Idee, gegen alles Höhere,
> Bessere, Anständige, gegen die Freiheit, die
> Wahrheit, das Recht. Es ist menschlich nie
> etwas Ähnliches vorgekommen.
> Thomas Mann, *Tagebücher* 1977
> in Furet 1998, p. 270

Der Schatten und das Böse als Bedingung des »Heils«

Um auf Schuld und Abwehr im Zusammenhang mit seiner Rolle im Nationalsozialismus einzugehen, möchte ich kurz Jungs Schattenbegriff erklären, da seine Auffassung vom Schatten und vom »Bösen« einen Hintergrund für sein Sympathisieren mit dem und seinen Einsatz im Nationalsozialismus darstellen. Das Thema des Schattens ist allerdings so umfassend, daß ich hier nur die für meine Ausführungen wichtigen Elemente zusammenfassen kann.

Der Schatten, der oft mit dem »Bösen« gleichgesetzt wird, repräsentiert menschliche Schwächen wie Lieblosigkeit, Feigheit, Bosheit, Vernachlässigungen, Unehrlichkeit, Haß usw. Diese Eigenschaften, die oft unbewußt sind, sollen nicht nur erkannt, sondern auch anerkannt werden. Dies wird als erster Schritt auf dem Weg zur Individuation gesehen, er trägt zur Reifung bei. Der Begriff des *Schattens* als verdinglichte Macht, oft auch »dunkler Bruder« oder »das Böse« genannt, hat eine solche Faszination für Analytische Psychologen, daß er oft sogar als etwas »Heilendes« oder »Kreatives«, etwas, was »die Seele braucht«, erklärt wird.

Liliane Frey-Rohn drückt diese Sicht treffend aus: »Der Schatten ist aber nicht nur ein Negativum für die Entwicklung des Menschen, sondern er ist […] auch etwas, was einen *großen Wert für den Einzelnen* haben kann […] Im Schatten […] bleibt nicht nur das Lebendige der Emotionen, des Gefühls und der Instinkte erhalten, *sondern der Schatten läßt auch das Größere, das Allgemeinmenschliche, ja das Schöpferische erspüren*. Wo der Mensch mit seinem Schatten verbunden bleibt, strahlt er noch die Wärme und das Echt-Menschliche aus« (Frey-Rohn 1961, p. 180). Hier werden dem Individuum für eine »Schattenintegration« Versprechungen gemacht, Belohnung in Aussicht gestellt wie z.B. der Gewinn von »Echt-Menschlichem« und »Schöpferischem«.

Im Ruf nach Anerkennung des Schattens oder des Bösen wird aber kein Unterschied gemacht zwischen der selbstverständlich heilsamen *Erkenntnis* der eigenen Schwächen und dem Ausagieren dieser »dunklen Seiten«. Von Kontrolle, Unterdrückung oder Sublimierung des Bösen ist nirgends die Rede.

Gut und Böse sind mit dem Schattenbegriff eng verknüpft. Im Herbst 1958 lieferte Jung einen Beitrag vor einem Gremium von Ärzten und Theologen, der dann unter dem doppeldeutigen Titel *Gut und Böse in der Analytischen Psychologie* publiziert wurde (Jung 1958a/1974c). Man meint zu wissen, was Gut und Böse ist, sagt Jung, aber er selber wisse wirklich nicht, was gut und böse eigentlich ist, »[n]ur die Götter wissen es, wir nicht.« Und er erklärt: »Gut und Böse sind Principia«, sind »Gottesaspekte« (pp. 499-500).

In dieser Arbeit greift Jung diejenigen an, die sich nicht mit dem Bösen konfrontieren: Wer das nicht tut, »flieht, konfrontiert sich nicht, setzt sich nicht damit auseinander, *wagt nichts* [Hervorhebung AR] – und rühmt sich dann vor Gott [...] seines weiß gebliebenen Kleides, das er in Wahrheit seiner Feigheit, seiner Regression, seinem Angelismus und Perfektionismus verdankt« (pp. 497-501).

Ein anderer Aspekt ist, daß Gut und Böse sowie überhaupt die verschiedenen archetypischen Motive als polarisierte Gegensätze nebeneinander stehen, ohne konfliktuell zu sein, sie schließen einander nicht aus. So können inkompatible Konzepte, Gegensätze nicht nur nebeneinander stehen, sondern auch schnell in ihr Gegenteil verkehrt werden (vgl. Satinover 1986). Jung kann daher auch behaupten, daß es »kein Übel« gebe, »aus dem nicht Gutes hervorgehen könnte« (Jung 1943/1972, p. 47).

Diskussion – Kritische Anmerkungen zum »Bösen«

Eine genaue Definition und Beschreibung des Bösen hat Jung nicht gegeben. Er sagt nicht, wie man Gut und Böse unterscheidet, welche Stufen des Bösen von der banalsten bis zur absoluten es zu differenzieren gilt, und vor allem, welche

Auswirkung das Ausagieren des Bösen auf Objektbeziehungen hat. Jung sieht das Böse als *unbewältigbar* an, als ›numinosum‹, was bedeutet, daß man gezwungen ist es auszuagieren, ob man will oder nicht:

> Ich kann ein numinosum nicht ›bewältigen‹, sondern nur ihm gegenüber geöffnet sein, mich überwältigen lassen, ihm vertrauen auf seinen Sinn. Das Prinzip ist immer ein Übergeordnetes, das mächtiger ist als ich. (Jung 1958a/1974, p. 500)

Hier wird das Böse zu etwas dem Menschen Übergeordnetes, zum Gott erklärt, aber auch gleichzeitig impliziert, daß das Individuum für seine bösen Taten keine Verantwortung übernehmen kann – ein Vergleich mit der Basler Münsterphantasie liegt nahe. Wir sehen, wie hier der Boden für eine Exkulpierung bezüglich verwerflicher Taten bereitet wird.

So konnte Jung auch in einem Interview 1945 mit dem Satz schließen: »So wahr es ein Buchenwald gibt, so wahr gibt es Dämonen« (Jung 1945, p.). Diese Metaphernsprache, die Jung gern verwendet, ist hier besonders problematisch, weil sie die Verantwortlichkeit des Einzelnen ausklammert und weil ihr eine Flucht vor dem Konflikthaften anhaftet.

Nationalsozialismus

Aus Jungs Schriften, Briefen, Interviews und Taten von 1933 an geht hervor, daß er als l. Vorsitzender der *Allgemeinen Gesellschaft für Psychotherapie* und damit auch als Leiter des »Zentralblattes für Psychotherapie« sich dem Nationalsozialismus in Deutschland nicht nur durch seinen Antisemitismus empfahl, sondern auch, indem er öffentlich aggressiv vor allem die Psychoanalyse und Freud angriff. Es war ihm ein Anliegen, bei den Machthabern seine eigene Psychologie in den Vordergrund zu stellen.

Von der Tann und Erlenmeyer haben in *Jung und der Nationalsozialismus* eine ausführliche Sammlung von Jungs Aussagen zu diesem Thema zusammengestellt. Ein Beispiel daraus ist der Brief von Jung an Kranefeldt vom 9. Februar 1934, der auszugsweise lautet:

> Gegen die Dummheit kann man bekanntlich nichts tun, aber in diesem Falle können die arischen Leute darauf hinweisen, daß mit FREUD und ADLER spezifisch jüdische Gesichtspunkte öffentlich gepredigt werden und zwar, wie man ebenfalls nachweisen

kann, Gesichtspunkte, welche einen wesentlich zersetzenden Charakter haben. Wenn die Verkündigung dieser jüdischen Evangelien der Regierung angenehm ist, so ist es halt eben so. Anderen Falls ist ja auch die Möglichkeit vorhanden, daß dies der Regierung nicht angenehm wäre. (In von der Tann und Erlenmeyer 1993, p. 13)

In dem Aufsatz *Zur Gegenwärtigen Lage der Psychotherapie* von 1934 (Jung 1934b/1974), also ein Jahr nach Hitlers Machergreifung, der im 1. Heft des »Zentralblattes für Psychotherapie« veröffentlicht wurde, stellt Jung die Psychoanalyse als »Gift der entwertenden Deutung« und auch als Entwertung des Intellekts dar: »Wenn aber der Arzt [...] alles und jedes in den infantil-perversen Sumpf einer obszönen Witzpsychologie herunterreißt wie der Kranke, so muß man sich nicht wundern, wenn der letztere seelisch verödet und diese Verödung durch einen heillosen Intellektualismus kompensiert« (p. 193). Die Patienten und ihre »natürliche Reinlichkeit« werden auf »unnatürlichen Schmutz« (er meint die Sexualität, AR) hin verdächtigt, was nicht nur »sündhaft dumm, sondern geradezu verbrecherisch« ist (pp. 192-193). Die Psychoanalyse betreibt überdies eine »entwertende, zerfasernde Unterminierungstechnik [...], welche stets hofft, den Gegner damit dauernd zu lähmen« (p. 195).

Zur Exkulpierung der Deutschen und damit, per Identifizierung, auch seines eigenen Mitmachens beginnt Jung in seinen Aufsätzen der Nachkriegszeit das Böse zu mystifizieren und deklariert das Böses-Tun zum Heilsfaktor. Dieses perverse Verständnis von Gut und Böse erreicht seinen Höhepunkt in Jungs 1945 erschienenem Aufsatz *Nach der Katastrophe* (Jung 1945c/1974). Darin sowie in *Der Kampf mit dem Schatten* von 1946 (Jung 1946/1974) äußert er Gedanken, in denen er die Täter des Nationalsozialismus als Opfer darstellt, die durch schwerstes Leiden gingen und dadurch die Chance hatten zu reifen.

Einige Beispiele aus Jungs zahlreichen Äußerungen im Zusammenhang mit dem Nationalsozialismus sollen obige Gedankengänge belegen: »Ohne Schuld gibt es leider keine seelische Reifung und keine Erweiterung des geistigen Horizonts«, schreibt er (Jung 1945c/1974, p. 242ff). Oder: »Wo die Schuld groß ist, kann sich auch eine noch größere Gnade dazugesellen. Ein solches Ereignis bewirkt innere Wandlung, die unendlich viel wichtiger ist als politische und soziale Reformen [...]«. Oder: Wenn die Menschen das Böse nicht *getan* hätten, »so wäre es vielleicht eine seelische Regression, ein Zurückschreiten in der inneren Entwicklung, eine infantile Feigheit gewesen« (Jung 1958a/1974, p. 502). Hier wird also von Jung explizit empfohlen, Böses zu tun. Die Betonung liegt für Jung ganz auf eigener Gewissensreifung und »innerer Wandlung«, so daß Schuldgefühle, Reue oder Reparation, die mit der Beziehung zu anderen Menschen zu tun haben, keinen Platz finden.

Jung schreibt: »Die Deutschen wollten Ordnung, aber sie begingen den verhängnisvollen Fehler, das *Hauptopfer* [Hervorhebung AR] der Unordnung und unbeherrschten Gier zu ihrem Führer zu wählen« (Jung 1946/1974, p. 251). Und weiter: »Nun hat Deutschland den Teufelspakt und dessen unvermeidliche Folgen erlitten, die Geisteskrankheit erfahren, ist zerrissen wie Zagreus, geschändet von den Berserkern seines Wotan, betrogen um Gold und Weltherrschaft« (Jung 1945c/1974, p. 241).

In diesem Zusammenhang kommentiert Heinz Gess Jungs Gedanken: »Die Täter sind also in Wahrheit die eigentlichen Opfer«, die durch Schreckliches hindurchgehen mußten. Das von den Nationalsozialisten »angerichtete Grauen wird so zur Bedingung des Heils [...]. Die Mitmacher erscheinen als die, die eine Konfrontation mit dem Bösen wagten [...] Verschwiegen wird, was solche Sinngebung den Gemordeten antut. Implizit werden sie zum Reinigungsmittel der deutschen Seele [...]« (Gess 1994, pp. 32-34). Und darüber hinaus kommt den Opfern nicht einmal die Aussicht einer seelischen Reifung zu, die ja den »Gefallenen« vorbehalten ist.

Was will Jung damit sagen, daß Deutschland um die *Weltherrschaft* betrogen worden ist? Wenn man alle diese Sätze liest, muß man annehmen, Jung habe mit der Katastrophe implizit weniger die Terrorherrschaft der Nationalsozialisten als vielmehr die Niederlage Deutschlands gemeint.

Jungs Moraltheorie hat bei ihm selbst versagt

Die von Jung beschriebene moralische Reaktion, die innere Stimme des Gewissens aus dem Unbewußten, die er als »allerpersönlichste Ethik« beschreibt, die nur der Mensch selber und »der Allwissende« sehen kann (Jung 1958a/1974, p. 502f), hat er mit seinem Verhalten in der Zeit des Nationalsozialismus sowie mit seinen Verleugnungen nach 1945 selbst *ad absurdum* geführt.

1939 hat Jung Hitler so beschrieben: »Den hervorragenden Charakterzug seiner Physiognomie bildet sein traumhafter Blick [...] Hitler gehört fraglos zur Kategorie des wahrhaft mystischen Medizinmannes.« Ein anderer, den Jung zitiert, bemerkte: »seit Mohammed habe die Welt seinesgleichen nicht gesehen«. Und weiter Jung: Hitler »lauscht und folgt [dem Unbewußten, AR]. Der wahre Führer ist immer ein Geführter« (In von der Tann und Erlenmeyer 1993, pp. 33, 36).

Als Rechtfertigung seiner Verkennungen schreibt Jung dann 1945 über seine Beurteilung Hitlers, daß es eben zum »Genie der Pseudologia phantastica« gehöre, »daß sie so sehr plausibel ist«, und »daß es sogar für Erfahrene keineswegs einfach ist, sich ein Urteil zu bilden, […] solange die Unternehmung sich anscheinend noch im Stadium des Idealismus befindet« (Jung 1945c/1974, p. 231ff). Seine eigene innere »ethische« Stimme hat offenbar versagt und ihn nicht in die Lage versetzt, Hitler zu durchschauen (vgl. hierzu auch Gess 1994, p. 63). Gess wirft Jung vor, seine eigene Lehre nach 1945 keiner Prüfung unterzogen zu haben. Das aber konnte Jung, meiner Meinung nach, nicht. Seine Faszination am Nationalsozialismus und dem »Führer« fügt sich der Forderung seiner Lehre, daß man sich den Archetypen als einer »höheren« und »numinosen« Macht zu unterwerfen habe.

Und noch die 1958 verfaßte Gewissenstheorie ist auf derselben Prämisse, der *vox dei,* der archetypischen Stimme, als »Schicksalsmacht« und »Bestimmung«, der man unbedingt zu folgen hat, aufgebaut.

Schuldabwehr

Im Alter, in der Rückschau auf sein gelebtes Leben, ist in Jung, dem vielleicht seine Schuldabwehrmechanismen nicht ganz verborgen geblieben waren, wahrscheinlich die Sorge um seinen Platz in der Geschichte entstanden und die Frage, wie dieser auch charakterlich gesichert werden könnte. Er versuchte, Ordnung in seinem Leben zu schaffen, indem er, seine eigenen Fehler und Schwächen umkehrend, sie in eine allgemeine Theorie verwandelte. So lieferte er im Alter eine Moraltheorie, die als solche wenig überzeugen kann, statt dessen aber dazu geeignet ist, seine Taten zu rechtfertigen und seine Schuld abzuwehren.

Ohne es zu ahnen, sprach er vielleicht von sich, als er 1945 von Faust schrieb:

> Auch Faust ist gespalten und hat den ›Bösen‹ in Gestalt des Mephistopheles aus sich herausgestellt, um nötigenfalls ein Alibi zu haben. Auch er ›weiß nichts davon‹, […] und nirgends fühlen wir bei ihm wirkliche Einsicht und wirkliche Reue. (Jung 1945c/ 1974, p. 233)

Weder nahm Jung zu seiner Rolle im Nationalsozialismus 1945 in *Nach der Katastrophe* Stellung, noch ist in seiner sonst so offenen Autobiographie, die er am Ende seines Lebens verfaßte, ein Wort darüber zu finden. Das einzige »Schuldbekenntnis«, das uns von ihm überliefert ist, ist der Satz zu Leo Baeck: »Jawohl, ich bin ausgerutscht«.

Und so schreibt Jung tatsächlich im September 1945, vier Monate nach dem Kriegsende in Europa, an Mary Mellon, seine ehemalige Patientin, die zusammen mit ihrem Mann die *Bollingen Foundation* gestiftet hatte und Jungs *Gesammelte Werke* in den Vereinigten Staaten herausgab, daß er, Jung, einem »absurden Gerücht zum Opfer gefallen sei«, »daß er ein Nazi sei«. »*Dieses Gerücht wurde von Freudianischen Juden in Amerika gestartet*« (Hervorhebung AR). Jung fährt fort:

> Ich bin gezwungen, alles, was ich über Deutschland geschrieben habe, zu publizieren. Es ist aber schwierig, über die Antichristianität der Juden zu schreiben nach den schrecklichen Dingen, die in Deutschland passiert sind. Aber die Juden sind doch nicht so verdammt unschuldig. Die Rolle, die die intellektuellen Juden im Vorkriegsdeutschland gespielt haben, wäre ein interessantes Objekt der Untersuchung. (Samuels (Hrsg.) 1993b, p. 466, aus dem Englischen übersetzt von AR)

Der Jungianer Andrew Samuels kommentiert diese Zeilen: »I wonder what Jung saw as the ›role‹ of intellectual Jews – is he suggesting that they provoked the Holocaust?« (Samuels (Hrsg.) 1993b, p. 466)

Unverhüllt und wie selbstverständlich kehrte Jung 1945 zu alten Mustern zurück. Bis zum Schluß konnte er von seinem primitiven Antisemitismus und Freud-Haß nicht lassen, und nach Freuds Tod verschob er diesen Haß auf die »Freudianischen Juden«, so daß diese als Elemente seiner Schuldabwehr gesehen werden müssen.

f. Zurück zur Biographie

Die Schuldgefühle, die in der frühen Kindheit durch die hochambivalente Einstellung zu seinem Vater entstanden, wurden später durch Jungs Vatermordphantasien und -wünsche Freud gegenüber neu belebt und intensiviert. Die parriciden Gedanken Jungs gegenüber Freud, der Psychoanalyse und dem Jüdischen, die in seiner Moraltheorie in Erscheinung treten, waren eine Basis dieser Theorie (die Abwertung des Väterlichen, des Gesetzes, der jüdischen Ethik des Dekalogs).

Entsprechende Phantasien, die in seinen Träumen sowie in vielen seiner Briefe an Freud so offensichtlich zum Ausdruck kamen, konnte Jung sich selber nicht eingestehen. Nur ein einziges Mal, als er von einem Traum von Freud als »griesgrämigem Beamten der österreichischen K.K. Monarchie, als verstorbenem und noch ›umgehendem‹ Zollinspektor« in seiner Autobiographie berichtet, fragt er sich: »Sollte das der von Freud angedeutete Todeswunsch sein?« (Jung 1962, p. 168). Er verwarf diesen Gedanken aber sofort wieder. Er konnte sich weder die parriciden Gedanken noch den traumatischen Objektverlust, den er durch die Trennung von Freud erlitten hatte, je eingestehen.[18]

Diese bewußt nicht wahrgenommenen mörderischen Gefühle und ihre Abwehr entsprechen dem von Jung in seiner sozialen Signifikanz nicht erkannten Zwang und der Gewalt, die das archetypische Gewissen als »Schicksalsmacht« auf das Individuum ausübt und der man sich zu unterwerfen hat. Die Archetypentheorie als solche sowie Jungs Idealisierung des Bösen tragen in sich den Keim eines totalitären Herrschaftssystems und einer unbedingten Unterwerfung; sie sind insofern auch ein Grund für Jungs Faszination von dem »Führer« Hitler.

Jungs Lebensgeschichte hat sicherlich dazu beigetragen, daß sein Interesse für und Sorge um menschliche Beziehungen in seinen Theorien eine sehr geringe Rolle spielten. Die Einsamkeit, die er im Elternhaus erlebte, und das zeitweise Verlassenwerden durch die Mutter im Alter von 3 Jahren sind *ein* Faktum, das es ihm nicht erlaubte, genügend gute Objekte in der frühen Kindheit zu internalisieren. Er schreibt dazu: »Seit jener Zeit war ich immer mißtrauisch, sobald das Wort ›Liebe‹ fiel« (Jung 1962, p. 15). So blieben nahe, intime Objektbeziehungen zeitlebens mit Unsicherheit behaftet, und dementsprechend spielte in seinen Theorien, auch in der Gewissenstheorie, die kindliche Entwicklung keine Rolle. Für angeborene Fähigkeiten hingegen und für die »transpersonalen« Archetypen braucht man andere Menschen nicht.

---

18 Satinover 1985 verfolgte diese vatermörderischen Ideen in Jungs Briefen und Träumen genau und legte auch die zentrale Beziehungsrolle, die Freud für Jung zeitlebens innehatte, dar.

2. Moraltheorien von Jungs Nachfolgern

Im folgenden untersuche ich die Thesen einiger Analytischer Psychologen, die sich mit Gewissens- und Moraltheorie beschäftigt haben. Ich möchte keinen Anspruch auf Vollständigkeit erheben, die Auswahl muß begrenzt bleiben auf die wichtigsten Nachfolger Jungs, die sich ausdrücklich dem Problem von Moral und Gewissen gewidmet haben. Es wird ersichtlich werden, daß sie sich in den wichtigsten Punkten, nämlich daß Gewissen angeboren ist und daß es zweierlei moralische Systeme gibt, der Theorie Jungs anschließen.

2.1 Erich Neumann: Ethik

In seinem Buch *Tiefenpsychologie und neue Ethik*, das er 1943 in Palästina während des Krieges verfaßt hat, stellt Erich Neumann, über viele Jahre ein Schüler C.G. Jungs, eine Ethik vor, die im Gegensatz zur sogenannten alten Ethik das Unbewußte in Gewissensentscheidungen miteinbeziehen soll. Für ihn, wie auch für Jung, gibt es zwei verschiedene Quellen der Ethik und daher zweierlei Kategorien von Gewissensentscheidungen: Die alte Ethik besteht aus von außen kommenden Kollektivinhalten, die neue gründet sich auf die innere Stimme und die »Ganzheit« des Menschen.

In der alten Ethik wird, so Neumann, die Konfrontation zwischen Gut und Böse ausgetragen, indem das Böse bekämpft, verdrängt oder unterdrückt wird. Es herrscht da also ein ständiger Kampf zwischen Gut und Böse, und stets wird dabei eine Seite besiegt oder vernichtet. Die alte Ethik ist nur eine des Bewußtseins, die negativen Seiten des Menschen, die auch zur Moralität gehören, werden darin unterdrückt und verdrängt.

Die alte Ethik ist einst von »schöpferischen Einzelnen«, die der ›Stimme‹ gefolgt sind und sie dann dem Kollektiv mitgeteilt haben, geprägt worden. Diese ›Stimme‹ »stammt ›von Gott‹ oder dem Symbol, das für Gott steht […]«. Sie ist eine Art Offenbarung (pp. 52-53). Durch die Unterwerfung der Allgemeinheit unter diese offenbarten Normen entstanden Werte, in denen Neumann zwar einen »Bewußtseinsfortschritt« sieht, die aber doch nur eine illusionistische »Teilethik« sind, weil sie aus einer bewußten Haltung und Wahrnehmung kommen, bei der die verdrängte »Schattenseite«, d.h. das Unbewußte, nicht berücksichtigt wird. Dies führt dazu, daß der »Schatten«[19] entweder verdrängt oder auf andere projiziert wird und in Gefahr steht, im Gemeinschaftsleben aggressiv durchzubrechen.

Den alten Wertvorstellungen der Gesellschaft zu folgen bedeutet entweder, sich im Dienste des kollektiv Festgelegten in Unwahrheiten zu verstricken, wie z.B. »[…] von bestimmten Inhalten nicht zu reden« oder, »Dinge zu sagen, die man nicht meint, oder Dinge nicht anzusprechen, die man tatsächlich meint […]« (p. 23). Es gibt andererseits aber auch Menschen, die sich auf die Seite des »Bösen« schlagen und sich ganz mit dem Schatten identifizieren, was einer »Verfallenheit« an diesen gleichkommt.

In der neuen Ethik hingegen wird verlangt, daß man Verantwortung für die unbewußten Prozesse übernimmt, daß der eigene »Schatten« angenommen wird, »[e]in Prozeß, in dem das Ich gezwungen wird, sich als böse und krank, als asozial und leidend, als häßlich und beschränkt zu erkennen«. Das Annehmen der eigenen Unvollkommenheit sei eine sehr schwere Aufgabe, aber nur dann könne man sich als »Infantilwesen und Mißglückten […] als Verwandten des Affen, als Sexualwesen und als Herdentier« erkennen (p. 73). Neumann bringt das Traumbeispiel eines Buckligen, der über einen Zaun dem Träumer an die Kehle springt und ruft: »›Ich will auch meinen Teil an deinem Leben‹«. Der Schatten wendet also im Unbewußten Gewalt an, wenn das Ich nicht willig ist, ihn anzuerkennen.

In der neuen Ethik ist die ganze Persönlichkeit für sich und auch für das Unbewußte verantwortlich. Dadurch wird der Mensch illusionsloser, was auch das Ziel der Tiefenpsychologie ist. So ist es dann nicht mehr eine »Teilethik«,

---

19 Zum Begriff des Schattens siehe vorheriges Kapitel.

die das Böse verdrängen muß, sondern sie kann es in die ganze Persönlichkeit mitaufnehmen (pp. 89-100).

Neumann grenzt die neue Ethik gegen das Gewissen des Überichs der Psychoanalyse ab, das er als »äußere Autorität« versteht, die etwas Feststehendes, Gesetztes und eine »starre Tradition« hat (p. 123).

Das Individuum der neuen Ethik soll nicht »gut« sein, sondern »seelisch autonom« und produktiv. Das Böse, das, so Neumann, laut Freud nicht ausgerottet werden kann, soll vom Ich bewußt, in eigener Verantwortung, *getan* (Hervorhebung AR) werden, die negativen Kräfte müssen innerhalb der Persönlichkeit verwirklicht werden. Dadurch wird ein Konflikt gewagt. Die alte Ethik umgeht den Konflikt, denn sie richtet sich nach Kollektivwerten, aber »auf die Gefahr hin, daß der betroffene Mensch z.B. in Sexualphantasien gerät. Daß auf diese Weise seine ›moralisch legale‹ menschliche Beziehung vergiftet, und [...] auch sein ganzer Lebenskreis mit ihm dieser Infektion anheimfällt« (pp. 102-105).

Was der Ganzheit dient, ist für Neuman gut, und umgekehrt ist böse, was zur Desintegration der Ganzheit führt, auch wenn es dabei um »kollektiv anerkannte Werte« geht (pp. 128-129).

Er räumt ein, daß das »Annehmen des Bösen nicht in jedem Falle und für jeden Menschen ein äußeres Tun bedeutet.« Er schließt aber das Ausagieren des Bösen durchaus nicht aus, denn für ihn kann das Nichtausleben eines Triebes böse sein. Das sichere Wissen um Gut und Böse der alten Ethik muß aufgegeben werden. In der neuen Ethik muß »ein Gang ins Ungewisse mit dem ganzen Risiko, welches für jedes verantwortliche Ich das Annehmen des Bösen bedeutet« gewagt werden (pp. 106-107).

So kommt Neumann zu dem Schluß: Ethisch gut ist, wenn man das Böse bewußt tut und dafür die Verantwortung übernimmt, sich also nicht entzieht. Verdrängt man aber das Böse, so geschieht dies immer aus einer eigenen Selbstüberbewertung (p. 114). Hier, wie bei Jung, wird das Böse, um der »Ganzheit« willen, als ethisch gut hingestellt.

Diskussion

Durch die Aufstellung einer Dichotomie von zweierlei Gewissen gelingt es Neumann, wie auch Jung vor ihm, selbstverständliche Wertmaßstäbe der Gesellschaft als minderwertig, rigide und z.T. überholt zu definieren. Seine Kritik der alten Ethik beruht darauf, daß er das Kollektiv in zwei verschiedenen Bedeutungen gebraucht: Er unterscheidet nicht zwischen der konventionellen Umwelt und der zwischenmenschlichen Beziehungswelt wie z.B. der Sexualität.

Seine Beschreibung von Wertvorstellungen der alten Ethik wie z.B. »bestimmte Dinge nicht sehen oder ansprechen« oder »sagen, was man nicht meint«, setzt, wie auch schon Jung dies getan hat, konventionelle Verhaltensweisen mit moralischen Werten gleich. Dies führt zu einer Verflachung des Moralbegriffs. Daß man in der Öffentlichkeit über bestimmte Inhalte nicht redet, ist eine Selbstverständlichkeit. Das hat aber mit Gewissensentscheidungen nichts zu tun, sondern ist eher ein ästhetisches Problem oder eins des menschlichen Taktes.

Es wird von Neumann nicht berücksichtigt, daß innere Werte durch die Auseinandersetzung mit der Außenwelt, mit äußeren Objekten, entstehen. Für ihn gibt es, wie für alle Jungianer, prä-objektale Erfahrungen. So erklärt er z.B., daß der archetypische Vater früher da ist als das Bild des persönlichen Vaters: »Der Vater-Archetyp in der Kindheit [wird] auf den persönlichen Vater projiziert« (p. 122).

Neumann sieht in der Unterdrückung von Impulsen so wie in der Verdrängung eine unechte »Tugendhaftigkeit«. Es wäre aber höchst schädlich, Unterdrückung und Verdrängungen aufzuheben (falls so etwas überhaupt möglich ist), denn nicht alle Affekte und Inhalte des Unbewußten sind integrierbar und kontrollierbar. Man kann und muß sich bewußt entscheiden, was man sich erlaubt und was nicht.

Er versteht die »Verwirklichung« der »negativen Kräfte« – womit er nicht nur die integrierten meint – innerhalb der Persönlichkeit als ein Zeichen dafür, daß Konflikte »gewagt« wurden; dadurch vermeidet das Individuum Sexualphantasien, die die Beziehungen ruinieren können. Nicht nur, daß es eine »schwere Erschütterung« ist, »sich als Sexualwesen zu erleben«, auch Sexualphantasien gilt es zu vermeiden. (vgl. Brumlik 1986; Gess 1994; Raffay 1996). Wichtig ist hier, daß das Ausleben von Triebimpulsen dann als ethisch angesehen wird, wenn es der »Ganzheit« dient. Man umgeht zwar, wenn man so handelt, sicherlich nicht den äußeren Konflikt, vermeidet aber seine Verinnerlichung.

Es stimmt sicherlich, daß erst da, wo das Individuum Unbewußtes erkennt und aufarbeitet und wo Impulse, Wünsche und unbewußte Phantasien integriert werden, ein ethisches Wertesystem aufgebaut werden kann. Wenn Neumann aber fordert, daß die »Häßlichkeiten« und »dunklen Seiten« »mitleben« sollen, bedenkt er nicht die Gefahr, daß das Ich aufgrund von Schuldgefühlen wegen des Auslebens der Triebimpulse von diesen überschwemmt werden kann und dadurch in eine Identifikation mit gerade diesen Eigenschaften getrieben wird, so daß das Gegenteil erreicht wird.

Wenn der Autor behauptet, daß das Böses-Tun gut sein kann, wenn es in Bewußtheit und Verantwortung geschieht, setzt er Etwas-mit-Bewußtheit-Tun mit Etwas-mit-Verantwortung-Tun gleich. Die Verantwortung für eine Untat zu übernehmen kann aber auch eine Rationalisierung sein. Neumann nimmt hier eine perverse Verwandlung von Moralität vor, er verwandelt sie in ihr Gegenteil. Es ist aufschlußreich, daß er gerade bei dieser Feststellung in einer Fußnote auf Jungs ominösen Aufsatz *Nach der Katastrophe* hinweist, wo Jung die Täter im Nationalsozialismus als Opfer hinstellt und behauptet, daß nur Feiglinge das Böse nicht wagen, daß dieses Wagnis aber eine »Bedingung des Heils« sei (vgl. vorheriges Kapitel).

Es wird nicht erklärt, welche Auswirkungen das bewußte Böses-Tun hat, welche Auswirkungen es auf andere hat. Neumann bringt jedoch einen neuen Aspekt herein, er spricht von einer »Verwandlung des Bösen« als einem Teil des Individuationsprozesses, der nicht weiter darstellbar ist, der sich aber auch beim modernen Menschen durch »alchemistische Symbole, die den Wandlungscharakter anzeigen«, zu erkennen gibt (p. 128).

Das »Opfer der Eindeutigkeit« und der »Gang ins Ungewisse«, die in der neuen Ethik gefordert werden, sind vage und heroische Konzepte. Sie kommen aus meiner Sicht einer Mystifikation gleich, denn »ins Ungewisse zu gehen« kann in verantwortungsloses Handeln münden. Diese Forderung mutet geradezu unheimlich an, wenn man in der zweibändigen Hitler Biographie von Ian Kershaw (Kershaw 2000) liest, wie fast alle Generäle gegen besseres Wissen den immer wiederkehrenden Befehlen Hitlers, *ins Ungewisse zu gehen,* gehorchten, wodurch Millionen Menschen sinnlos in den Tod geschickt wurden.

Böses-Tun als Wahrhaftigkeit und Treue dem Selbst gegenüber geht m.E. oft mit einer Vernachlässigung von äußeren Objektbeziehungen einher, und Neumann äußert sich wie gesagt nicht zur Besorgnis für den anderen, dem dieses Böse zugefügt wird. Allerdings konzediert er, daß ein »erweitertes Bewußtsein« auch dem anderen Halt und Stütze gibt. Er drückt dies in der Sprache der Analytischen Psychologie so aus: »Erst indem ich mich auch als dunkel – nicht als

Sünder – erfahre, gelingt es mir, das dunkle Ich des anderen anzunehmen, weil ich meine Zusammengehörigkeit mit ihm gerade in meinem Auch-dunkel-Sein, nicht nur in meinem Auch-hell-Sein, realisiere« (p. 93).

Ich stimme mit Neumann überein, daß man, wenn man die eigenen Ambivalenzen in sich erkennt, toleranter gegenüber sich und anderen wird und daß Selbstkenntnis und Selbstreflexion bezüglich eigener Fehler und Schwächen Voraussetzung für reife Gewissensentscheidungen sind.

2.2 Murray Stein: Solare und Lunare Moral

In seinem Buch *Solar Conscience Lunar Conscience, An Essay on the Psychological Foundations of Morality, Lawfulness and the Sense of Justice,* 1993 publiziert, geht auch der Analytische Psychologe Murray Stein von zweierlei Arten des Gewissens aus, dem solaren und dem lunaren, die er als getrennt und voneinander gänzlich verschieden ansieht, die aber doch einer »psychologischen Entität« angehören (Stein 1993, p. 98).

Das solare Gewissen stellt das *bewußte* Wertesystem eines Individuums dar, das dem Überich der Psychoanalyse gleicht, durch die elterliche Erziehung geprägt ist und sich nach den kulturellen und sozialen Gesetzen und Modellen der Gesellschaft richtet. Es stammt von den Autoritäten der äußeren realen Welt und wird erst durch Introjektionen zum psychischen Inhalt (p. 99). Seine Grundsätze sind allen verständlich und Übertretungen bewirken Schuldgefühle. Die Ansprüche der Gesellschaft haben Priorität vor den Wünschen des Einzelnen. Während der Vater dem Kind die sozialen Gesetze der Außenwelt vermittelt, wird das emotionale Fundament des Gewissens von der Mutter bestimmt.

Dieses von mütterlichen Prinzipien stammende Gewissen nennt Stein das lunare, es besteht in einem angeborenen Sinn für richtig und falsch und basiert auf Werten der Bindung (attachment values). Es zählen hier nicht Gesetze und soziale Determinanten, sondern unbewußte archetypische Aspekte der menschlichen Natur, des Körpers, der Instinkte. Das lunare Gewissen ist nicht interessiert an einer sozialen Form des Zusammenseins, es kommt aus den Tiefen des »kollektiven Unbewußten«.

Das Überich der Psychoanalyse entspricht, so Stein, dem solaren Gewissen als eine durch die Autorität des Vaters vermittelte, von außen kommende konventionelle Moral mit einer stark aggressiven Komponente, die das Ich, nachdem es sie internalisiert hat, autoaggressiv gegen sich selbst richtet. Kollektive soziale Normen bestimmen dieses Überich. Da Stein die unbewußten, die phantastischen Komponenten des Überichs nicht berücksichtigt, kann er erklären, daß das Überich mehr oder weniger voll dem Bewußtsein zur Verfügung steht, daß es sozusagen »im Licht existiert«. Er nennt es deshalb in seiner Abhandlung das solare Gewissen (p. 13).

Das solare Gewissen hat hohe Prinzipien, wo Leistung, Pflicht und Perfektion gefordert sind. Es untersteht dem Prinzip der Ausgrenzung, da es immer mehrere Alternativen gibt und man sich für die eine oder andere entscheiden muß. (pp. 115-116). Es ist ein rigides Gewissen, das nicht kreativ ist, sondern als »primitiver Tyrann« und oft als mörderischer Verfolger auftritt.

Die andere Art des Gewissens, das lunare, basiert auf dem »moralischen Druck« der Archetypen und ist hörbar als eine Stimme, die sagt »du mußt«, die aber keinen sozialen Zwang ausübt und sich keinem solchen beugen will. Es beruht auf Bindung (attachment) und empfiehlt dem Ich – »wie Mutter das tun würde« – das Leben voll zu leben. Eros ist die Basis dieses Gewissens und steht am Anfang der Gewissensbildung; sie ist die nicht-egoistische Liebe zwischen Mutter und Kind (pp. 67-68). Das Lunare ist aber auch »launisch«, nicht »bestimmbar«, nicht »voraussehbar«, »nebulös« und basiert auf »trübem Grund«. Es steht für »die Rechte und Bedürfnisse des eigenen vernachlässigten, ungelebten emotionalen Lebens« (p. 7).

Das Lunare reagiert mit Körpersymptomen, nicht aber mit Schuldgefühlen, und gründet auf einer Ordnung und Gerechtigkeit, die der Natur verbunden ist (p. 66). Es strebt »Ganzheit« und »Vollständigkeit« an und will nicht Perfektion, es »will den ganzen Kosmos« (p. 117), nicht wie das Solare die Ausgrenzung, und es will nicht vor einem solaren splitting kapitulieren. Stein nennt dieses Gewissen »die orakelhafte Stimme der Natur« (p. 19), der Gehör geschenkt werden muß. Deshalb empfiehlt er, in Gewissensentscheidungen die »dunklen« irrationalen Kräfte des Körpers mit den hellen des Geistes zu verbinden, weil sie beide Seiten des Menschen repräsentieren und die »Ganzheit« darstellen. Das Lunare ist »frei und kreativ« und gehorcht ausschließlich einem »irrationalen Zwang«, es ist »das Gewissen der Schlange« (p. 14).

Stein betont zwar, daß Gewissen und Gerechtigkeit sich auf die Wahrnehmung des Anderen stützen (p. 3), und er sagt weiter, daß Gewissen den engen egoistischen Standpunkt hinter sich lassen muß (p. 21), womit er andeutet, daß es in Gewissensfragen um den Anderen geht. Aber er zieht das Lunare, in dem es um eigene Bedürfnisse und Körper geht, dem Solaren vor.

Er kommt jedoch zu dem Schluß, daß einseitig lunare Gewissensentscheidungen nicht tragbar sind, und plädiert am Ende für eine Vereinigung des solaren mit dem lunaren Gewissen. Für den moralischen Konflikt, der daraus entsteht, sagt er, gibt es keine definitive Lösung (p. 120).

Diskussion

Stein setzt das psychoanalytische Überich mit seinem solaren Gewissen gleich. Er stellt es als »ein Echo von den Eltern und anderen Autoritätsfiguren« dar. Die eigenen Phantasien, Selbst- sowie Objektideale und Wertmaßstäbe, die das Kind und später der Erwachsene aus der Sicht der Psychoanalyse in die Überich-Struktur integriert, erwähnt er nicht. Das Überich wird doch nur dann zum inneren Verfolger, wenn es sich um ein überstrenges, noch infantiles Gewissen handelt. In Steins Beschreibung fehlt sowohl die leitende Funktion des Überichs als auch die vor ungehemmten Triebimpulsen beschützende sowie die Fähigkeit der moralischen Selbstbeurteilung (vgl. Freud 1923). Ferner ist das Freudsche Überich nicht wie das ihm gleichgesetzte solare Gewissen vor allem »bewußt«, sondern zum größten Teil eine unbewußte Struktur. Es fehlt in Steins Konzept des Überichs wie des solaren Gewissens der dynamische Aspekt, die Entwicklung, die das Überich von der Kindheit an durchläuft.

Das lunare Gewissen, als »frei und kreativ«, »eine Stimme«, die »einfach fordert: ›Du mußt‹«, beschrieben, läßt eher an einen triebhaften Impuls denken, der innere Freiheit verhindert. Triebhafte Wünsche und Impulse machen sich meist mit ›You must‹ bemerkbar. Freiheit hingegen bedingt nicht ein Getrieben-Werden, sondern die Möglichkeit auch Alternativlösungen zu sehen. Freiheit in Gewissensfragen bedeutet, eine Wahl zwischen verschiedenen Möglichkeiten des moralischen Handelns zu haben, um sich dann nach eigenen Wertmaßstäben zu entscheiden. »Freiheit«, schreibt Kernberg, »impliziert die Bewußtheit innerpsychischer Konflikte, das Vorhandensein von alternativen Handlungsmöglichkeiten und die Möglichkeit, die gewählten Schritte auch auszuführen«, sie steht so im Kontrast zu einer impulsgetriebenen Persönlichkeit, die sich oft als ›frei‹ erlebt, weil sie keine inneren Beschränkungen anerkennt (Kernberg 1987, p. 17).

Stein stellt Gewissensentscheidungen aus »trübem Grund« idealisierend und verführerisch als gut und richtig, als »frei und kreativ« dar, weil aus dem Unbewußten und der »Natur« kommend. Daß die Entscheidungen, die aus dem Unbewußten kommen, ethischer sind als die bewußten, ist eine Behauptung, die schon Jungs Moraltheorie bestimmt hat. Es ist eine romantische Sicht, die aber unhaltbar und klinisch nicht bewiesen ist. Denn primäre Gründe für unbewußte Gewissensentscheidungen, wie z.b. Ängste oder unbewußte Schuldgefühle, können sekundär rationalisiert werden. Oder sie können überhaupt einer im Unbewußten herrschenden kindlichen Mentalität entspringen und dann im Bewußtsein durch frühe Verbote oder kindliche religiöse Systeme rationalisiert werden.

Der Autor bringt als Beispiel für die Komplexität des lunaren Gewissens eine Szene aus Ibsens *Baumeister Solness*. Solness weiß, daß er und Hilde, die sich ihm verführerisch nähert, beide von ›Trollen‹ getrieben werden. Solness: »Da haben wir's! Hilde! Auch in Ihnen wohnt ein Troll. Wie in mir. Denn der Troll da drin, sehen Sie, – der ruft die Mächte von außen herbei. Und dann muß man sich ergeben, – man mag wollen oder nicht.« (Ibsen Bd. 5, 1911). Die beiden werden also von Kräften getrieben, die jenseits ihrer Ichkontrolle liegen. Die Frage ist, wie man diese Kräfte bewertet, man weiß nicht, ob es gut oder böse ist diesen Kräften zu folgen, schreibt Stein, ob es eine ›Du mußt‹-Stimme ist, ob es das Gewissen ist oder nur ein Komplex (Stein, p. 15f).

Es ist deutlich, daß es sich bei den Trollen um triebhafte Imagines handelt, die verbotene sexuelle Wünsche der beiden Protagonisten darstellen, und daß es in diesem Dialog um die Frage des Auslebens dieser Faszination geht. (Vgl. meine Interpretation von *Baumeister Solness*, in Raffay 1995). Léon Wurmser beschreibt die Trolle in diesem Drama Ibsens als »die Macht der *tiefen, gefährlichen und verbotenen,* nur teilweise sich zugestandenen, weitgehend *unbewußten Wünsche*« (Wurmser 1993, p. 119). Es ist offensichtlich, daß Stein dies genauso versteht, nur daß es für ihn, wie für Neumann und Jung, auch ein Gewissensakt sein kann, einem triebhaften Impuls zu folgen. Stein belegt dies gleichsam, indem er anschließend Erich Neumanns *Tiefenpsychologie und neue Ethik* zitiert: Man müsse das, was vom Ichstandpunkt aus »böse« ist, tun, weil ›die Stimme‹ es verlangt. Unethisch sei es dagegen, den Konflikt zu vermeiden. Hier wird Erkenntnis und Konfliktbewältigung mit Ausagieren verwechselt.

Steins Konflikt-Sicht ist keine dynamische, sondern ist fixiert, so daß es keine Lösung zwischen den konträren Positionen geben kann. Entscheidungen verlangen aber immer ein Auswählen, und moralische Konflikte zu lösen heißt, daß es mehr als eine Lösung gibt. Konflikte werden immer durch Ausgrenzung gelöst.

Das Bedauern über das Ausgrenzen kommt einer Sehnsucht nach narzißtischer Allmacht, einer Identifikation des lunaren Gewissens mit dem Ichideal, der Mutter der frühen Kindheit, gleich. Die »Mutter« ist im Lunaren allgegenwärtig. Stein meint die präödipale Mutter, die mit dem Kind noch eine Dyade bildet. Seine Auffassung, daß die Liebe zwischen Mutter und Kind eine nicht-egoistische sei, ist unrealistisch, denn es gibt narzißtische Mütter, die ihre Kinder benützen, und das Kleinkind ist ohnehin ein amoralisches Wesen.

Das lunare Gewissens-Konzept vertritt also die idealisierende Rückkehr zur Dyade Mutter-Kind, in der der Vater als Dritter und die ödipale Mutter als Frau des Vaters ausgeschlossen sind. Damit wird erreicht, daß einem Schmerz und Trauer über das eigene Ausgeschlossensein erspart bleiben.

Instinkte und Triebe, die lebenserhaltend sind, sowie sehnsuchtsvolle Wünsche, die hier als moralische Impulse beschrieben werden, haben jedoch nichts mit Gewissen zu tun. Letzteres ist erst durch selbstreflektiertes Verhalten möglich, indem man die eigenen Triebe kennt und toleriert, ausdrückt, wenn möglich, oder unterdrücken möchte im Sinne des eigenen moralischen Wertesystems, erst dann kann ein Verhalten moralisch genannt werden. Es fällt schwer, sich vorzustellen, wie eine Gewissensentscheidung über Symptome und Körper gefällt werden kann, denn diese Motivationen stammen aus frühkindlichen Verschmelzungsideen und Wünschen. Die Rechte und Bedürfnisse des »ungelebten emotionalen Lebens« zu befriedigen, was Stein als Basis des lunaren Gewissens erwähnt, hat etwas mit Bedürfnisbefriedigung zu tun. Denn es besteht in uns »ein eigensinniges Beharren[s] auf ursprüngliche Wunscherfüllung nach den Regeln des Paradieses oder der Utopie, also nach dem Lustprinzip« (Nitzschke 1997, p. 148).

Schuldgefühle sind für Stein weniger ein notwendiges Element des Gewissens, sondern im solaren Bereich vor allem Strafen. Beim lunaren Gewissen machen sich Verfehlungen nicht durch Schuldgefühle, sondern durch Alpträume und Gefühle von Angst und Verfolgung sowie durch körperliche Symptome und Reaktionen bemerkbar (Stein 1993, pp. 61, 63, 83, 84).

Im Lunaren stellt das Aufheben der Differenzen, das Nicht-Entscheiden-Wollen zwischen verschiedenen Möglichkeiten eine Negation des Realitätsprinzips dar, eine Glorifizierung der Grenzenlosigkeit, wo Intellekt, Denken, Vernunft kaum eine Rolle spielen. Wie Chasseguet-Smirgel erklärt, wird die Realität zerstört, wenn die väterlichen Werte des Gesetzes und der Trennung verneint werden. In der tiefen Regression des analen Universums, dem »Amalgam«, wie sie es nennt, herrscht Verwischendes, Ununterschiedenes (Steins »trüber Grund«). Durch dieses Amalgam wird die Realität, die aus Unterschieden besteht und als »das Ergebnis von Unterschieden« verstanden werden muß, zerstört (Chasseguet-Smirgel 1986/1988, Kapitel 5).

Es ist schwierig, »Naturgesetze« und »Naturrechte« mit Moralität gleichzusetzen. Die Sehnsucht, eins zu sein mit der Natur, ein Gefühl, das in der Romantik entstanden ist, meint im Grunde die Verschmelzung mit der Mutter. Schon Thomas Mann warnt in seiner Rede »Die Bäume im Garten« vor diesem romantischen Geist, vor der »Rückkehr zur Natur«, »denn er ist gefährlich, weil er das Gesellschaftliche nicht berücksichtigt«. Treffend sagt er: »Aber nur, weil es schön und seelenvoll ist, ist es vielleicht nicht jederzeit erlaubt [...]« (Mann 1930/1968, p.176f).

Stein läßt sich in seiner Moraltheorie von der Sehnsucht nach dem »Schönen und Seelenvollen«, dem Mütterlichen verführen und tendiert dazu, das Väterliche (das Solare) als rigide und konventionell abzuwerten. Denn er stellt mit seiner Kritik die kollektive Moral, die doch vom Prinzip der Realität sowie von kulturellen *und individuellen* Werten regiert wird, vereinfachend, auch wohl ironisierend dar, wenn er schreibt: »Pflichtenkonflikte wurden traditionell gelöst, indem man ein Buch der moralischen Kasuistik konsultierte, in dem die Hierarchie von Verantwortung skizziert ist« (p.117). Aber er geht nicht auf die dynamischen Konflikte zwischen individuellem Gewissen und der Verpflichtung der Gemeinschaft gegenüber ein, die sich im Individuum unvermeidlich einstellen.

2.3 John Beebe: Integrität

John Beebe untersucht in seinem Werk *Integrity in Depth* (1992) (Integrität in der Tiefe, Übersetzung AR) den Begriff der moralischen Integrität im Licht der Analytischen Psychologie und zeigt ihre Funktion im analytischen Prozeß mit Patienten auf. Integrieren heißt bei ihm, »alle disparaten Elemente in eine harmonische Einheit zusammenzufügen« (p.xi).

Die Fähigkeit, Integrität zu fördern, hat früher vor allem Philosophen, Dichter oder Staatsmänner beschäftigt, gehört seit Freud und Jung aber zu den Aufgaben der Psychotherapeuten. An der eigenen Integrität zu arbeiten ist persönlichkeits- und kulturfördernd und ist ohne Beziehung zu anderen, zum Selbst und zur Kultur nicht möglich (pp. 122ff). In diesem Prozeß ist das Erleben des Schattens ein wichtiges ethisches Element, das allerdings auch Angst macht. Beebe zitiert Emmanuel Levinas, der in der Auseinandersetzung mit dem Schatten »die unendliche Verpflichtung gegenüber dem anderen« (»one's infinite obligation to the other«) sieht, wobei für Beebe der Andere eine andere Person sein kann oder ein Wert, der mit dem eigenen Selbst verbunden ist (Beebe, pp. 33-34). Das Selbst erklärt Beebe im Jungschen Sinne, als einen Archetyp, der die Einheit der ganzen Persönlichkeit ausdrückt, eine Art mystische Instanz, von der aus das Leben dirigiert wird und die das Schicksal und Ziel, das es zu erreichen gilt, darstellt (p. 137).

Um integer zu sein ist ein endloses Sich-in-Frage-Stellen notwendig und dazu muß man den eigenen Schatten kennenlernen, was Angst, Zweifel und Scham weckt. Damit verbunden ist auch der Wunsch, die Beziehung mit einem anderen, dessen Bedürfnisse man nicht wahrgenommen hat, wiederherzustellen. Man muß sich jedoch überlegen, welche Kompromisse man eingehen darf, ohne die eigene Integrität dabei zu verlieren (p. 35, 65). Die Psychotherapie ist für Beebe ein »Labor«, in dem wir mehr über Integrität lernen können.

Beebe ist der Meinung, im Menschen bestehe ein »archetypischer Trieb«, Ordnung wiederherzustellen, und das sei auch der Beweggrund, eine Psychotherapie aufzusuchen. »Wir kommen, um zu lernen, besser für uns und andere zu sorgen« (p. 36). Und weil wir im moralischen Verstehen keine Übung haben (p. 40), müssen wir, um integer zu werden, wachsam gegenüber Versuchungen sein. Integrität bedeutet, dem innersten Kern der Persönlichkeit die Führung zu überlassen. »Psychotherapie ist also ein *moralisches Ritual,* motiviert vom archetypischen Trieb, Ordnung wiederherzustellen« (pp. 36-37, Hervorhebung AR), und das betrifft einen selbst wie auch die Beziehung zu anderen. Dieser moralische Prozeß in der Psychotherapie ist sowohl frei wie auch bindend, bindend in seiner Akzeptanz einer »höheren Autorität« (p. 55).

Beebe bezeichnet das Konzept der Integrität als feminin, weil es eine präexistente Ganzheit und Kontinuität impliziert, die das Grundvertrauen des Mutterarchetyps reflektiert (p. 80).

Der Autor sagt sogar, daß die Psychotherapie eine mütterliche Matrix hat, denn mit Freuds und auch Jungs Methode sei eine »matriarchale Ethik in die Psychotherapie eingeführt worden« (p. 81ff). Freuds Aufforderung – die Grundregel –, alles zu sagen, was einem einfällt, ist »matriarchal«. Diese Regel impliziert, nach Beebe, daß es eine präexistente Integrität mentaler Prozesse gibt, welche dann von psychologischem Heilen angezapft werden kann: Freud stellt sich, genauso wie Jung, vor, daß ein Psychotherapeut, der »weise« ist, der Natur ihren Lauf läßt, also, so Beebe, eine matriarchale Haltung einnimmt. Nur daß Jung dies explizit verkündete, und »[d]ieses kostete ihn den Platz am psychoanalytischen Tisch« (pp. 81-82).

Trotz aller Nähe zur Jungschen Theorie ist Beebe Jung gegenüber sehr kritisch eingestellt. Er beschreibt Jungs Mangel an männlicher Integrität, der sich darin zeigte, daß er kaum männliche Schüler und Kollegen um sich scharen konnte. Auch Jungs Umgang mit Patienten falle darunter: »Jung (konnte) es gut […], Dinge zu sagen, die nicht gesagt werden sollten.« »So sprach er unentwegt, gab Ratschläge, kritisierte, erklärte, dozierte, stellte in Frage, konfrontierte, offenbarte sich, las laut vor, ja, er sang sogar« (pp. 90-91). Sein Umgang mit Patienten war, so Beebe, oft ungemein aggressiv und zerstörerisch, was er auf Jungs phallisch-narzißtische Persönlichkeitsstruktur zurückführt.

Jungs problematische Defizite seien auch in seiner regressiven Einstellung zum Mütterlichen zu sehen, die sich z.B. in dem exzessiven Wert, den er dem Unbewußten zuschrieb, ausdrücke. Letzteres hängt mit Jungs eigener Elternproblematik zusammen, die Jeffrey Satinover, von Beebe zitiert, so erklärt: Jung hat sein Leben lang den Mangel an mütterlicher Sicherheit, den er als Kind erlebt hatte, kompensieren müssen und so ist seine Archetypentheorie als »eine Imago-Personifikation von Affekten« zu verstehen. Es hat, so Satinover, bei Jung eine ungenügende Internalisierung menschlicher Objekte stattgefunden, so daß personifizierte archetypische Figuren reale innere Objekte ersetzten (p. 86).

Diskussion

Beebe ist der Einzige der von mir hier besprochenen Postjungianer, der ausdrücklich feststellt, daß moralisches Verhalten nicht nur dem Selbst dient, sondern auch eine moralische Forderung gegenüber anderen ist. Er legt auf die jungianische

»Treue zum Selbst« genauso viel Wert wie auf die Treue zu anderen. Er postuliert auch nicht zweierlei moralische Systeme. Integrität ist ein menschliches Verhalten, das Verpflichtung gegenüber den anderen mit einschließt.

Aus Beebes Beschreibung von Jungs Umgang mit Patienten schließe ich, daß er ihn implizit nicht für qualifiziert hielt, »moralische Rituale« zu vollziehen. Er schreibt ihm einen partiellen Mangel an Integrität zu (p. 96), der aus einer inneren Spaltung resultiere, und zitiert Satinovers Kritik an der Archetypentheorie als einem Konstrukt, das eigene Defizite auszugleichen versuche. Dennoch hält Beebe selber an der Archetypentheorie fest.

Eine interessante Überlegung ist, daß Beebe Freuds Grundregel als matriarchale Einstellung bezeichnet. Wenn das so ist, dann würde Freud Mütterliches und Väterliches in der analytischen Technik miteinander vereinigen, denn der Umgang mit den Einfällen, das Verstehen und Deuten, das Bestehen auf dem Realitätsprinzip wären »väterlich«. Ich meine, daß, wenn sich Patienten an die Grundregel halten, alles zu sagen, ein ethisches Element vorhanden sein kann, insoweit die Patienten dann die Verantwortung für die Einhaltung der Regel übernehmen. Aber die Vorstellung, daß man durch das Assoziieren auf eine »präexistente Integrität mentaler Prozesse« stößt, daß es so eine überhaupt gibt, wäre Freud sicherlich fremd gewesen. Und ob »der Natur ihren Lauf lassen«, d.h. in diesem Fall Gedanken und Gefühle frei auszusprechen, weiblich (matriarchal) ist, bezweifle ich. Das Zuordnen bestimmter Eigenschaften zum Männlichen oder Weiblichen ist heute fragwürdig und gerät oft zum Klischee. Es wird durch das »heutige Verständnis des Zusammenfallens von gender identity und sexueller Orientierung« (»Composite nature of gender identity and sexual orientation«, Kernberg 1998b/2000) aufgehoben.

Die Therapie ist nicht nur dazu da, dem Patienten Erkenntnisse über sich zu vermitteln, sondern sie stellt mit dem Prozeß der Integrität in unserer Zeit »eine neue kulturelle Imago« dar. Diesen Prozeß versteht Beebe als ein Paradox, weil er »frei und doch bindend in seiner Akzeptanz einer höheren Autorität« ist (p. 55). Das Paradox liege in der theoretischen Konzeption der Analytischen Psychologie, die das Selbst als eine Instanz versteht, deren Führung man sich mit seinem Ich freiwillig, aus Akzeptanz unterordnet. Das Selbst umfaßt Bewußtes und Unbewußtes und stellt das Zentrum der Persönlichkeit dar.

Wie schon an anderer Stelle ausgeführt, sehe ich diese Unterwerfung unter die Archetypen, unter das Selbst als gefährlich an. Dem Selbst werden damit

»Wollen« und »Motive« zugeschrieben, die angeblich der Ganzheit dienen. Aber wie weiß man so genau, was das Selbst »will«? Versteht man denn immer seine Träume, in denen das Selbst zum Menschen spricht? Und dann gibt es noch die Irrtümer der Projektion: Auch auf Hitler wurde von vielen der Archetyp des Selbst projiziert. Um den Archetypen, dem Selbst zu gehorchen, muß man, nach Jung, die Freiheit der Wahl aufgeben. Heinz Gess sieht in der Forderung der Unterwerfung unter die Jungschen Archetypen eine »faschistische Idee«: »Die Archetypen fixieren trotz ihrer flexiblen Auslegbarkeit zugleich autoritär. Denn im Rahmen der Archetypenlehre gründet die ›Autonomie des Individuums‹ in vollständiger Unterwerfung unter subjektunabhängige transpersonale Gewalten. Selbständigkeit ist nur eine andere Form der Unterwerfung unter ewige Zwänge, das Ja zur vermeintlich unabänderlichen Notwendigkeit. Es bedeutet, wie Jung selber von der Religion sagt, die ›Abhängigkeit von und Unterwerfung unter irrationale Gegebenheiten‹« (Gess 1994, p. 205).

2.4 Andrew Samuels: Zwei Arten von Moral

Andrew Samuels stellt im 11. Kapitel seines Buches *The Plural Psyche* (*Die Vielgestaltigkeit der Seele*) seine Moraltheorie vor. Wie Jung geht auch er davon aus, daß Moralität und Gewissen angeboren sind (pp. 293f, zitiert nach der deutschen Ausgabe). Es gibt zwei Arten von Moral, »Urmoral« und »moralische Imagination«. Beide sind angeboren, gleichwertig, keine ist der anderen überlegen und keine entwickelt sich aus der anderen. Um aber moralisch effektiv zu sein muß ein Dialog zwischen den beiden entstehen, sie müssen sich vermischen, ineinander übergehen. Der Autor stimmt mit Jung überein, daß Moralität »von innen kommt« und daß wir eine »moralische Natur« von Geburt an in uns haben.

Um diese These zu bekräftigen, beruft Samuels sich auf Melanie Klein, die, so sagt er, die Möglichkeit erwähnt hat, daß Moralität ein angeborenes Potential sein könnte, und auf Winnicott, der gesagt hat, Kinder seien nicht amoralisch auf die Welt gekommen (p. 297). Samuels gibt für Klein keine Literaturhinweise, und mir ist ein solcher Standpunkt Kleins nicht bekannt. Auch Winnicott wird hier mißverstanden, der ausdrücklich in »Die Entwicklung der Fähigkeit zur Besorgnis« sagt, daß das kleine Kind grausam und unbarmherzig ist.

Die Urmoral ist jener angeborene moralische Sinn, der sicher weiß, was richtig und falsch ist, der Leidenschaften bekämpft, der andere be- oder verurteilt, der hart und ungerecht sein kann. Die Urmoral ist oft primitiv und rachsüchtig und kann sich am Leid anderer erfreuen. Sie drückt sich, z.b. wenn man verliebt ist, in dem Gefühl aus, daß der oder die Geliebte nichts falsch machen kann, und stellt Gefühle schwarz/weiß dar. Wenn sie aber zu Schuldgefühlen führt, trägt sie sogar zu Nachdenken und Reife bei (p. 302).

Diese »harte« Moralität muß durch die moralische Imagination aufgeweicht werden, die kreativ, tolerant, verzeihend und offen ist. Sie hat ein intuitives psychologisches Verständnis für Situationen und erlaubt immer eine Wahl. Die moralische Imagination befürwortet Vergebung, und es gibt für sie immer Ausnahmen; so gestattet sie auch, zu lügen und Versprechen zu brechen. Sie verlangt, daß Ansprüche gegeneinander abgewogen werden, z.B in der Frage, ob man einem Freund, der Unrecht getan hat, helfen soll. Moralische Imagination erzeugt also Konflikte, die Urmoral hingegen ist eine »Einzelkriterium-Ethik« (p. 310). Letztere handelt nach Manifesten, erstere ist wie »ein mediterranes Schulterzukken angesichts von Unbequemlichkeiten oder sogar Katastrophen. Bisweilen von einem Ausruf wie ›Boh!‹ begleitet« (p. 305).

Die moralische Imagination verlangt, daß entweder eine Wahl getroffen oder ein schöpferischer Kompromiß gefunden wird. Das *Kol Nidre*-Gebet am Abend des Jom Kippur, des größten jüdischen Feiertags, hält Samuels für eine Illustration dessen, daß »original morality« als solche allein nicht lebbar ist und durch »moral imagination« aufgeweicht werden muß, denn in diesem Gebet werden alle Gelübde, die man abgelegt hat und ablegen wird, erlassen und für ungültig erklärt. Es zeigt sich darin ein tiefes Verständnis für die Schwächen und Begrenzungen des Menschen (p. 303f).

Samuels kommt dann auf die Funktion von Aggression, vor allem auf aggressive innere Bilder zu sprechen. Wenn Aggression ein »angeborener Faktor« ist, dann gibt es, so behauptet er, damit »absolut kein Problem, keinen Grund für Scham oder Entschuldigungen deswegen. [...] Letztlich ist Sex ganz ähnlich angeboren; und er wird deswegen weder bagatellisiert, noch werden Versuche gemacht, ihn abzuschaffen« (p. 314).

Samuels sieht aggressive Phantasien als notwendig für Selbsterhaltung und Selbstbehauptung an und betont auch ihre kreative Funktion. Sie brechen Tabus, sie bewirken, daß wir uns trennen können, daß wir voneinander getrennte Elternbilder phantasieren können. Ohne Aggression gäbe es weder zwischenmenschliche Beziehungen noch Trennungen, ohne sie gäbe es keinen Grund für Besorgnis für den anderen, durch sie entdecken wir »das Mysterium anderer Menschen« (p. 313). Auch für die Sexualität seien aggressive Phantasien aufregend und kreativ.

Samuels erklärt sodann, einen Satz von A. Storr zitierend: »Nur wenn intensive Aggressivität zwischen zwei Individuen existiert, kann auch Liebe entstehen« (p. 315). Samuels ist von aggressiven Phantasien zur Aggressivität selber, also zur Idee des Agierens, übergegangen.

Diskussion

Der Autor beschreibt zwei verschiedene Moralsysteme – das eine mit strengen, das andere mit milden, »aufgeweichten« Forderungen – die trotz der zwischen ihnen bestehenden Kluft immer wieder miteinander verbunden werden müssen. Bei der »moral imagination« hat man eine Wahl, bei der »original morality« hingegen nicht. Letztere ist kaum auf den anderen bezogen, sondern auf festgelegte moralische Ideen. In Übereinstimmung mit den klinischen Untersuchungen der Psychoanalyse bin ich der Meinung, es gibt nur *eine* Moral, jedoch kann die Art der Ausübung sowie der Grad der Entwicklung sehr verschieden sein und von den primitivsten bis hin zu den gelungensten Gewissensentscheidungen reichen, je nach psychischer Reife des Individuums. Es kommt darauf an, ob man sich frei entscheidet oder ob man noch von Resten archaischer Objektbeziehungen beherrscht wird. Ich sehe in Samuels' Urmoral, wo Härte, Kälte, Verurteilung anderer herrscht, einen narzißtischen Anspruch auf Allwissenheit und die Beschreibung eines überstrengen unreifen, ja sadistischen Überichs.

Bestimmte Fragen können nur mit Hilfe von beiden Moralitäten gelöst werden, meint Samuels und führt als Beispiel die Frage an: soll ich einen Freund unterstützen, von dem ich weiß, daß er im Unrecht ist? (p. 308). Aber warum braucht es dazu zweierlei Moralsysteme? (Samuels sagt nicht, wie er das Problem lösen würde). Es ist hier die Frage, auf welcher Stufe die Wertvorstellungen der beiden Freunde integriert sind. Innere moralische Konflikte können durch individuelle sowie auch kollektive moralische Prinzipien, die man flexibel anwendet, und unterstützt durch innere gute Objektbeziehungen manchmal gelöst werden, vor allem, indem man versucht, den existierenden Konflikt dialektisch mit dem

Freund auszutragen. *Aber es gibt nicht für jedes moralische Dilemma eine Lösung, oft ist ein Kompromiß angezeigt und Schuldgefühle bleiben nicht aus.* L. Wurmser schreibt, daß man den Nächsten nicht hassen soll, aber zurechtweisen soll man ihn (vgl. Lev. 19.17). Er zitiert J. Gellis: »»Die Verpflichtung, den Anderen zurechtzuweisen, ist einzigartig im Judentum, denn seine Sünde würde auch auf mir lasten, wenn ich ihn nicht daran hinderte; aber es muß in Liebe und Achtung geschehen«« (Wurmser 1999, p. 24).

Der Autor übergeht die verschiedenen Entwicklungsstadien des moralischen Bewußtseins, er unterscheidet oft nicht zwischen den Vorläufern von Moral oder Gewissen und der späteren differenzierten Funktion, sondern setzt sie gleich, und so mißversteht er auch Melanie Klein. Wenn er z.B. sagt, »original morality« sei in der Erfahrung des Verliebtseins präsent, setzt er die Wurzeln der Gewissensfunktion mit der späteren Funktion gleich. Aber Verliebtsein ist noch nicht Moral, höchstens ein Vorstadium bzw. eine Bedingung davon.

Samuels stellt, im Gegensatz zu den anderen postjungianischen Autoren, die wichtige Funktion, die Aggression in Moral und Sexualität einnimmt, heraus. Ohne sie ist Gefühl für den anderen und damit manche Gewissensentscheidung nicht möglich.

Er unterscheidet aber nicht zwischen zwei inkompatiblen Begriffen von Aggression bzw. aggressiven Phantasien: als feindselige Destruktivität einerseits und als Selbstbehauptung und Aktivität, für die dieser Begriff von manchen gebraucht wird, andererseits (p. 314). Um z.B. Aggression in die Liebe mit einzubauen darf jene nicht zu stark sein, Liebe muß überwiegen.

Die Idee, daß es ohne Aggression bzw. aggressive Phantasien keine Trennungen gäbe, geht auf Winnicott zurück, der Aggression beim Kind für notwendig hält, so daß es später entdecken kann, daß die Mutter diese Aggressivität überleben kann, und daß es selbst und Mutter zwei separate Wesen sind (Akhtar 1999, p. 50).

Mit Samuels Gedanken über aggressive Phantasien in der Sexualität stimme ich insofern überein, als diese zur lebendigen unkonventionellen Sexualität unbedingt dazugehören. Er zitiert jedoch Storr, der nicht von Phantasien, sondern von agierter Aggression in der Liebe spricht, und stellt fest, daß Phantasien und Handlungen nicht unverbunden sind (p. 317). Da fehlt m.E. ein Wort über Ausmaß und Grenzen der Aggressivität, wo sadistische Phantasien und Impulse sowie masochistische Unterwerfung die Beziehung des Paares gefährden oder gar zerstören können, und wie man sich davor schützt. Die Fähigkeit, sexuelle Leidenschaft zu empfinden, verlangt unter anderem auch Kontrolle der Aggression durch Liebe und die Integration von Liebe und Aggression im Kontext von normaler polymorph perverser Sexualität (Kernberg 1988, p. 70 ff, und auch Kernberg 1995). Es ist also notwendig, sich Ausmaß und Form der tolerierbaren Aggressivität in der Sexualität bewußt zu machen und den Punkt wahrzunehmen, an dem sie nicht mehr der Erregung und Liebe dient, sondern der Destruktion. Hier muß die schützende Funktion des Gewissens eingreifen. Exzessive Aggressivität verhindert, daß Liebe sich entwickelt oder andauert.

Jonathan Lear wendet sich gegen den Gedanken, daß Kreativität Aggression involviere, denn aus seiner Sicht zielt Aggression auf Destruktion hin, während Kreativität auf Kreation gerichtet ist: »[...] we think of aggression as an attempt at destruction, creativity as an attempt at creation« (Lear 2000, p. 114).

Ich sehe in diesen Aussagen die Tendenz der Analytischen Psychologie, die ich bereits kritisch beleuchtet habe (vgl. das Kapitel »C.G. Jung und seine Nachfolger«), das »Böse« als förderlich und kreativ anzusehen. Das »Böse« wird idealisiert und so seine »kreative« Wirkung gefährlich überschätzt. Es wird verleugnet, daß das Böse wirklich böse ist. Freud sagt, daß »die ursprüngliche Triebrepräsentanz in zwei Stücke zerlegt worden sein [kann], von denen das eine der Verdrängung verfiel, während der Rest, gerade wegen dieser innigen Verknüpftheit, das Schicksal der Idealisierung erfuhr.« (Freud 1915d, p. 253).

Der Autor versteht Reue und Vergebung als wichtige Elemente der Moral, die leidvoll sind, und damit stellt er hier eine Ausnahme dar, denn im allgemeinen finden Trauer, Reue, Schuld, Wiedergutmachung wenig Raum in der Gewissenstheorie von Jung und den Nachfolgern. Diese Einstellung führt auch zu einer eigenen Haltung gegenüber Jungs Verwicklung in den Nationalsozialismus.

In *The Political Psyche* hat Samuels in dem Kapitel »Jung, anti-semitism and the Nazis« eine intensive Untersuchung über Jungs Antisemitismus, seine Involvierung in den Nationalsozialismus und seine anfängliche Bewunderung von Hitler angestellt. Samuels ist, im Unterschied zu anderen Jungianern, zu dem Schluß gekommen, daß Jung ein Antisemit gewesen ist, und lehnt das Apologetische vieler Jungianer ab. Der Autor fragt, warum Jung sich in deutsche politische Affairen verwickelte und warum er gerade in der Zeit des Nationalsozialismus seine Gedanken über »jüdische Psychologie« publizieren mußte. Er sieht die Begründung dafür in Jungs Nationalismus, in seiner Behauptung, daß es so etwas wie eine Psychologie der Nation gäbe.

Samuels' Antwort läßt dabei einen Hauptgrund für Jungs Haß auf die Psychoanalyse außer acht und zwar Jungs Vaterhaß und Haß und Neid auf Freud und die Psychoanalyse.

Samuels schreibt, daß die Jungsche Schule zwar z.T. viele psychoanalytische, religiöse und andere psychologische Elemente aufgenommen hat, daß aber die Analytische Pschologie aus sich heraus keine Erneuerung erreicht, keine neuen Entdeckungen gemacht hat. Er sieht den Grund darin, daß die Jungianer Jungs Einstellung nicht betrauern konnten, und er fragt, ob Analytische Psychologen psychologische und kritische Reflexionen über Jung, Antisemitismus und die Nazis auf eine Weise anstellen könnten, daß eine Erneuerung möglich würde. Er kommt zu dem Schluß, daß die Trauer um Jung eine notwendige Voraussetzung dafür wäre: »I suggest that renewal will not occur until Jungians resolve their work of mourning for Jung« (p. 325).

Samuels' zwei moralischen Systeme erinnern mich an einen Midrasch, den Wurmser erzählt: Gott sagte darin: »»Schaffe ich die Welt in der Dimension der Barmherzigkeit, werden ihre Sünden groß sein. (Schaffe ich sie) in der Dimension der strengen Gerechtigkeit, wie kann die Welt bestehen? Doch ich erschaffe sie auf Grund von Gerechtigkeit und auf Grund von Barmherzigkeit, auf daß sie bestehen bleiben wird«« (In Wurmser 1999, p. 23).

C Das Überich in literarischen Beispielen

1. Eugene O'Neill: *Der Eismann kommt*

> Wie bei so vielen Themen in der
> Psychoanalyse hängt der Ausgang des
> Konflikts vom Gleichgewicht zwischen
> Lebens- und Todestrieb, Liebe und
> Haß, Gut und Böse ab. Letztendlich ist
> es die Angst vor dem Überwiegen von
> Haßgefühlen, die dem Eingeständnis von
> Schuld im Wege steht und omnipotente
> Lösungen begünstigt. J. Steiner

> It [perversion] pretends to confront issues
> but is actually used for deception and
> avoidance of intimacy with others and with
> oneself. Perversion, for all its masochism,
> is the refusal to suffer.
> R. Stoller

Aus der immensen Zahl von möglichen literarischen Beispielen habe ich die folgenden ausgewählt, nicht nur, weil sie mir persönlich besonders wichtig sind, sondern auch, weil sie sehr eindrücklich – jenseits der Theorie – die Gewissenskonflikte inszenieren, die sich in menschlichen Beziehungen ergeben können.

Bei der Untersuchung des Dramas *Der Eismann kommt* von Eugene O'Neill konzentriere ich mich auf die Probleme des Protagonisten, der das Böse und somit die Realität verleugnet und in dem Konflikt zwischen innerer Wahrheit und Selbsttäuschung gefangen ist. Daran geht er zugrunde.

Das Stück spielt in Harry Hopes Bar, in der Männer und Prostituierte, allesamt gescheiterte Existenzen und dem Alkohol verfallen, den ganzen Tag zusammensitzen und Whiskey trinken. Sie kommen aus den verschiedensten Milieus: Da ist ein ehemaliger Zirkusangestellter, ein ehemaliger Jurastudent, ein ehemaliger Hauptmann der englischen Infanterie, ein ehemaliger Anarchist u.a. Sie alle sind miteinander befreundet, und neben dem Whiskey verbindet sie der gemeinsame Wunschtraum (»pipe dream«), wieder in ihre alte Stellung zurückzukehren, einen Neuanfang zu wagen. Den ersten Schritt verschieben sie jedoch immer wieder und vertrösten sich auf ein ewiges »Morgen«.

Der Protagonist Theodore Hickman, genannt Hickey, tritt auf und erklärt den Freunden, daß er seinen Frieden gefunden habe und den Alkohol nicht mehr brauche. Er möchte sie in ihrem Wunsch bestärken hinauszugehen, um in der Außenwelt wieder Fuß zu fassen, was sie nicht nur vom Alkohol, sondern auch von ihren illusionären Wunschträumen befreien würde. Das Rezept lautet:

> ›Ehrlich währt am längsten‹ – ehrlich gegen sich selbst, meine ich. Das ist der ganze Witz. Es hat keinen Zweck, sich ständig in die Tasche zu lügen und auf ein Morgen zu hoffen.[20]

Er selbst erklärt, daß er jetzt glücklich sei und die Wahrheit über sich erkannt habe. Er möchte auch kein falsches Mitleid mehr haben, so wie seine Freunde,

> [n]icht die Sorte Mitleid, die dich nichts kostet und so einem armen Teufel nur dazu verleitet, sich weiter was vorzulügen. Nicht die Sorte Mitleid, die ihm erst recht ein schlechtes Gewissen macht, bis er sich vor lauter Selbstvorwürfen wie der letzte Dreck vorkommt.

Im Laufe des Stücks gehen die Männer tatsächlich einen Tag lang in die »Welt« hinaus, angeblich, um ihre alten Arbeitgeber wieder aufzusuchen, kehren am Abend aber wieder in die Bar zurück. Dabei wird deutlich, daß Hickey dies vorausgesehen hat und sie so von falschen Hoffnungen kurieren will: Sie sollen ihre Existenz so, wie sie ist, akzeptieren:

> Und dahin will ich euch auch bringen. Denn ich bin felsenfest davon überzeugt, daß es sich für euch am Ende auszahlt, wenn ihr eure verdammten Schuldgefühle loswerdet und euch nicht mehr einreden müßt, ihr wärt was Besseres, als ihr in Wirklichkeit seid, und wenn ihr euch keine Illusionen mehr macht über ein Morgen, das es nicht gibt.

20 Im folgenden zitiert nach O'Neill 1989.

Am Ende des 2. Aktes erklärt er den Freunden: »Ich muß euch leider mitteilen, daß meine geliebte Frau tot ist.« »Ich empfinde keine Trauer.« Die Freunde glauben zunächst an Selbstmord. Erst viel später fügt Hickey hinzu, daß sie ermordet worden sei und die Polizei noch nicht wisse, wer der Täter ist. Und erst gegen Ende des Dramas sagt Hickey, daß *er* sie ermordet habe; er habe sie im Schlaf erschossen:

> Begreift doch, Evelyn hat mich geliebt. Und ich habe sie geliebt. Das war unser Problem. Sonst wäre es leicht gewesen, einen Ausweg zu finden. Aber weil wir uns so liebten, gab es nur eine einzige Möglichkeit. Ich mußte sie töten.

Die Gesellschaft ist fassungslos, will aber auf keinen Fall Näheres wissen:

> Halt endlich den Mund, du Wahnsinniger […] Wir wollen nicht zu Mitwissern werden, wir wollen dich nicht auf den elektrischen Stuhl bringen!

Hickey erklärt weiter, er habe immer wieder überlegt, was er tun sollte, da er sich nicht ändern konnte, und der einzige Ausweg, die geliebte Frau vor sich zu retten, sei gewesen, daß er sie töte, denn sein Selbstmord oder ein Sie-Verlassen

> hätte ihr das Herz gebrochen. Außerdem hätte sie die ganze Schuld auf sich genommen. […] Sie wäre vor Schmach und Schande gestorben. Sie hätte geglaubt, daß ich sie nicht mehr liebe.

Er habe Evelyn also getötet, um sie vor sich zu schützen: »Und ich hab's aus Liebe getan nicht aus Haß«. Sie habe ihm immer verziehen, immer an seine Besserung geglaubt, ihm immer geglaubt, daß es das letzte Mal gewesen war, sei es, daß er von einer Prostituierten nach Hause gekommen sei und sie mit einer Geschlechtskrankheit angesteckt habe oder daß er mit einem *delirium tremens* bei ihr aufgetaucht sei. Immer habe er sie angelogen, und sie habe vorgegeben, ihm zu glauben, und habe ihm verziehen. Langsam habe er begonnen Evelyns Wunschträume zu hassen und danach

> ertappte [ich] mich sogar dabei, daß ich sie haßte, weil sie mich dazu brachte, mich selber zu hassen. Es gibt eine Grenze für die Schuld, die man fühlen kann, ebenso wie für Mitleid und die Vergebung, die man annehmen kann!

Im Hintergrund treten zwei Männer auf, Polizisten, die jetzt die Szene überwachen. Da beginnt Hickey seine Lebensgeschichte zu erzählen. Er wurde in einer Kleinstadt geboren, sein Vater war Pfarrer, sein Zuhause erlebte er als »ein Gefängnis«, und auch die Schule war ihm verhaßt. Der Vater, der ihn mit strengen moralischen Regeln traktierte, betrog gleichzeitig die Indianer. Früh ging er, Hickey, in Billardlokale und Bordelle, um mit den Mädchen »zu scherzen«. Damals schon liebte er Evelyn und sie ihn, und auch ihre Familie, überzeugte Methodisten, konnte die beiden nicht auseinanderbringen. Als Hickey das Elternhaus verließ und Handlungsreisender wurde, folgte sie ihm bald, obwohl er sie immer vor sich gewarnt und sich als Taugenichts bezeichnet hatte: »Nichts in der Welt konnte ihren Glauben an mich erschüttern«. Immer sagte sie: »ich weiß, daß es das letzte Mal war«, sie beklagte sich nie.

Sie war der Inbegriff von Liebe und Güte, Mitgefühl und Verständnis.

Aber jetzt habe er ihr Bild, das er immer bei sich getragen hatte, zerrissen, er brauche es nicht mehr. Er tötete sie, um sie von ihrer Liebe zu befreien.
Und danach hörte er sich sagen:

So, jetzt weißt du, was du von deinen Illusionen hast, du verdammtes Miststück.

Er nimmt diese Aussage aber sofort zurück, das sei nicht wahr, das habe er nie gesagt oder er müsse verrückt gewesen sein, so etwas zu sagen, er habe sie doch geliebt. Die betrunkenen Freunde geben ihm Recht, sie wollen ihn vor dem elektrischen Stuhl bewahren, indem sie bestätigen, er sei verrückt, und versuchen, ihn so vor den zwei Polizisten zu schützen, die inzwischen in den Vordergrund getreten sind. Hickey jedoch berichtigt, er sei nicht bei der *Tat* verrückt gewesen, sondern bei dem Ausspruch des Hasses auf Evelyn – und zum elektrischen Stuhl gehe er jetzt willig. Er wird verhaftet und abgeführt. Die Freunde bleiben betrunken singend zurück.

Hickey glaubt, die Wahrheit über sich erkannt zu haben; er erklärt, Evelyn aus Liebe getötet zu haben, und meint, er habe seinen Frieden gefunden und sei jetzt befreit und glücklich. Er habe erkannt, daß er sich nicht ändern kann. Das stimmt, es stimmt aber nicht, daß er aus Liebe getötet hat. Er hat es aus Haß getan, weil Evelyn ihn in schwere Schuldgefühle gestürzt hat, und auch aus Neid auf ihr mitleidiges Wesen, denn er selber war mitleidlos gegen sie und sich, nur nachsichtig in Bezug auf seine Süchte, und nichts brachte ihn dazu, sich zu ändern. Er glaubt, nach dem Mord seine Realität sehen zu können, und versteht nicht, daß sein Friedensgefühl nur auf der Verleugnung seiner Schuld beruht.

Er hätte es merken können, als er einen Moment lang zugab, Evelyn aus Haß getötet zu haben. Aber diese Einsicht wäre unerträglich gewesen, und so mußte er die Schuld verleugnen und in einer perversen Einstellung zur Realität den Mord als Gnadenakt darstellen. André Green stellt fest, daß manche Menschen das Böse nicht nur tun, sondern es auch lieben und denken, daß damit dem Guten zum Sieg verholfen würde. Bei einer solchen Einstellung »schwindet jegliches Schuldgefühl, denn die destruktivsten Aufgaben werden zu Reinigungsaktionen«. Man kann dann »[o]hne Gewissensbisse das Böse [...] lieben« (Green 2000, p. 283). Bis zuletzt gibt sich Hickey der Illusion hin, mit dem Mord das Beste für Evelyn getan zu haben.

Hickey empfindet weder Schuld noch Trauer und verkündet statt dessen, er sei jetzt glücklich. Ein Gefühl des Triumphs stellt sich ein, er fühlt sich legitimiert, als Befreier und Befreiter aufzutreten, wie Rudolf Höller (siehe Thomas Bernhard *Vor dem Ruhestand*) erlebt er sich nach dem Mord als Herr über Leben und Tod. Er wehrt den Schmerz ab, und das führt bei ihm »zu einem *Rückzug von der Wahrheit hin zur Allmacht*«, wie John Steiner es in seiner Ödipusinterpretation formuliert (siehe Steiner: Die Schuld des Ödipus). Ich sehe bei Hickey einen ähnlichen Verleugnungsmechanismus wie bei Ödipus, der auf Kolonos seinen grandiosen Rückzug antrat. Wie Ödipus weiß auch Hickey zunächst um seine Schuld und weiß zugleich auch nicht, bis er sie schließlich gänzlich verleugnet. Und wie Ödipus kann auch er die Verantwortung für seine Tat nicht übernehmen.

Der Mord an Evelyn im Schlaf kann nicht gesühnt werden, da Hickey seine Schuld nicht anerkennt und sie daher auch nicht bereuen kann. Er kann auch nicht trauern, im Gegenteil, er fühlt sich jetzt wohl. Evelyns Bild hat er zerrissen, die Erinnerung an sie mußte ausgelöscht werden. Sein Gang zum elektrischen Stuhl ist ein einsamer und narzißtischer Versuch, sich selbst zu erlösen, den er als triumphalen Abgang versteht und nicht als Selbstbestrafung für eine Schuld. Hickey sagt, er sei schuldig, weil er sich nicht ändern konnte, aber im Grunde fühlt er sich nicht verantwortlich für den Mord, weil Evelyn ihm durch ihr ewiges Verzeihen keine Chance gegeben hatte, sich zu ändern: »Ich kam mir wie ein Schwein vor – weil sie mir jedes Mal verziehen hat.«

Er benutzte Evelyn und ihr Vertrauen als Alibi, um weiter sein ausschweifendes Leben führen zu können. Er projizierte sein Überich auf sie und zwang sie so, ihn durch ihr ewiges Verzeihen zu entlasten. Bis zuletzt konnte er von Verrat und Betrug nicht lassen. Er hat ihr durch die Ermordung die Möglichkeit genommen, für sich selbst zu entscheiden, wie sie ihr weiteres Leben gestalten wollte. Seine perverse Einstellung zur Realität zeigt sich in seiner Verkehrung der Werte ins Gegenteil: Mord ist gut, Lebenlassen ist schlecht.

Evelyn mußte sich immer wieder mit Hickey, mit dem Aggressor identifizieren, um dieses einzige Liebesobjekt nicht zu verlieren und ihre eigenen Schuldgefühle zu beschwichtigen. Denn sicher hatte sie in ihrem Methodisten-Elternhaus gelernt, daß man immer gütig sein, immer verzeihen muß, und auch, daß man immer schuldig ist. Durch die Kollusion mit Hickey konnte Evelyn ihm aber nie ein Gegenüber, nie eine wirkliche Zeugin sein, die Hickey mit seinem Gewissen konfrontiert hätte. Sie war für ihn eine Mutter, die alles verstanden und geduldet hat. Sie hatte kein eigenes Leben und keinen eigenen Tod. In ihr hat er die Mutter umgebracht, aus Haß, weil sie ihn nicht erlösen konnte.

Obwohl Hickey über seine Kindheit berichtet, die erdrückende Atmosphäre im Elternhaus schildert, wird die Mutter nicht erwähnt. Die Mutter wirkt aber immer am traumatischsten bei denen, die nicht über sie sprechen. Man kann deshalb davon ausgehen, daß sie eine sehr problematische Rolle gespielt hat, daß riesige unbewußte Schuld- bzw. Haßgefühle bei Hickey entstanden sind, die sich dann in der pathologischen Beziehung zu Evelyn auswirkten und so eine unbewußte Wiederholung dieser unerträglichen Gefühle der Mutter gegenüber darstellten.

In diesem Drama werden Liebe, Ehe und Freundschaft nicht oder nur beschränkt realisiert. Objektbeziehungen sind zerfallen oder zur Kumpanei heruntergekommen, denn es fehlt den Protagonisten die Fähigkeit, Besorgnis für sich und andere zu fühlen. Im Gegensatz dazu ist bei Hoffmannsthals *Der Schwierige* ein Übermaß an Besorgnis für andere vorhanden.

2. Hugo von Hofmannsthal: *Der Schwierige*

> Wie sonderbar ist es, daß Menschen
> innerlich so traurig und verlassen sich
> fühlen können und doch zugleich von
> ihnen so viel erwärmendes, freundliches,
> gutes ausstrahlen kann, wie es für mich
> immer von Ihrer Gegenwart ausstrahlt [...].
> Brief von Hofmannsthal
> an Julie Freifrau von Wendelstadt

Solange man nicht in der Welt von realen Menschen lebt, solange ist man in einer Phantasiewelt gefangen. Hugo von Hofmannsthal beschreibt es als einen Zustand der Präexistenz. Sie stellt einen »glorreichen« Zustand, eine mystische Zauberwelt dar, die Hofmannsthal auch als Totalität bezeichnet. Sie ist gefährlich, weil dieser Zustand durch eine gewisse Schicksalslosigkeit charakterisiert ist, die mit der Gefahr, »sich zu verlieren, zu verirren« verbunden ist.

In seiner Aufzeichnung »Ad me ipsum« (1959) betont Hofmannsthal die Notwendigkeit, die Präexistenz zu verlassen, eine Welt, in der Schmerz und Trauer einem fremd sind, um zur Existenz zu gelangen, und zwar durch die »Verknüpfung mit dem Leben«, durch den »Weg ins Soziale«. In seinem lyrischen Drama *Der Tor und der Tod* (1946), das er mit neunzehn Jahren geschrieben hat, läßt er den Toren, der Schmerz und Trauer nicht kennt und der die Realitäten dieser Welt verleugnet, sagen:

> Warum bemächtigt sich des Kindersinns
> So hohe Ahnung von den Lebensdingen,
> Daß dann die Dinge, wenn sie wirklich sind,
> Nur schale Schauer des Erinnerns bringen? (p. 291)

Es ist ein Zustand, den Hofmannsthal selber erlebte, den er aber durch sein frühes Werk bereits gebannt hat. Denn schon als Gymnasiast hat er den »Weg ins Soziale« angetreten, erstaunte er die Öffentlichkeit mit Gedichten, unter dem Pseudonym Loris veröffentlicht, die zum Schönsten in der deutschsprachigen Lyrik gehören.

Der Weg in die Existenz ist der »Weg zum Sozialen«, »der nicht mystische Weg«, heißt es weiter im »Ad me ipsum«, der durch die Tat, das Werk und das Kind gegeben ist, wobei Kind auch für Ehe und Treue steht, denn die »Verknüpfung mit der Welt [geschieht] durch Verknüpfung zweier Individuen« (1959, pp. 217, 222). An anderer Stelle notiert er: »Zwei Antinomien waren zu lösen, die der vergehenden Zeit und der Dauer – und die der Einsamkeit und der Gemeinschaft« (p. 228).

Im folgenden werde ich auf Hofmannsthals Lustspiel *Der Schwierige* (1954) eingehen, das eine besondere literarische Dimension hat und von dem der Literaturwissenschaftlter Emil Staiger sagte, »daß der Kunstverstand, der hier gewaltet hat, wohl nur in Lessing seinesgleichen finden dürfte« (Staiger 1968, p. 402). Ich werde mich dabei auf verschiedene Überichaspekte, wie etwa auf den Weg aus Introversion und Konvention heraus in die Paarbeziehung, in die soziale Gemeinschaft hinein, konzentrieren und ferner auf die Aspekte eingehen, Besorgnis sich und anderen gegenüber erleben zu können, sich und andere realistisch einzuschätzen zu können, sowie auf weitere Konflikte zwischen Ich und Überich.

In dem Theaterstück *Der Schwierige*, das nach dem ersten Weltkrieg spielt, beschreibt Hofmannsthal den Eintritt des Protagonisten in die »Existenz«. Hans Karl Bühl, Kari genannt, ist ein Herr der großen Wiener Gesellschaft. In dieser Gesellschaft gelten Höflichkeit und Artigkeit, aber auch Täuschung und Selbsttäuschung. Kari wird ›der Schwierige‹ genannt, weil er sich nicht festlegen läßt und weil ihn keiner erkennen kann, so wie er wirklich ist. Er kann sich nicht festlegen, weil er sich mit dem anderen und dessen Anliegen jeweils so identifiziert, daß er, um sich nicht selbst zu verlieren, sich immer wieder von den anderen distanzieren muß. In dem frühen Gedicht Hofmannsthals »Ein Traum von großer Magie« (1946, p. 20) heißt es: »Er fühlte traumhaft aller Menschen Los, / So wie er seine eignen Glieder fühlte. / Ihm war nichts nah und fern, nichts klein und groß.« Diese Verse beschreiben exakt Karis Zustand: Er versteht jeden besser als sich selbst. Er will anderen immer gerecht werden, er ist immer hilfsbereit. Indem er einen bewunderten Clown, Furlani, beschreibt, meint er (unbewußt) sich selbst:

Er spielt seine Rolle: er ist der, der alle begreifen, der allen helfen möchte und dabei alles in die größte Konfusion bringt. Er macht die dümmsten Lazzi, die Galerie kugelt sich vor Lachen, und dabei behält er eine élégance, eine Diskretion, man merkt, daß er sich selbst und alles, was auf der Welt ist, respektiert. Er bringt alles durcheinander, wie Kraut und Rüben; wo er hingeht, geht alles drunter und drüber, und dabei möchte man rufen: ›Er hat ja recht‹. (1954)[21]

Kari will andere nicht täuschen und ruft doch immer wieder Mißverständnisse hervor. Er hat Empathie für andere bis zur Selbstaufgabe, wird aber von den anderen fast immer mißverstanden. Er hält das Sprechen für etwas, das nur Konfusion und Mißverständnis heraufbeschwört, denn »[d]as Reden basiert auf einer indezenten Selbstüberschätzung«. Als er aufgefordert wird, im »Herrenhaus« zu sprechen, deutet er an, daß für ihn zwischen Sprache und Wirklichkeit eine Kluft besteht:

> Ich soll aufstehen und eine Rede halten, über Völkerversöhnung und über das Zusammenleben der Nationen – ich, ein Mensch, der durchdrungen ist von einer Sache auf der Welt: daß es unmöglich ist, den Mund aufzumachen, ohne die heillosesten Konfusionen anzurichten!

Welcher Unterschied zwischen diesen Gefühlen und den Konventionen der Gesellschaft, in der Hans Karl lebt, die oft verlangen, daß man nicht die Wahrheit sagt, daß man schmeichelt, übertreibt oder nur höflich ist. Die Gegenfigur zu Kari ist Baron Neuhoff, ein Mann, der aus dem Norden gekommen ist. Jener schweigt, um Mißverständnisse zu vermeiden, dieser redet viel und geistreich, um Eindruck zu machen. So sagt er u.a. zu Helene: »Ihr Wesen, Helene! Wie niemand je war, sind Sie. Ihre Einfachheit ist das Resultat einer ungeheuren Anspannung«, und überrascht sie, indem er ihr verkündet, er habe ein »Recht« auf sie: »Das Recht des geistig Stärksten über die Frau, die er zu vergeistigen vermag.«

»Er will freundlich sein, er will für sich gewinnen«, sagt Hans Karl von Neuhoff, »aber es gibt Leute, in deren Mund sich alle Nuancen verändern, unwillkürlich [...]. Er hat Geist, aber es wird einem nicht wohl dabei.«

Helene Altenwyl liebt Kari im Stillen schon lange. Sie ist eine Frau, die transparenter ist als er und die gesellschaftliche Konventionen bewußt lebt, ohne dabei ihre Identität zu verlieren. Sie sagt von sich:

---

21 Zitate im folgenden immer nach Hofmannsthal 1954.

> Bei mir ist wirklich nichts los, es ist nichts da als ein anständiges, ruhiges Benehmen […]. Ich möchte nicht sentimental sein, das langweilt mich. Ich möchte lieber terre à terre sein, wie Gott weiß wer, als sentimental. Ich möchte auch nicht spleenig sein, und ich möchte nicht kokett sein. So bleibt mir nichts übrig, als möglichst artig zu sein.

Hans Karl kennt seine Gefühle für sie nicht und ist bereit, auf Bitten seiner Schwester Crescence bei Helene für seinen Neffen Stani zu werben. In zwei großen Gesprächen am Ende des 2. und in der Mitte des 3. Aktes, die auf einer Soirée im Hause Altenwyl stattfinden, wird sich Hans Karl nach vielen Selbstzweifeln mit Helenes Hilfe seiner Liebe bewußt.

> Jeder muß glücklich sein, der mit Ihnen leben darf, und muß Gott danken bis an sein Lebensende, Helen, bis an sein Lebensende, seis wers sei. Nehmen Sie nicht den Neuhoff, Helen, – eher einen Menschen wie den Stani, oder auch nicht den Stani, einen ganz andern, der ein braver, nobler Mensch ist – und ein Mann: das ist alles, was ich nicht bin.

Er beginnt, über sein Erlebnis im Krieg nachzudenken, und erzählt von seinem Verschüttetwerden im Schützengraben:

> Das war nur ein Moment, dreißig Sekunden sollen es gewesen sein, aber nach innen hat das ein anderes Maß. Für mich wars eine ganze Lebenszeit, die ich gelebt hab, und in diesem Stück Leben, da waren Sie meine Frau. Ist das nicht spaßig?
> Helene: Da war ich Ihre Frau?
> Hans Karl: Nicht meine zukünftige Frau. Das ist das sonderbare. Meine Frau ganz einfach. Als ein fait accompli. Das Ganze hat eher etwas Vergangenes gehabt als etwas Zukünftiges.

Damals habe er gewußt, wie das Glück ausschaut, das er sich verscherzt habe, indem

> ich halt, solange noch Zeit war, nicht erkannt habe, worin das Einzige liegen könnte, worauf es ankäm. Und daß ich das nicht erkannt habe, das ist eben die Schwäche meiner Natur.

Später im Feldspital habe er sich

aufeinmal ausdenken können, was das ist: ein Mensch. Und wie das sein muß: zwei Menschen, die ihr Leben aufeinanderlegen und werden wie ein Mensch. Ich habe – in der Ahnung wenigstens – mir vorstellen können – was dazu gehört, wie heilig das ist und wie wunderbar.

Damals, in diesen Augenblicken, hat er sich selbst und seine Wünsche und Sehnsüchte verstanden und hat, angesichts des Todes, seine Liebe für Helene erkannt, aber er versteht noch immer nicht, daß auch sie ihn liebt. Es wird noch ein zweites Gespräch notwendig. Bevor das stattfindet, verläßt Kari die Soirée. Und Helene entschließt sich, ihm in die Nacht hinaus zu folgen, ihn zu suchen. Ein Dialog mit dem Kammerdiener macht deutlich, daß Helene entschlossen ist, alle gesellschaftlichen Konventionen hinter sich zu lassen, daß sie bereit ist, den Vater zu verlassen um ihrer Liebe willen. Dem Kammerdiener gibt sie entsprechende Anweisungen:

Kammerdiener: Befehlen Komtesse noch etwas?
Helene: Ja, Wenzel, ich werd in ein paar Minuten wiederkommen, und dann werd ich aus dem Haus gehen.
Kammerdiener: Wegfahren, noch jetzt am Abend?
Helene: Nein, gehen, zu Fuß.
Kammerdiener: Ist jemand krank worden?
Helene: Nein, es ist niemand krank, ich muß mit jemandem sprechen.
Kammerdiener: Befehlen Komtesse, daß wer begleitet außer der Miss?
Helene: Nein, ich werde ganz allein gehen, auch die Miss Jekyll wird mich nicht begleiten. Ich werde hier herausgehen in einem Augenblick, wenn niemand von den Gästen hier fortgeht. Und ich werde Ihnen einen Brief an den Papa geben.
Kammerdiener: Befehlen, daß ich den dann gleich hineintrage?
Helene: Nein, geben Sie ihn dem Papa, wenn er die letzten Gäste begleitet hat.
Kammerdiener: Wenn sich alle Herrschaften verabschiedet haben?
Helene: Ja, im Moment, wo er befiehlt, das Licht auszulöschen. Aber dann bleiben Sie bei ihm. Ich möchte, daß Sie –

»[…] dieser Gang in die Nacht entrückt sie allem, was Gesellschaft heißt«, stellt Emil Staiger fest. »Das kurze Gespräch mit dem Kammerdiener, dem sie die Hand zum Küssen reicht, der Brief, den er dem Vater geben soll, die halbwegs abgebrochene Bitte, er möge bei ihm bleiben, wenn er lesen muß, daß die Tochter das Haus verlassen hat: das sind Anordnungen, wie der Mensch sie vor dem Tode trifft, in jener Einsamkeit, die schon dem Ewigen erschlossen ist […]« (Staiger 1968, p. 429).

Doch da kommt Hans Karl zurück, um sich zu entschuldigen, daß er so ungereimt vom Feld und vom Spital erzählt hat: »Rein persönliche Einbildungen, Halluzinationen, sozusagen. Lauter Dinge, die absolut nicht dazugehört haben. [...] Da hab ich unrecht getan«:

> Man kann das Vergangene nicht herzitieren, wie die Polizei einen vor das Kommissariat zitiert. Das Vergangene ist vergangen. Niemand hat das Recht, es in einer Konversation, die sich auf die Gegenwart bezieht, einzuflechten. Ich drück mich elend aus, aber meine Gedanken darüber sind mir ganz klar.

Und so beginnt das zweite Gespräch, das die Konflikte von Hans Karl und Helene deutlich werden läßt: Durch den geplanten Gang in die Nacht hat sich in Helene etwas verändert, und sie wird Kari sagen können, daß sie ihn liebt. Mit der Entscheidung, den Vater und Konventionen, also Überich-Rücksichten aufzugeben, gibt sie der Liebe Priorität. Und Hans Karl kann einerseits Besorgnis für Helene wegen seines »unmöglichen Charakters« fühlen und will sie vor sich verschonen, andererseits hat er jetzt seine Liebe für sie erkannt, wagt es aber noch nicht, sich für sie zu entscheiden – sie muß ihm dabei helfen.

> Helene: Was Sie fortgetrieben hat, das war Ihr Mißtrauen, Ihre Furcht vor Ihrem eigenen Selbst – sind Sie bös?
> Hans Karl: Vor meinem Selbst?
> Helene: Vor Ihrem eigentlichen tieferen Willen. Ja, der ist unbequem, der führt einen nicht den angenehmsten Weg. Er hat Sie eben hierher zurückgeführt.
> Hans Karl: Ich versteh Sie nicht, Helen!

Helene zeigt auf ihren bereitliegenden Pelzmantel und sagt ihm, daß sie ihm »nachgegangen« wäre, allein. Hans Karl ist tief erschüttert, es kommen ihm die Tränen.

> Helene: Jetzt weiß ich zwar nicht, ob Du jemand wahrhaft liebhaben kannst – aber ich bin in Dich verliebt, und ich will – aber das ist doch eine Enormität, daß Sie mich das sagen lassen!
> Hans Karl (*zitternd*): Sie wollen von mir –
> Helene: Von deinem Leben, von deiner Seele, von allem – meinen Teil!
> Hans Karl: Helen, alles, was Sie da sagen, perturbiert mich in der maßlosesten Weise um Ihretwillen, Helen, natürlich um Ihretwillen! Sie irren sich in bezug auf mich, ich habe einen unmöglichen Charakter [...]. Ich bin ein Mensch, der nichts als Mißverständnisse auf dem Gewissen hat.

Helene: Ja, das scheint.
Hans Karl: Ich hab so vielen Frauen weh getan.
Helene: Die Liebe ist nicht süßlich.
Hans Karl: Ich bin ein maßloser Egoist.
Helene: Ja? Ich glaub nicht.

Hans Karl beteuert noch seine Unbeständigkeit, aber Helene entgegnet, daß sie verstehe, daß keine Frau ihn fesseln konnte, denn nach einiger Zeit waren sie ihm alle gleichgültig geworden, und das hatte sie getröstet. Die beiden gehen auseinander als Verlobte. Helene zieht sich zurück, und Hans Karl, der seiner Schwester noch schnell seine Verlobung verkündet, verschwindet danach. Die von Hofmannsthal erwähnten Antinomien »der vergehenden Zeit und der Dauer – und die der Einsamkeit und der Gemeinschaft« konnten aufgelöst werden.

Karis Schwester, Crescence, und Stani, der Vater von Helene als Gastgeber und die Gäste bleiben allein zurück. Stani hält am Ende des Stückes eine kurze Rede:

> Was wir heute hier erlebt haben, war tant bien que mal, wenn mans Kind beim Namen nennt, eine Verlobung. Eine Verlobung kulminiert in der Umarmung des verlobten Paares.- In unserm Fall ist das verlobte Paar zu bizarr, um sich an diese Formen zu halten. Mamu, Sie ist die nächste Verwandte vom Onkel Kari, dort steht der Poldo Altenwyl, der Vater der Braut. Geh Sie sans mot dire auf ihn zu und umarm Sie ihn, und das Ganze wird sein richtiges, offizielles Gesicht bekommen.

Hans Karl beginnt im zweiten Gespräch zu ahnen, daß er Helene liebt, aber sein strenges Gewissen und seine Schuldgefühle verbieten ihm diese Liebe. Er ist einerseits in sich gefangen und doch immer beim andern mit dem Wunsch, es allen immer recht zu machen, immer freundlich und hilfsbereit zu sein. Er wird von den anderen verkannt, weil er selber keine eigenen Wünsche zu haben scheint – sie sind ihm unbewußt –, und so kann jeder seine eigenen Wünsche und Absichten in ihn hineinprojizieren. Crescence erinnert ihn, wie sehr er verkannt wird: »Sei Er gut, Kari, hab Er das nicht mehr, dieses Unleidliche, Sprunghafte, Entschlußlose, daß man sich hat aufs Messer streiten müssen mit Seinen Freunden, weil der eine Ihn einen Hypochonder nennt, der andere einen Spielverderber, der dritte einen Menschen, auf den man sich nicht verlassen kann«. Seine Zurückhaltung, die ethische Haltung, niemandem Unrecht zu tun, wird von der Gesellschaft falsch beurteilt. Und als ein Freund ihm sagt, von Tag zu Tag umgebe ihn, Kari, mehr »die Einsamkeit des superioren Menschen«, antwortet er: »Das ist schon wieder ein kolossales Mißverständnis!«

In einer anderen Szene bemüht er sich, Antoinette, der er einmal geholfen, die er vielleicht auch kurz geliebt hat, ihre unrealistischen Wünsche auszureden. Sie will sich nämlich von ihrem Mann trennen, weil sie Kari liebt. Er sagt ihr, daß er nicht in sie verliebt sei, daß er sie aber schätze und liebhabe, und versucht, sie ihrem Mann wieder näher zu bringen, indem er ein Bekenntnis zur Ehe ablegt, deren Sinn er auch erst im Schützengraben erkannt habe:

> Das ist eine heilige Wahrheit [...] ich muß sie immer schon gewußt haben, aber draußen ist sie erst ganz deutlich für mich geworden: es gibt einen Zufall, der macht scheinbar alles mit uns, wie er will – aber mitten in dem Hierhin- und Dorthingeworfenwerden und der Stumpfheit und Todesangst, da spüren wir und wissen es auch, es gibt halt auch eine Notwendigkeit, die wählt uns von Augenblick zu Augenblick, die geht ganz leise, ganz dicht am Herzen vorbei und doch so schneidend scharf wie ein Schwert. Ohne die wäre da draußen kein Leben mehr gewesen, sondern nur ein tierisches Dahintaumeln. Und die gleiche Notwendigkeit gibt es halt auch zwischen Männern und Frauen – wo die ist, da ist ein Zueinandermüssen und Verzeihung und Versöhnung und Beieinanderbleiben. Und da dürfen Kinder sein, und da ist eine Ehe und ein Heiligtum, trotz allem und allem –

Durch das Todeserlebnis im Schützengraben hat Hans Karl verstanden, was Liebe und Ehe, Treue und Beständigkeit sind. Und diese Erkenntnis bereitet den Boden für ein milderes Überich, das ihn nicht mehr zwingt, seine eigenen Wünsche zu verleugnen. Das Todeserlebnis hat die Verdrängung der Liebe zu Helene aufgehoben.

Die unterschiedlichen Todeserlebnisse von Helene und Hans Karl bewirken, daß sich beide festlegen, sich für die Liebe entscheiden und als Paar den »Weg ins Soziale«, in die Gemeinsamkeit gehen können. Money-Kyrle schreibt, man müsse drei »facts of life« anerkennen, um nicht in einer perversen Einstellung zur Realität stecken zu bleiben, von denen einer die Anerkennung von Zeit und Tod sei (In Steiner, p. 99). Die Gedanken Hofmannsthals aus dem »Ad me ipsum« sind hier verwirklicht: Die »Verknüpfung mit der Welt geschieht durch Verknüpfung zweier Individuen« und in der »Lösung der [z]wei Antinomien [...] die der vergehenden Zeit und der Dauer – und die der Einsamkeit und der Gemeinschaft«.

Der Tod war schon früh für Hofmannsthal ein Verwandler. In »Der Tor und der Tod« (1946) erklärt der Tod dem Toren Claudio:

Ich bin nicht schauerlich, bin kein Gerippe!
Aus des Dionysos, der Venus Sippe,
Ein großer Gott der Seele steht vor dir […] (p. 279-280)

In jeder wahrhaft großen Stunde,
Die schauern deine Erdenform gemacht,
Hab ich dich angerührt im Seelengrunde
Mit heiliger, geheimnisvoller Macht. (p. 280)

Hans Karl bekommt Schuldgefühle, wenn er an sich denkt – dazu hat er kein Recht, sagt ihm sein Überich. Es besteht bei ihm aber nicht nur ein Konflikt zwischen Ich und Überich, sondern auch einer innerhalb des Überichs, als er Helene, die ihm ihre Liebe gesteht, vor sich warnt, der Gerechtigkeit und der Wahrheit zuliebe. Er will ihr nicht verschweigen, daß er vielen Frauen weh getan hat. Zwei Werte stehen einander gegenüber: Fairneß und Gerechtigkeit auf der einen Seite, seine eigene Liebe und die von Helene sowie die Gefahr, Helene enttäuschen und zurückweisen zu müssen, auf der anderen Seite. Mit dieser Warnung vor sich selbst verfällt Kari aber gegenüber Helene wieder in seinen alten Zustand des Sich-nicht-Festlegens. Immer wenn er ein Gewinner ist, hat er Schuldgefühle.

Mit der Verlobung haben sich beide aus konventionellen Vorschriften gelöst: der Weg zum Du liegt offen. Gegen Ende des Stückes, auf der Soirée, kann Kari sich erstmals gegen die Forderungen einzelner Bittsteller zur Wehr setzen und sogar seiner Schwester eine Bitte abschlagen. Und kurz vor seinem Abgang sagt er zu Crescence: »Aber es ist die letzte Soirée, auf der Sie mich erscheinen sieht.« Wie Helene war auch Kari den oberflächlichen Konventionen *innerlich* nicht verhaftet gewesen, aber er hatte seine Gefühle wie Mitleid und Liebe hinter einer Maske von höflicher Anteilnahme versteckt. »Doch mit der Haltung eines Herrn der Gesellschaft hat er nur die Gebärde, nicht den Sinn und die Absicht gemein« (Staiger, p. 421).

Ihre Abwesenheit am Schluß des Stücks deutet an, daß Helene und Hans Karl sich von den Konventionen der Gesellschaft distanziert haben, denn die Intimität ihrer Liebe hebt diese auf. Kernberg stellt fest, daß die öffentliche Moral das Paar zwar einerseits beschützt, daß aber konventionelle Erwartungen und Regeln der

Öffentlichkeit bezüglich des sexuellen und intimen Verhaltens zum Wertesystem des individuellen Paares in Kontrast stehen und daß es eine wichtige Funktion des Überichs ist, die Privatheit der Liebe vor den Konventionen der Umwelt zu schützen: »Das heikle Gleichgewicht zwischen sexueller Freiheit, emotionaler Tiefe und einem Wertesystem, das ein reifes Funktionsniveau des Über-Ichs widerspiegelt, ist eine komplexe menschliche Leistung, die die Grundlage für eine tiefe, leidenschaftliche, konflikthafte, befriedigende und potentiell dauerhafte Beziehung schafft« (Kernberg 1998, p. 270).

Es ist anzunehmen, daß aus Hans Karl und Helene ein glückliches Paar wird. Durch ein milder gewordenes Überich kann Hans Karl jetzt seine eigenen Wünsche berücksichtigen. Und beide sind fähig, Besorgnis für den anderen zu empfinden und Verantwortung für die Paarbeziehung zu übernehmen – sie können auch dankbar sein, und sie können verzeihen. Und es ist den beiden auch möglich, eigene Gefühlsambivalenzen sowie die des andern zu ertragen.

Es verändert sich auch das moralische Bewußtsein des Menschen, wenn er sich von einem anderen geliebt fühlt, weil er das Überich nicht mehr so nötig als »Liebes-Versorger« braucht (Sandler 1987, p. 41).

Hans Karl trägt autobiographische Züge des Dichters. Er, wie Hofmannsthal selber, ist aus der Präexistenz in die Existenz gelangt, von der Einsamkeit in die Gemeinschaft, ein Zustand, der auch mit Verzichten verbunden ist. In einem Briefwechsel, der ihn jahrelang in tiefer Freundschaft mit Ottonie, Gräfin Degenfeld verbindet, schreibt Hofmannsthal ihr am 7. Juli 1912:

> In den letzten Jahren kann ich nur wenige Tage, wenige verstreute Augenblicke zu den eigentlich productiven rechnen, in früheren Jahren war ich nicht reicher, ärmer vielleicht, einsamer sicher, aber es kam öfter zu dem namenlos beglückenden Einklang zwischen außen und innen, Ich und Welt – ohne die möchte ich nicht leben – was ist alles andere dagegen? Der Einsame, Einschichtige kommt leichter zu solchen Augenblicken, ich bereue aber nicht, daß ich ein Mensch bin wie andere Menschen, Kinder habe, ein Haus für sie aufrecht halte – so befremdlich es mir manchmal ist. (Hofmannsthal 1986, p. 233)

3. Henrik Ibsen: *Ein Volksfeind*

> Die Wahrheit nämlich ist dem Menschen
> zumutbar.
> I. Bachmann

In einem Brief vom 6. Mai 1926 an die Mitglieder des Vereins B'nai B'rith dankt Freud den Brüdern für die Ehre, die sie ihm zu seinem 70. Geburtstag erwiesen haben. In diesem Brief, in dem er auf Ibsens *Ein Volksfeind* indirekt anspielt, schreibt er: »Weil ich Jude war, fand ich mich frei von vielen Vorurteilen, die andere im Gebrauch ihres Intellekts beschränken, als Jude war ich dafür vorbereitet, in die Opposition zu gehen und auf das Einvernehmen mit der ›kompakten Majorität‹ zu verzichten« (Freud 1926a, p. 52).

Ibsens Drama *Ein Volksfeind* von 1882 (Ibsen 1911) handelt von vergeblichem moralischem Einsatz, von persönlicher Zivilcourage. Der Protagonist verzichtet auch auf die Unterstützung der ›kompakten Majorität‹ um der Wahrheit willen, aber Selbsttäuschung in seiner Wahrnehmung der anderen ließen ihn scheitern.

Thomas Stockmann ist Badearzt in einer Küstenstadt im südlichen Norwegen. Er hat zusammen mit seinem Bruder Peter, der Bürgermeister und Polizeimeister sowie Vorsitzender der Badeverwaltung ist, den Kurort gegründet, wobei Thomas die Idee dazu gehabt und Peter sie ausgeführt hat. Es wird schnell deutlich, daß die beiden Brüder mit ihrem grundsätzlich verschiedenen Charakter und sozialen Bewußtsein eine konkurrierende Beziehung zueinander haben. Der Arzt, Thomas, ist gastfreundlich und genießerisch, widmet sich auf altruistische Weise seinen Patienten, behandelt die Armen umsonst und seine Freunde sind die »volksnahen« Menschen, wie z.B. der Redakteur der Zeitung »Der Volksbote«. Peter hingegen ist jedem Genuß abgeneigt, konformistisch, bedacht auf seine Stellung und sein Prestige in der Stadt und interessiert an dem Wohl der »oberen« Klasse. Seinen Bruder sieht er als weltfremden Idealisten, dem er mißtraut:

> Jedenfalls hast Du von Natur den Hang, Deine eigenen Wege zu gehen. Und das ist in einer wohlgeordneten Gesellschaft beinahe ebenso unstatthaft. Der einzelne muß sich durchaus dem Ganzen unterordnen, oder, richtiger gesagt, den Behörden, die über das Gemeinwohl zu wachen haben.[22]

Im 1. Akt erfahren wir, daß das Kurbad nach Peter Stockmanns Worten nicht nur »die vornehmste Lebensquelle der Stadt« ist, sondern daß es auch »Geld unter die Leute« gebracht hat. »Haus- und Grundbesitz steigen im Wert mit jedem Tag«.

Thomas Stockmann, der wegen eines üblen Geruchs des Wassers im Kurbad und vermehrter Krankheitsfälle, darunter auch Typhus, Verdacht geschöpft und eine chemische Analyse hatte anfertigen lassen, erhält einen Laborbericht, der bestätigt, daß das Wasser verseucht ist. »Das ganze Bad ist ein übertünchtes, vergiftetes Grab, sag' ich«, erklärt Thomas. Schon vor Baubeginn der Anlage hatte Thomas auf Mängel hingewiesen, die nicht beachtet wurden. Mit einer Eingabe an die Badeverwaltung, der sein Bruder vorsteht, will Thomas jetzt die langwierige und kostspielige Reparatur der Anlage erwirken. Auf die Frage seiner Tochter, was der Onkel wohl sagen werde, antwortet er:

> Was sollte er sagen? Er wird doch wohl froh sein, denke ich, daß eine so wichtige Wahrheit an den Tag kommt.

Der Redakteur des »Volksboten« will eine Notiz über die Angelegenheit drucken, um die Bürger zu informieren. Er sagt zu Thomas: »Bald sind Sie – Gott verdamm' mich – der erste Mann der Stadt, Herr Doktor!« Und Stockmann, der stolz ist, sich um seine Stadt und seine Mitbürger Gedanken gemacht zu haben, antwortet: »Ach was! Im Grunde habe ich ja doch nur meine Pflicht getan. Ich bin ein glücklicher Schatzgräber gewesen; das ist alles«.

Peter Stockmann distanziert sich jedoch energisch von Thomas, hält die chemische Analyse des Badewassers für übertrieben und verbietet ihm als sein Vorgesetzter, die Nachricht zu verbreiten, und dem Redakteur des »Volksboten«, eine Notiz zu drucken. Peter möchte kleinere Reparaturen machen lassen, aber Thomas betrachtet dies als »ein Verbrechen am Publikum […] Und auf solche Hinterlist, meinst Du, würde ich jemals eingehen?!« Thomas wiederholt, daß

---

22 Im folgenden zitiert nach Ibsen 1911.

die Quelle des Bades vergiftet sei mit »Unrat und Fäulnis«, und Peter bezeichnet Thomas daraufhin als einen »Feind der Gesellschaft«. Thomas ist empört, aber Käte, seine Frau, erinnert ihn daran, daß Peter die Macht habe, worauf er erwidert: »Ja, aber ich habe das Recht [...]. Und außerdem, – habe ich nicht [...] die kompakte Majorität hinter mir?«. Kätes Bitte, an sich und die Familie, die halbwüchsigen Kinder zu denken und nicht in seinem Trotz zu verharren, weist er zurück:

> Aber ich glaube, Du hast den Verstand verloren, Käte! Wenn ich so jämmerlich feige wäre, vor diesem Peter und seinem vermaledeiten Anhang zu kapitulieren, würde ich dann wohl im Leben je wieder eine glückliche Stunde haben? [...] Und wenn die ganze Welt zugrunde ginge, ich krieche nicht zu Kreuze.

Im 3. Akt gelingt es Peter, den Redakteur des »Volksboten« zu überzeugen, daß die Schließung des Bades eine Katastrophe wäre, und so distanziert sich auch der »Volksbote« von Thomas. Dieser, naiv und ahnungslos, glaubt noch, daß er einen Fackelzug und Geschenke von den Bürgern zu erwarten habe als Dank dafür, »[d]aß ich den ganzen Winter hier in aller Stille für das Wohl der Stadt gewirkt habe«. Käte bittet ihn, die Familie nicht ins Unglück zu stürzen, aber er antwortet: »Soll einem Mann, der Frau und Kinder hat, verwehrt sein, die Wahrheit zu verkünden, – ein nützlicher und tätiger Staatsbürger zu sein [...]!«

Nicht nur Peter, auch die Mitarbeiter des liberalen »Volksboten« verleumden Thomas und behaupten, er habe die Tatsachen falsch dargestellt und sein Artikel über das Bad werde deshalb nicht erscheinen. Thomas muß erkennen, daß er fast allein dasteht. Es gelingt ihm, einen Saal im Hause eines Kapitäns, dem Einzigen, der außer seiner Frau und seinen Kindern noch zu ihm hält, zu mieten. Dort will er den Bürgern die Wahrheit über die Vergiftung des Bades erklären. Aber Peter und die Herren des »Volksboten« wollen ihn am Reden hindern und machen Stimmung gegen ihn. Und als Stimmen im Saal rufen: »Nicht vom Bad reden! Wir wollen es nicht hören!«, entschließt sich Thomas, über eine ganz andere Entdeckung zu sprechen, nämlich »daß unsere sämtlichen geistigen Lebensquellen vergiftet sind, daß unsere ganze bürgerliche Gesellschaft auf dem verpesteten Boden der Lüge ruht« und »der gefährlichste Feind der Wahrheit und der Freiheit bei uns – das ist die kompakte Majorität«. Nachdem er auch noch die Dummheit der Massen, der »Unwissenden« und »Unfertigen« angreift und verkündet, er möchte seine Vaterstadt lieber zugrunde gehen sehen, als daß sie auf einer Lüge aufgebaut sei, wird die Atmosphäre im Saal immer aggressiver, bis er zuletzt als »Volksfeind« beschimpft wird.

Im letzten Akt ist er offiziell zum Volksfeind geworden, seine Stelle als Badearzt wurde ihm von Peter gekündigt, die Scheiben seines Hauses sind eingeworfen, seine besten Hosen in Fetzen gerissen, seine Tochter Petra ist als Lehrerin entlassen worden. Er wird sogar noch verdächtigt, das Bad absichtlich in Verruf gebracht zu haben, um die Aktienkurse des Bades zum Fallen zu bringen, um sie dann billig aufkaufen zu können, was sein Schwiegervater ohne sein Wissen getan hatte. Der und die Herren des »Volksboten« wollen Thomas erpressen, daß er eine Manipulation der Meinungen vornehmen solle, um die Aktienkurse wieder in die Höhe zu treiben.

Thomas, der vorher bereit war auszuwandern, entschließt sich zu bleiben, sich nicht von der kompakten Majorität vertreiben zu lassen. Der Kapitän bietet ihm sein Haus als Bleibe an. Seine Praxis wird nun, so sagt Thomas, vorwiegend aus den Armen bestehen, die nichts bezahlen können, die ihn aber am nötigsten brauchen, und seine beiden Söhne, die aus der Schule ausgeschlossen wurden, will er selber unterrichten, um aus ihnen »freie Männer« zu machen. Am Ende des Dramas sagt Thomas Stockmann zu Käte und den Kindern: »jetzt bin ich einer der stärksten Männer auf der ganzen Welt«, denn »der ist der stärkste Mann auf der Welt, der allein steht«.

Thomas fühlt sich als »Stimme des Gewissens«, er will sein Ideal rückhaltlos und kompromißlos ausleben, die Kluft zwischen Ich und Ichideal aufheben. Er konzentriert sein ganzes Wertesystem, das gewaltig ist, auf die Wahrheitsverkündung, er will die Menschen nicht täuschen und belügen, er will ein guter Staatsbürger sein. Aber er verleugnet die reale Macht seines Bruders und wehrt sie mit einem naiven Glauben ab (er, Peter, würde froh sein, daß eine so wichtige Wahrheit an den Tag kommt). Und er hat vor allem die Illusion, daß diese Wahrheit von den Bürgern dankbar aufgenommen wird.

Freud hatte solche Illusionen nicht. Im Gegenteil, er war sicher, daß die Wahrheit die Menschen abschreckt, weil sie unbequem ist. Am 3. Mai 1936 dankt er Albert Einstein für dessen Gratulation zu seinem 80. Geburtstag und schreibt u.a: »Nebenbei, meinen Sie nicht, daß man mich viel besser behandelt hätte, wenn meine Lehren einen größeren Prozentsatz von Irrtum und Tollheit in ihre Zusammensetzung aufgenommen hätten?« (Freud 1968/1980, p. 443).

Freud, wie Thomas Stockmann, »bewunderte die unabhängige autonome Sittlichkeit und verabscheute moralische Schwäche und die Tendenz, Kompromisse zu schließen« (Hartmann 1973, p. 12). Trotz persönlichen Feindseligkeiten, Haß sowie Ablehnung und größten Widerständen hielt Freud an seinen Ergebnissen, wenn er sie für richtig hielt, fest. Im Oktober 1938, als *Der Mann Moses und die monotheistische Religion* im Druck war, antwortet er einem Charles Singer, der offensichtlich, wie so viele andere, Freud von der Publikation dieser Arbeit abhalten wollte, in einem Brief:

> Ich habe mein ganzes langes Leben damit ausgefüllt, für das einzutreten, was ich für die wissenschaftliche Wahrheit hielt, auch wenn es für meine Nebenmenschen unbequem und unangenehm war. Ich kann es nicht mit einem Akt der Verleugnung beschließen […] Nun, man wirft uns Juden vor, daß wir im Laufe der Zeiten feige geworden sind. (Wir waren einmal eine tapfere Nation.) An dieser Verwandlung habe ich keinen Anteil erworben. Ich muß es also riskieren. (Freud 1968/1980, p. 469)

Ich erinnere auch an einen Brief von Jung an Freud am 11. November 1912, in dem Jung ihm von seinem Erfolg berichtete, den er bei seinen Vorlesungen in der Fordham University in Amerika hatte, als er seine eigenen Abweichungen »besonders in punkto der Libidotheorie« vortrug. »Ich habe gefunden«, schreibt Jung, »daß meine Fassung der Psychoanalyse sehr viele Freunde gewann, welche bisher dem Problem des Sexualismus der Neurose hilflos gegenüberstanden« (McGuire und Sauerländer 1974, 323 J). Freud antwortete am 14. November 1912: »Daß Sie mit Ihren Modifikationen viele Widerstände verringert haben, sollten Sie sich aber nicht auf die Verdienstseite schreiben, denn Sie wissen, je weiter Sie sich von den Psychoanalyse Neuheiten entfernen wollen, desto sicherer sind Sie des Beifalls, desto geringer ist der Widerstand« (McGuire und Sauerländer 1974, 324 F).

Im Gegensatz zu Freud, dessen oberstes Ziel die Wahrheitssuche war (McDougall 1995), der aber verstand, daß die Wahrheit der Allgemeinheit unbequem ist und daß man sich mit ihr nicht unbedingt Freunde schafft, ist Thomas Stockmann sicher, mit seiner Wahrheitsfindung von allen akzeptiert zu werden – als Freund und Beschützer der Allgemeinheit. Aber er wird von genau dieser Allgemeinheit zum Volksfeind erklärt, weil er den Hang der Majorität zu Selbstinteresse und Opportunismus ignoriert und keinen Konflikt zwischen Moral und Selbstinteressen sieht. Er hat die Selbstinteressen der andern nicht verstanden, nicht einmal wahrgenommen. Er meint, die Bürger und damit die »kompakte Majorität« hinter sich zu haben, wenn er ihnen die Wahrheit aufdeckt. Die Realisierung von Thomas' Ichideal, die Wahrheitsliebe, scheitert an der Realität. Er kann sich nicht vorstellen, daß es Menschen gibt, die nur aus reinem Opportunismus handeln. Und sobald er allein dasteht, steigert er sich in eine fast wahnhafte Grandiosität, verliert jedes Maß und vergrößert sein hilfloses und undiplomatisches Handeln. Er, der beliebte Badearzt, nutzte seine Beliebtheit nicht, um die Menschen im Kurort für sich zu gewinnen. Er hätte ein Führer seiner Anhänger sein können, aber er zog sich, wie Ödipus und Hickey (siehe die Kapitel »John Steiner« und »Eugene O'Neill«), in Omnipotenzphantasien zurück.

Kernberg (1998a) nennt fünf Qualitäten, die einen guten Führer auszeichnen: Intelligenz, persönliche Aufrichtigkeit und Inkorrumpierbarkeit, die Fähigkeit tiefe Objektbeziehungen zu bilden und aufrechtzuerhalten, einen gesunden Narzißmus und eine gesunde, gerechtfertigte, antizipierende paranoide Einstellung. Die vorletzte Eigenschaft schützt vor zu großer Abhängigkeit von der Anerkennung anderer und stärkt die Autonomie, die letzte warnt vor Gefahren der Korruption und schützt vor Naivität, die einen daran hindert, Konflikte zu analysieren (p. 47). Thomas ist intelligent, persönlich aufrichtig und inkorrumpierbar, aber er verfügt nicht über einen gesunden Narzißmus, denn er weiß sich und seine Familie nicht zu schützen, und die paranoide Einstellung schützt ihn zwar vor Korrumpierbarkeit, nicht aber vor Naivität. Seine Objektbeziehungen sind von Großzügigkeit gegenüber anderen Menschen geprägt, aber er zeigt wenig Besorgnis für das eigene Wohl und das seiner Familie, und er geht mit wenig Einfühlungsvermögen aber einem strengen Überich auf andere zu.

Er ist ein Wahrheitssucher und -finder, aber er kann nicht politisch denken und handeln, weil er keine Interessenskonflikte wahrnimmt und deshalb auch nicht in der Lage ist, die entstandenen Konflikte in einem Dialog zu besprechen und auszutragen. Sein Sinn für Recht und Gerechtigkeit ist so groß und ausschließlich, daß er die Anliegen der anderen nicht wahrnehmen kann. Außerdem beschämt er Peter und die Bürger in aller Öffentlichkeit. Léon Wurmser schreibt über eine Talmud-Geschichte, die von einem Konflikt zwischen eigenwilliger Gesetzestreue und Treue gegenüber der Gemeinschaft handelt, dessen »tragische Unlösbarkeit« deutlich wird; und er betont, daß es ein ethischer Grundgedanke des Judentums sei, den anderen nicht zu beschämen (pp. 40-41, 47. Unveröffentlichtes Manuskript 2000).

Ist es bei Thomas Stockmann am Schluß ein Rückzug in die Omnipotenz, wie John Steiner es vom blinden Ödipus auf Kolonos beschreibt? Haben sich Größenideen und Omnipotenzphantasien bei ihm durchgesetzt, wenn er sein Alleinstehen preist? Oder ist es der Mut, den Freud beschreibt, auch allein stehen zu können, ohne auf die »kompakte Majorität« angewiesen zu sein, und keine Kompromisse mit der Wahrheit zu schließen, da wo sie destruktiv und vergiftend sind? Die Mehrzahl der »Allgemeinheit« ist eben nicht Trägerin der Wahrheit und hat ein Gewissen, das weniger auf eigenen moralischen und ethischen Prinzipien als auf Anpassung oder Ignoranz beruht. Ich denke, es ist beides: Mut und Omnipotenzideen.

Thomas' Kampf gilt nicht nur der vergifteten Quelle, die die Stadt bedroht, sondern auch denen, die seine idealisierten Vorstellungen – daß die Allgemeinheit gegen Lüge und Betrug und für die Wahrheit ist – enttäuschen. Und sie gilt auch seinem Bruder Peter, der auf der Seite des Geldes und der Macht steht und keinem moralischen Wertesystem, sondern Selbst- und Klasseninteressen verpflichtet ist.

Und doch, meine ich, gilt unsere Sympathie Thomas Stockmann zu Recht, denn er ist von hohen Idealen motiviert und handelt auch danach, indem er destruktive Selbstinteressen bekämpft, die Betrug und Krankheiten wie Typhus in Kauf zu nehmen gewillt sind, selbst wenn er sich auch wegen seiner eigenen Schwächen, vor allem aber gegen den Widerstand der andern nicht durchsetzen kann. Es ging ihm nicht allein um die Wahrheit, sondern er wollte die Bürger und Kurgäste vor Betrug schützen und vor allem ein guter Staatsbürger sein, der nicht daneben steht und schweigt, wenn Unrecht geschieht. Seine Kompromißlosigkeit ist gerechtfertigt und sein kämpferischer Geist entbehrt nicht der Großartigkeit. Die fehlenden Führungsqualitäten und die manchmal narzißtische Besetzung der Wahrheit, genauso wie seine masochistischen Züge, disqualifizieren ihn nicht moralisch. Denn er kann die masochistischen Impulse z.B. zu Selbstaufopferung sublimieren und die sadistischen zur tapferen Verteidigung von Idealen.

Die Macht, sagt Käte, ist auf seiten der Stadt, aber »das Recht«, sagt Thomas, »ist auf meiner Seite«. Er hat zum Schluß seine Realität erkannt und akzeptiert, indem er sich zurückzieht, anstatt auszuwandern. Er wird weiter als Arzt in der Stadt tätig sein, die Armen weiter behandeln und seine Söhne zu »freien Männern« erziehen. Die Macht der Wahrheit, die ihn ergriffen hat, hat andere nicht überzeugt. Seine Idealisierung des Alleinstehens ist eine Selbstidealisierung als Reaktion auf die Kränkungen, die er erfahren hat. Es ist eine narzißtische Reaktion im Dienst eines altruistischen Wertes, für den er gekämpft und verloren hat.

4. Thomas Bernhard: *Vor dem Ruhestand*

> Große Verbrechen bedürfen keiner großen
> Ideen über Gott und die Welt.
>
> W. Sofsky

Kreative Menschen sind und müssen auch gewalttätig sein, sie zwingen uns ihre Gedanken, Träume, aber auch ihre Alpträume auf, sagt Joyce McDougall. Thomas Bernhard, einer der großen Schriftsteller unserer Zeit, war ein solcher Kreativer, der uns seine und unsere Alpträume vorgeführt hat. Er war ein Moralist, er machte sich keine Illusionen über die Menschen. Soziale und politische Kritik spielten in allen seinen Dramen und Prosaschriften eine grundlegende Rolle und *Vor dem Ruhestand* ist ein solches Werk.

Jedes Jahr am siebten Oktober feiert der Gerichtspräsident Rudolf Höller, der kurz vor dem Ruhestand steht, mit seinen Schwestern Vera und Clara Himmlers Geburtstag. Die Geschwister leben zu dritt im früheren Elternhaus. Wir erfahren, daß Rudolf Lagerleiter eines KZs gewesen war, sich nach dem Krieg zehn Jahre im Keller des Hauses versteckt gehalten hatte und danach, als er wieder auftauchen konnte, Gerichtspräsident geworden ist. Mit Himmler hat er einmal zu Mittag gegessen, und der hat Rudolf damals wegen seiner guten Arbeit im Lager gelobt. Da hat Rudolf geschworen, Himmlers Geburtstag zu feiern, solange er lebt.

Die drei Geschwister leben in völliger Abgeschiedenheit, in die die Außenwelt nicht eindringen darf: »so ist es bei uns / alles bleibt unter uns«[23], sagt Vera. Vera ist die Geliebte ihres Bruders und ist ihm vollkommen hörig. Clara, durch

---

23 Im folgenden zitiert nach Bernhard 1983.

eine Kriegsbombe querschnittsgelähmt, verbringt ihre Tage im Rollstuhl in völliger Abhängigkeit von dem guten bzw. bösen Willen ihrer Geschwister. Sie haßt Vera und Rudolf wegen ihrer nationalsozialistischen Gesinnung; sie selber ist Kommunistin. An den Rollstuhl gefesselt, beschäftigt sie sich ausschließlich mit Zeitunglesen.

Während Vera die Richterrobe ihres Bruders bügelt und seine SS-Uniform und -Stiefel sowie das Eiserne Kreuz für die abendliche Feier bereitlegt, erfahren wir aus dem Dialog der Schwestern einiges über den Charakter der Eltern und die Atmosphäre im Elternhaus, wo Haß, Mißtrauen und Verleugnung herrschten. Der Vater habe der Mutter nichts gegönnt, nicht einmal eine langersehnte Reise nach Paris. »Euer Vater hat mich immer nur mißbraucht hat sie gesagt/Euer Vater ist ein Unmensch.« Sie hat sich später das Leben genommen. Vera erinnert sich noch an einen Ausspruch des Vaters: »Wer arm ist/ist selbst dran schuld/nur den Armen nicht helfen/hat unser Vater immer gesagt«. Auch Clara erinnert sich an Vater und Bruder: »Wenn der Vater Gedichte vorgelesen hat/war es das Entsetzlichste das man sich vorstellen kann [...] und Rudolf auf der Violine/es gibt kaum eine größere Perversität«.

Vera vergleicht Clara mit der Mutter: »Du hast immer verrückte Ideen gehabt/wie deine Mutter/die schließlich an ihren verrückten Ideen/erstickt ist«. Als Sozialistin, sagt Vera zu ihrer Schwester, könne sie von Glück reden, daß sie im Rollstuhl sitze, der eine »Schutzhaft« für sie sei, sonst wäre aus ihr schon längst eine Terroristin geworden. »Der Vater hat schon immer gesagt/daß du gefährlich bist/als Familienmörderin hat er dich bezeichnet/es ist was Wahres dran«.

Dann kommen sie auf Rudolf zu sprechen: Tagelang vor dem siebten Oktober verändert er sich, es ist der Höhepunkt des Jahres für ihn, »laß ihm die Freude/jeder von uns/hat seine Narretei/Aber ihm ist es etwas Ernstes«, meint Vera. Clara hingegen hat jedes Jahr vor dem siebten Oktober einen schrecklichen Angsttraum von einem Tier, das sich in einen Mann verwandelt, sich auf sie legt und sie fast erdrückt. Es ist ein Alptraum vom Vater, der sie gehaßt und als »Familienmörderin« bezeichnet hat.

Um ihre Gesinnung und Perversionen weiter zu pflegen, leben Vera und Rudolf in einem abgeschlossenen Raum, in dem der Nationalsozialismus noch lebendig und der Geschwisterinzest etwas Natürliches ist: »Wenn ich mit Rudolf ins Bett gehe/so ist das doch das Nächstliegende [...] Wir sind eine Verschwörung«, sagt Vera. »Wir ziehen die Vorhänge zu wenn es Zeit ist/Kein Mensch weiß was wir tun/kein Mensch weiß was wir denken/kein Mensch weiß was wir sind«.

Vera idealisiert Rudolfs frühere Stellung als KZ Lagerkommandant: »Es hat nichts Schwierigeres gegeben/als Lagerkommandant zu sein.« Aber sie verleugnet die Wahrheit darüber: Wenn er ein altes Fotoalbum anschaut, dann hat er zu jedem Bild etwas Furchtbares zu sagen, »als ob seine Erinnerung/nur aus Haufen von Toten zusammengesetzt ist«.

Veras Erinnerungen sind aber genauso düster. Sie erinnert Clara daran, daß sie ihr letztes Jahr am 7. Oktober, auf Rudolfs Wunsch, den Kopf kahlscheren und ihr eine KZ-Jacke umhängen mußte: »Wir müssen tun was er verlangt«. Während Vera die KZ-Häftlingsjacke bügelt, die Clara später vielleicht anziehen muß, macht sie fürsorglich für Clara Licht: »Du wirst dir die Augen verderben mein Kind«.

Clara hat Einsicht in das, was um sie herum passiert, und versteht, wo sie mitmacht, und kann deshalb auch Schuld empfinden: »Wir sind zur Gemeinheit verurteilt«, sagt sie zu Vera: »Wir verdienen alle nichts anderes/Aber die Perversität von dir ist viel größer/als die Rudolfs.« Clara bleibt in ihrem Haß auf die Schwester und auf das Elternhaus, das sie ein »Totenhaus« nennt, eindeutig. Sie bedauert, daß der Vater ihr nicht statt der »sinnlosen« Anschaffung eines Bösendorfer Flügels eine Pistole gekauft hatte, damit sie ihn und die ganze Familie hätte »niederschießen« können. »Es ist immer schauerlich gewesen wie die Eltern noch gelebt haben/und am schauerlichsten war es/wenn sie Musik gemacht haben/und seit sie tot sind/hat sich nichts geändert/nur ihr seid noch gemeiner und niederträchtiger geworden.«

Im 2. Akt erscheint Rudolf. Er läßt sich von Vera bedienen, die vor ihm kniet und ihm die Füße massiert. Im Lauf des Gesprächs wird deutlich, daß er jetzt mit einer hohen Pension in den Ruhestand gehen wird. Er erzählt, daß er heute vor dem Stadtrat den Bau einer Giftgasfabrik vor seinem Haus verhindern konnte, und um das zu erreichen, habe er ein paar Kindheitseindrücke von seinen »glücklichen Eltern« und den »glücklichen Kindern« geschildert. Auch Himmler habe ja den Bau einer Giftgasfabrik schon vor vierzig Jahren an derselben Stelle verhindert. Dann schimpft er auf den Arzt Dr. Fromm: »Man merkte da gleich daß er Jude ist«, er war nämlich »sichtlich erregt«, als er, Höller, von der Bombardierung der Alliierten als »Terrorangriff« gesprochen hatte. Vera gibt Rudolf recht:

»Eines Tages kannst du ganz offen/darüber reden worüber du jetzt schweigen mußt/Die Zeit dorthin vergeht schneller als du glaubst«. Vera und Rudolf sehnen die alten (Nazi-) Zeiten herbei und sind überzeugt, daß sie Himmlers Geburtstag bald wieder offen feiern können. »Der Vater war ein Judenhasser, [...] wie achtundneunzig Prozent unseres Volkes [...] die Deutschen hassen die Juden/auch wenn sie das Gegenteil behaupten [...] auch in tausend Jahren werden die Juden in Deutschland gehaßt/in Millionen Jahren [...].«

Rudolf betont, er habe kein schlechtes Gewissen, er habe nur seine Pflicht getan: »ich habe mir nichts geschenkt«. Das Unglück, sagt Rudolf, sind die Juden und Amerika, »der Amerikanismus hat uns vergiftet«. Und als Clara Rudolf erklärt, daß *ihr* Unglück darauf beruhe, daß Himmler ihm, Rudolf, das Leben gerettet habe, daß sie ihn verabscheue, »dich und alles was du tust/alles was du bist/alles was du getan hast/und ich verabscheue Vera«, da antwortet er: »Du hast es notwendig/solche wie du/hätten wir in unserer Zeit ganz einfach vergast.«

Im 3. Akt hat Rudolf die komplette Uniform des SS-Obersturmbannführers angezogen mit Pistole am Koppel, Vera trägt ein Brokatkleid, Clara ist weiterhin im Rollstuhl. Rudolf wiederholt, daß sein Lager ein »Musterbetrieb« gewesen sei, »immer besichtigungsfähig«. Bei seinem Besuch im Lager hat Himmler zu Rudolf gesagt: »Mein lieber Höller hat er gesagt/ich höre nur Gutes von Ihnen/Sie machen Ihre Arbeit zur größten Zufriedenheit/Dann haben wir miteinander gegessen/Sie können Ihr Elternhaus behalten hat er gesagt/die Giftgasfabrik wird nicht da gebaut wo sie geplant ist [...]/Dann ist er aufgesprungen ganz plötzlich/und hat sich verabschiedet [...]/Da hatte ich keinen Appetit mehr.«

Dann erhebt Rudolf sein Glas auf Himmler und auf die »Idee«. Im Lager, sagt Rudolf, hätten sie immer genug Sekt, Fürst Metternich, gehabt, »sonst hätten wir es gar nicht aushalten können«. Sein Kamerad im Lager habe Hunderttausende ins Gas geschickt, und »es hat ihm nichts ausgemacht/ich habe mich überwinden müssen«. Und jetzt packt Rudolf doch plötzlich Angst vor dem Ruhestand, Angst, »daß ich zu grübeln anfange«. Und als Vera ihm vorschwärmt, wie schön das Leben im Ruhestand sein werde, sagt er: »Aber vielleicht habe ich gerade dann/keine Ruhe mehr.«

Rudolf wird immer betrunkener und fuchtelt mit der Pistole jetzt auch vor Veras Gesicht herum: »Ich könnte euch umlegen wenn ich wollte/alle könnte ich umlegen«, »über den Haufen schießen« könnte er beide. Doch plötzlich fällt er zu

Boden. Er hat einen Herzanfall erlitten. Schnell zieht Vera ihm die SS-Uniform und die Stiefel aus, versucht ihm andere Kleider anzuziehen und versteckt das Himmlerbild und die Pistole. Sie beugt sich über Rudolf und küßt ihn, geht zum Telefon, um den Arzt zu rufen. Im Zugehen des Vorhangs hört man sie: »Herrn Dr. Fromm bitte«.

Die Geschwister leben in einer Phantasiewelt. Vera und Rudolf in einer perversen, Clara in einer illusionären. Clara träumt von einem gerechten Sozialismus oder Kommunismus und vom Vatermord, der gleichzeitig auch für die Vernichtung des Nationalsozialismus steht, was sich »damals« nicht verwirklichen ließ.

Rudolf und Vera träumen davon, daß sie sich eines Tages wieder offen zu ihrer Nazi-Ideologie bekennen können. In der Zwischenzeit haben sie sich in einem geschlossenen Raum eingerichtet, in dem nur ihre Ideologie gilt. Jeder, der die »Idee« angreift, darf erbarmungslos verfolgt werden. Innerhalb dieses Verschwörungs-Settings müssen Vera und Rudolf jedoch auch Ängste haben oder Verfolgung fürchten, denn täglich werden sie durch Clara und ihre »zersetzenden« Ideen daran erinnert, daß es noch andere Systeme gibt. Sie ist für die beiden eine Gefahr, aber gleichzeitig dient sie ihnen als »Jüdin«, Kommunistin und Intellektuelle dazu, alte verfolgende und verfolgte Feindbilder wachzuhalten.

Mit der Außenwelt und der Demokratie hat Rudolf sich auch arrangiert. Er wird zwar »von Judenbuben angerempelt«, aber wenn der Nationalsozialismus wieder siegt, woran er nicht zweifelt, dann können diese »Elemente« wieder beseitigt werden. Aus dem im Keller Versteckten ist der Gerichtspräsident hervorgegangen. Er kann sogar, wie damals Himmler, bewirken, daß die Giftgasfabrik nicht gebaut wird vor seinem Haus, und ist, dank der vielen Gleichgesinnten, die ihn auch jetzt wieder umgeben, immer noch mächtig.

Was aber, wenn die Giftgasfabrik, die in seiner Innenwelt existiert, eines Tages nicht mehr dicht ist und das Gas ausströmt, ihn überflutet? Wenn feindliche Elemente und verfolgende Ideen einbrechen? Es gibt Anzeichen, daß Rudolf befürchtet, alte Erinnerungen könnten auftauchen, vielleicht jene Erinnerung aus dem Fotoalbum, die »nur aus Haufen von Toten zusammengesetzt ist«.

Vera will nicht hinschauen: Das Lager war schrecklich, aber Rudolf hat ja nichts Böses getan. Ihre Idealisierung des Bruders ist eine Verleugnung dessen, was sie eigentlich weiß, daß nämlich seine Erinnerung aus einem Haufen von Toten besteht. Und sie haßt Clara aus Neid auf ihre politische Gesinnung, weil Clara aufgrund ihrer Gesinnung keine Schuld auf sich geladen hat.

Rudolf ist ein Mann ohne Gewissen, der weder Schuldgefühle noch Bedauern oder Reue empfinden kann. Kernberg (1992) stellt fest, daß die antisoziale Persönlichkeit unfähig ist, Schuldgefühle, Reue, Bedauern oder Besorgnis für andere zu fühlen. Die Angst, die Rudolf äußert, im Ruhestand keine Ruhe finden zu können, ist die Angst, von Feinden verfolgt zu werden. Es sind dies eigene verfolgende Gewissens-Vorläufer, die er aber projiziert. Er ist sowohl mit dem zynischen menschenverachtenden Vater identifiziert (»Wer Gutes tut wird angefeindet so ist es / Tue nichts Gutes und du hast Ruhe sagte Vater«, »nur den Armen nicht helfen / hat unser Vater immer gesagt«) als auch mit Himmler, der ein noch fürchterlicheres Exemplar dieser Vaterfigur ist. Himmler und »die Idee« sind für Rudolf und auch für Vera eins: »Ich hebe mein Glas / auf diesen Mann / auf diese Idee […] Komm Vera wir trinken auf die Idee / auf die Idee trinken wir / auf diese einzige Idee«. Diese »einzige Idee« schützt vor jedem Zweifel, und unerträgliche Ambivalenzen sind da ausgeschlossen. Hinter der Himmler-Idealisierung steckt aber auch Enttäuschung, denn bei dem gemeinsamen Mittagessen, das den Höhepunkt in Rudolfs Karriere darstellte, weswegen er auch Himmlers Geburtstag feiert, hat Himmler Höller im Stich gelassen.

Das Schauspiel führt uns in eine perverse Welt, wo Sadismus, Grausamkeit, und Demütigung ohne Bedenken von Rudolf und Vera phantasiert und auch ausgelebt werden. Höller baut das KZ jedes Jahr zu Hause wieder auf und wiederholt und simuliert, was einst mörderische Realität gewesen ist. Nach Robert Stoller vermitteln perverse Aktivitäten das Gefühl zu sündigen, und Sünde ist »the desire to hurt, harm, be cruel, to degrade, *humiliate* someone« (Stoller 1985, p. 7).

Affekte, die nicht Liebe, sondern Wut, Angst und Depression ausdrücken, können auch erotisierend wirken (Stoller 1975/1986, p. 87). Perversion ist es, einen erotischen Akt in ein Theater, ein Szenario zu verwandeln, das dazu dient, die erotische Erregung vor Angst, Schuld oder Langeweile zu schützen. Dieses Szenario ermöglicht dem Perversen, die Realität zu simulieren, ohne Risiken einzugehen, vor allem nicht das Risiko der Intimität, denn diese wird in der Perversion nie erreicht (p. 31). Es ist offensichtlich, daß die Inzestbeziehung zwischen Vera und Rudolf keinerlei Intimität und Nähe beinhaltet.

Rudolf Höller simuliert am siebten Oktober das KZ, in dem er der Leiter ist und Clara die KZ-Insassin, und wiederholt so seine frühere Macht als Lagerleiter und den Triumph über seine Feinde. Die Perversion von Vera und Rudolf besteht sowohl im Inzest, wie auch darin, daß sie ihre Wahrnehmung der Realität verleugnen. Der Perverse wehrt die schmerzhaften Aspekte der Realität ab und flüchtet sich in eine Welt, in der er die andern nicht wahrnimmt.[24] Diese Indifferenz wird von André Green in »Warum Böses« beschrieben, wo er das maligne Böse als eine totale Insensibilität und Indifferenz gegenüber dem Leiden anderer definiert hat. Die Gleichgültigkeit besteht darin, daß derjenige nicht einmal Haß für den andern empfindet. McDougall sagt Ähnliches, sie spricht von einer Desaffektation (disaffectation), einer Destruktion der eigenen Gefühle, welche das Individuum immun gegenüber menschlichem Leiden macht (1995, p. 242f).

Rudolf Höller hat die Juden nicht aus Haß umgebracht, sondern in totaler Indifferenz: »Ich habe nur meine Pflicht getan«. Daß er dabei Sekt trinken mußte, stellt einen Höhepunkt seines Zynismus dar. Er wußte, wie es wäre, wenn er ein Gewissen hätte. Darauf weisen auch seine Ängste vor späterer Ruhelosigkeit und seine Zweifel hin. Er weiß, wie ein normaler Mensch reagieren würde, aber er tut es nicht. Er wehrt das Gewissen, das er haben könnte, ab durch Spaltung in einen idealisierten Teil, der Himmler und »die Idee« darstellt, und einen verfolgenden verteufelten Aspekt, der die Feinde meint; die Juden und Clara gehören dazu. Seine Sehnsucht, das Naziregime möge wiederkommen, stellt den Wunsch dar, wieder Macht über seine Feinde zu gewinnen und sie dadurch an der gefürchteten Verfolgung zu hindern.

Clara ist die einzige, die das agierte Szenario durchschaut. Sie weiß, daß sie als Gelähmte mitmacht, und sie tut es, weil sie muß, aber ihre sozialistische Gesinnung ist nicht korrumpierbar, und sie ist mutig genug, ihre Abscheu gegenüber Vera und Rudolf auszudrücken. Sie wird von ihren Geschwistern mißbraucht als »Jüdin« und KZ-Insassin und so dehumanisiert.

Das perverse Szenario auszuagieren ist die Wiederholung eines frühkindlichen Traumas mit dem Unterschied, daß das Kind damals das Opfer gewesen ist, der Erwachsene aber im perversen Akt zum triumphierenden Sieger wird (Stoller 1975/86). Es ist anzunehmen, daß Höller, der von Clara als Mutters Liebling beschrieben wird, von dieser durch Verwöhnung (vielleicht auch durch sexuelle Übergriffe) mißbraucht wurde und jetzt diese Erlebnisse mit Vera (als Mutterersatz) im Inzest, als Triumphierender also, nicht mehr als Opfer und Abhängiger, ausagiert.

---

24 Genaueres über die perverse Einstellung zur Realität in Stanley Coen 1998.

Himmler, dem Rudolf als Ideal nacheifert, ist ein Anti-Vater, der Gewalt und Gesetzlosigkeit verkörpert. Die normalen väterlichen Gebote sind durch ihn aufgehoben: Jede Grenze darf überschritten, jedes Recht ignoriert werden. Mord und Inzest sind erlaubt. »Der Exzeß ist keine Selbstdarstellung, er ist eine orgiastische Selbststeigerung, ein Akt der Selbstentgrenzung. Jenseits der Schranke ist alles erlaubt« (Sofsky 2002).

Es gibt Menschen, bei denen das Überich überhaupt nicht entwickelt ist. Rudolf Höller ist so ein Mensch, er hat kein Gewissen. Jedes Jahr am siebten Oktober, in der Uniform des SS-Obersturmbannführers, triumphiert Höller über die toten Väter und beweist sich aufs Neue, wie einst im KZ, seine Macht über Leben und Tod.

D Reflexionen – ein Vergleich

> Die Ethik ist eine Art Fahrordnung für den
> Verkehr unter den Menschen.
> Brief Freuds an O. Pfister

Die Analytische Psychologie unterscheidet sich im Hinblick auf die Moral- und Gewissenstheorie deutlich von der Psychoanalyse. Ich werde die Unterschiede unter folgenden Aspekten darstellen und diskutieren: 1. Das angeborene Gewissen, 2. Die kindliche Gewissensentwicklung, 3. Die Bedeutung der Objektbeziehungen für das Gewissen, 4. Konvention und Moral – gibt es zweierlei Moralsysteme?, 5. Das Konzept des Unbewußten, 6. Romantik und Religiosität, 7. Prophetentum, 8. Die Suche nach dem Selbst, 9. Konflikttheorie, 10. Schuldgefühle, 11. Politische Implikationen, 12. Ziele der Psychotherapie.

Wie schon gesagt, stand die Frage nach dem Gewissen nicht so sehr im Mittelpunkt der Theorie der Analytischen Psychologie, wohingegen die Psychoanalyse dieses Thema immer wieder neu aktualisiert hat, nicht zuletzt, weil es sowohl von theoretischem Interesse ist als auch ein wichtiges klinisches Kriterium für Diagnose, Prognose und Behandlung darstellt.[25]

1. Das angeborene Gewissen

Nach allem, was Jung und seine Nachfolger über das Gewissen geschrieben haben, wird ersichtlich, daß Gewissen und Moral von ihnen als angeboren angesehen werden, genauso wie der Trieb zur Selbst-Synthese, den Jung als Individuation beschrieben hat. Es wird nicht in Betracht gezogen, daß nur *die Fähigkeit*, ein moralisches Bewußtsein zu entwickeln, angeboren ist. Dies hängt einerseits mit der Archetypentheorie zusammen, die angeborene Verhaltensmuster voraussetzt, aber auch mit der Tatsache, daß Jung generell die kindliche Entwicklung in seine Theorien nicht miteinbezogen und die Freudsche Theorie als »reduktiv« verworfen hat. Es wird übersehen, daß das in der Kindheit »erlernte« Gewissen mit der Zeit durch eigene Ideale, Wertmaßstäbe und Idealisierungen bewunderter

---

[25] So wurde z.B. 1996 in New York ein Symposium über das Überich zusammen mit französischen Psychoanalytikern abgehalten. 1995 publizierte »La Révue Française de la Psychoanalyse« eine zweibändige Monographie über das Überich (Surmoi).

Personen heranreift, wodurch eine eigene individuelle Gewissensfunktion entsteht. Daraus ergibt sich, daß die analytischen Psychologen, um den Unterschied zwischen primitiver und reifer Moral zu erklären, zwei verschiedene Moralsysteme annehmen müssen, ein angeborenes und ein angelerntes, wobei sie ersteres der reifen und letzteres der primitiven Moral zuordnen.

2. Die kindliche Gewissensentwicklung

Die heutigen Analytischen Psychologen haben, Jung darin nachfolgend, die komplizierten Entwicklungsstadien, die das Kind bei der Entstehung des Gewissens durchläuft, nicht im Blickfeld. Viele Kritiker haben das Fehlen der kindlichen Entwicklung in Jungs Werk beanstandet: »Jung ist anscheinend blind für die fast übermenschlichen Anstrengungen, die das Kind aufbringen muß, um zu einem Kompromiß zu kommen zwischen den zwingenden Mächten seiner primitiven Triebe und der wachsenden Härte der Realität«, schreibt Glover (Glover 1950, p. 67, Übersetzung AR. Siehe auch Winnicott 1964, P. Stern 1977, Homans 1979, Satinover 1986, Smith 1996, McLynn 1996 u.a.).

Im heutigen psychologischen und psychoanalytischen Verständnis dagegen entsteht das Überich, das eine Objektbeziehungs-Struktur ist, im Dialog des Individuums mit äußeren Objekten und später mit inneren Objektrepräsentanzen (siehe auch den Exkurs »Objektbeziehungen«). Die moderne Objektbeziehungstheorie umfaßt sowohl die Art, wie Individuen sich zu anderen verhalten (interpersonal), als auch das intrapsychische Beziehungssystem. Die ersten internalisierten Beziehungen bilden dementsprechend Teile des kindlichen primitiven Überichs. In der analytischen Behandlung werden internalisierte Objektbeziehungen in der Übertragung/Gegenübertragung zusammen mit den dazugehörigen Affekten reaktiviert, und zwar jeweils mit einer Selbstrepräsentanz und der dazugehörigen Objektrepräsentanz. Durch diese Wiederholung im therapeutischen Setting können primitive Objektbeziehungen und deren Abwehr exploriert und bewußt gemacht werden.

Gewissen ist nicht angeboren. So hat auch Lawrence Kohlberg betont, daß die verschiedenen moralischen Entwicklungsstufen als »Resultat der Interaktion des Kindes mit anderen zu verstehen [sind] und nicht als unmittelbare Entfaltung biologischer oder neurologischer Strukturen betrachtet werden dürfen« (Kohlberg 1996, p. 31). Gilligan und Wiggins sind bei ihren Untersuchungen des moralischen Verhaltens und seiner Entwicklung bei Kindern zu demselben Ergebnis gekommen. Es sei ein »egozentrischer Trugschluß«, schreiben sie, »anzunehmen, daß starke Gefühle oder klare Prinzipien ›selbst-erzeugt‹ oder *sui generis* seien« (C. Gilligan und G. Wiggins 1987/1990, p. 283).

Die moralische Entwicklung beginnt sehr früh mit dem, was D. Stern »attunement« (Einstimmung) nennt und was zwischen Mutter bzw. Eltern und Kleinkind stattfindet, wodurch das Kind spürt, daß ein anderer seine Gefühle kennen kann. So können die Eltern im Kind Empathie erwecken, die Vorläufer und Bedingung von späterem moralischem Empfinden ist. Es wurde beobachtet, daß moralisches Verständnis und Verhalten schon bei Kindern unter fünf Jahren vorhanden ist und daß sie bereits mit den verschiedensten moralischen Konflikten umgehen können. Jedoch gründet sich diese frühe moralische Regulierung darauf, daß das Kind die elterlichen Reaktionen (tu's und tu's nicht) voraussehen kann, also nicht auf moralischen Konflikten oder Schuldgefühlen, sondern auf Angst vor Liebesverlust. Die elterlichen Gebote sind Richtlinien, auf denen moralisches Handeln aufgebaut wird (R. Emde et al. 1985, pp. 248-250). Von großer Wichtigkeit ist dabei die liebevolle Beziehung mit den Eltern als Basis für die Internalisierung von Regeln und Standards.

Psychoanalytische Theorien über moralische Entwicklung haben sich besonders mit konfliktuellen Motivationen beschäftigt. Diese wichtigen Aspekte bringen Emde et al. besonders pointiert zum Ausdruck: »Zuerst ist der Konflikt zwischen gegensätzlichen Intentionen von Eltern und Kind da; später sind es die gegensätzlichen Intentionen im Inneren des Kindes« (Emde et al. 1985, p. 253).

Die entwicklungsorientierte Sichtweise ist klinisch nicht nur wichtig, um die Vergangenheit des Patienten zu verstehen und zu rekonstruieren, sondern auch, um durch das Wiederholen und Erkennen vergangener neurotischer Mechanismen die Möglichkeit zu haben, die Gegenwart anders zu gestalten.

3. Die Bedeutung der Objektbeziehungen für das Gewissen

Wie schon oben ausgeführt, ist das Überich in seinen Funktionen wie z.B. dem Gewissen auf andere Objekte wie z.B. Menschen, Ideen, Situationen angewiesen. Gewissensentscheidungen betreffen das Individuum selbst, aber immer auch die anderen. Durch die unbewußte Wiederholung von konfliktuellen Objektbeziehungen aus der Vergangenheit im Übertragungsgeschehen können moralische Defizite und andere Überichprobleme in der psychoanalytischen Behandlung bearbeitet werden.

In der Analytischen Psychologie werden vor allem Verpflichtungen dem Selbst und der Individuation gegenüber als wichtig angesehen.[26] Äußere Objektbeziehungen treten in den Hintergrund, wie z.B. die Auswirkung und Implikation, die moralische Entscheidungen in bezug auf andere und auf Beziehungen zu signifikanten anderen haben. Andrew Samuels und John Beebe bilden da Ausnahmen (siehe das Kapitel »C.G. Jung und seine Nachfolger« und Raffay 1996).

Entsprechend haben Übertragung und Gegenübertragung in den Jungschen Therapien eine untergeordnete Bedeutung, sie werden vor allem archetypisch und nicht persönlich gedeutet. Mythologische und alchemistische Beiträge Jungs zum Problem der Übertragung heben diese auf ein unpersönliches Niveau. Einige Jungianer arbeiten heute zwar auch im psychoanalytischen Sinn mit Übertragung-Gegenübertragung. Die Interaktion zwischen Analytiker und Patient und deren Deutung ist aber üblicherweise nicht Bestandteil Jungscher Analyse. Es geht vielmehr um *das Erleben des eigenen Unbewußten.*
(Siehe auch das Kapitel »C.G. Jung und seine Nachfolger«).

4. Konvention und Moral – gibt es zweierlei Moralsysteme?

> Um den Moralkodex einzuhalten, und
> auch, um ihn zu überschreiten, braucht es
> ein reifes Gewissen.
> A. von Raffay

Es besteht in der Jungschen Psychologie die Tendenz, zweierlei Moralsysteme anzunehmen. Ich habe dargestellt, wie bei Jung die »innere Stimme«, bei Neumann die »neue Ethik«, bei Stein das »lunare Gewissen«, bei Samuels die »moral

---

26 Das Selbst ist der Archetyp des Sinns, der den Menschen zur Individuation leitet (Samuels et al. 1987, p. 160).

imagination« als die wertvollere Moral verstanden werden, weil sie aus dem Unbewußten kommen und das unbewußte Intuitiv-Emotionale miteinbeziehen. Die Kritik dieser Autoren gilt der »Seelenlosigkeit«, der »Härte« und »Stereotypie« des »von außen aufgezwungenen« Moral- oder Sittenkodex. Sie befürchten, daß das eigene innere Gewissen nicht genügend berücksichtigt und durch ein von den Eltern oder der Kultur »angelerntes« ersetzt wird.

Diese Kritik beruht meiner Ansicht nach darauf, daß diese Autoren den Moralkodex, nämlich ethische und soziale Vereinbarungen, die für alle gelten, mit konventioneller Moral gleichsetzen und diese als »seelenlos« bezeichnen. Konventionelle Regeln wie Höflichkeit oder Rücksichtnahme sind aber m.E. bereits ein Ausdruck von persönlicher Moral.

Den Moralkodex abzuwerten und die Moral aus dem eigenen Innern entstehen zu lassen statt in Interaktion mit anderen stellt sicherlich eine narzißtische Befriedigung dar. Auch werden durch Abwertung und Idealisierung aggressive Elemente verleugnet, verdrängt oder dissoziiert, und so entstehen paranoide Verfolgungsideen. A. Green beschreibt den moralischen Narzißten als jemanden, der sich befreien will von der »Sklaverei, die mit Objektbeziehungen verbunden ist«, und der durch eine ganz allgemeine Überidealisierung seine triebhaften Wurzeln zu verdecken sucht (Green 1972, p. 122, 130).

Freud und seine Nachfolger ermöglichen durch die dynamische Erklärung der Entstehungs- und Entwicklungsgeschichte des Überichs ein Verständnis der unvereinbar erscheinenden Widersprüche verschiedenen Entwicklungsstadien des Gewissens. Dies führte im klinischen Bereich dazu, das Gewissen in der Analyse nachreifen zu lassen.

Nach den klinischen Erfahrungen der Psychoanalyse sind Gewissensentscheidungen, die sich auf unbewußte Grundsätze stützen, strenger, weil infantiler als das bewußte Gewissen, das freier ist in seinen Entscheidungen. Die unbewußte Moral ist meist noch verwurzelt mit ihrem Ursprung, der in der Kindheit liegt, und noch beherrscht von Resten archaischer Objektbeziehungen (Autoritäts-Imagines). Diese moralischen Prinzipien des »prägenitalen Überichs« nennt Grunberger eine »Pseudo-Moralität, die Gewalt respektiert« (Grunberger 1964, p. 380, Übersetzung AR). Adorno beschreibt einen solchen Menschen, der durch äußeren sozialen Druck sich der Befolgung des Standards kollektiver Mächte unterwirft, als rezeptiv antidemokratisch (Adorno et al. 1969, p. 230). Jemand, der sich so verhalten muß, hat, so Adorno, kein Gewissen entwickelt.

Unbewußte Moral ist das Resultat von unbewußten Konflikten und unbewußten Motivationen. Es kann eine Tat nach außen hin moralisch erscheinen, obwohl sie aus opportunistischen Erwägungen begangen wurde. Was anderen oder einem selbst gefällt, ist noch lange nicht moralisch. Und selbst scheinbar bewußt »edle« Taten können von unbewußten Schuldgefühlen oder rationalisierten kindlichen Wünschen motiviert sein.

Jung beurteilte den Wert von moralischen Entscheidungen nach ihrer Beziehung zum Selbst. Verpflichtungen gegenüber der Gemeinschaft waren für ihn deutlich von geringerem Wert als diejenigen gegenüber dem eigenen Selbst. Jung, in seiner gnostischen Weltsicht, hatte ein tiefes Mißtrauen gegenüber sozialen Gemeinschaften, seine Neigung zur Introversion zwang ihn, sich von den Menschen zu distanzieren. So konnte er nicht sehen, daß die von ihm als von außen »aufoktroyiert« bezeichneten moralischen Kategorien, die für die Allgemeinheit gelten, auch inneren Bedürfnissen des Einzelnen nach Gerechtigkeit, Gleichheit vor dem Gesetz u.a. entsprechen. Der amerikanische Jung-Biograph Peter Homans kritisiert die Tendenz Jungs sowie seiner Patienten und Nachfolger, »endlos mit ihrem eigenen Innern beschäftigt zu sein und von dieser Perspektive aus alle sozialen und kulturellen Ereignisse zu beurteilen« (Homans 1979/1995, p. 198f, Übersetzung AR).

Gegensätzlichkeiten zwischen den Wertvorstellungen des Individuums und der Gemeinschaft, die immer wieder zu Gewissenskonflikten führen, sind nicht zu leugnen, und doch wird das Individuum gerade durch soziale Verpflichtungen beschützt. Werte wie die Fähigkeit, Empathie oder Besorgnis für sich und andere zu empfinden, gehören sowohl dem individuellen wie dem gemeinschaftlichen Wertesystem an. Der Dekalog z.B. stellt eine Form der Gerechtigkeit für alle dar und bietet Schutz vor der inhärenten Aggressivität im Menschen und dem unvermeidlichen Ambivalenzkonflikt zwischen Liebe und Aggression. Er stellt die großen Tabus Mord und Inzest auf und fordert, daß die private Sphäre des Liebespaares respektiert wird (Kernberg, pers. Mitteilung 1999). Er beschützt nicht nur die Gemeinschaft, sondern auch den Einzelnen und bindet den Menschen an sein Gewissen und an die Sozietät. Man könnte den Dekalog die Gewissenssprache der sozialen Gemeinschaft nennen.

Die Dichotomie von zwei verschiedenen Gewissen oder Moralvorstellungen bei Jung, Neumann, Stein und Samuels stellt eine künstliche Trennung dar. Es gibt dennoch verschiedene *Perspektiven*, aus denen Gewissensentscheidungen gefällt werden. Gilligan und Wiggins haben z.B. zwei Perspektiven beobachtet, aus denen primär moralisch gehandelt werden kann: Gerechtigkeit und (Für)sorge (care), wobei jede gleichzeitig auch die andere enthält. Da, wo aus der Perspektive der Gerechtigkeit geurteilt wird, ist auch gleichzeitig Fürsorge gegenwärtig; und umgekehrt, wo care vorherrscht, ist auch Gerechtigkeit gegenüber sich selbst und andern mit eingeschlossen (Gilligan und Wiggins 1987/1990, p. 295).

Der britische Psychoanalytiker Eric Rayner war beeindruckt von einer Gerichtsverhandlung des Obersten Kalifornischen Gerichtshofs, bei der die Richter zuerst die Umstände und Gefühle der Verwandten des Angeklagten bei ihrer Entscheidung berücksichtigten und erst danach das relevante Gesetz aufsuchten und in ihre Entscheidung miteinbezogen (siehe Rayner 1994, Kapitel 1). Richterliche Entscheidungen sind ein gutes Beispiel für die verschiedenen möglichen Perspektiven, aus denen heraus auch *moralische* Urteile gefällt werden. Eine weitere Beschreibung der verschiedenen Aspekte moralischer Gerechtigkeit gibt Richard A. Posner, Richter und Rechtswissenschaftler in den Vereinigten Staaten, in seinem Werk *Problematics of Moral and Legal Theory*: Wenn man mit schwierigen richterlichen Fragen konfrontiert ist und wenn alle anderen Quellen ausgeschöpft sind, empfiehlt er, sich auf »common sense, persönliche und professionelle Werte, Intuition und Meinungen zu beziehen, inklusive die informierte und kristallisierte öffentliche Meinung« (Posner 1999, pp. 38-45).

Diese Methoden der richterlichen Entscheidungsfindung bedeuten nicht, daß es mehrerlei Rechte oder Gerechtigkeiten gibt, sondern lediglich verschiedene Perspektiven, von denen aus man legale und auch moralische Entscheidungen fällen kann. Dies ist dann möglich, wenn man sich auf einen bewußten moralischen Hintergrund stützen kann und die nötige subjektive Freiheit hat, sich zwischen mehreren Möglichkeiten entscheiden zu können, die alle noch im Rahmen des Rechts bzw. des eigenen Wertesystems sind. Ohne das bewußte Wissen um eigene und öffentliche Moralvorstellungen und eigenes Rechtsempfinden könnten wir solche Entscheidungen gar nicht treffen.

5. Das Konzept des Unbewußten

In Jungs Theorie des Unbewußten gibt es das persönliche Unbewußte, das aus verdrängten Inhalten besteht, und das kollektive Unbewußte, dessen Inhalte unpersönlich, archetypisch sind und nie im Bewußtsein waren. Sie drücken sich durch Bilder, Symbole und Phantasien aus und stellen schöpferische Impulse des Menschen dar. Unter gewissen Umständen, nämlich wenn das Ich stark genug ist (Samuels et al., p. 156), dringen solche Symbole ins Bewußtsein ein. Das kollektive Unbewußte, dessen Manifestation die Archetypen sind,»ist die gewaltige geistige Erbmasse der Menschheitsgeschichte, wiedergeboren in jeder individuellen Hirnstruktur« (Jung 1928a/1971, p. 183). Archetypische Inhalte des »kollektiven Unbewußten«, wie sie sich z.b. in archetypischen Träumen ausdrükken, stellen also nicht persönliche Probleme dar, sondern allgemein menschliche Inhalte. Beunruhigende individuelle Erfahrungen werden aber dadurch m.E. in ihrer emotionalen Bedeutung für den Einzelnen verleugnet.

Im Verständnis der Analytischen Psychologie enthält das Unbewußte tiefere, ethisch verbindlichere (und deshalb wegweisende) Wahrheiten als das Bewußtsein.»Jedes Bild aus dem Unbewußten berge bereits den Keim zur Gesundung« (Balmer 1972, p. 44). Das Unbewußte ist »ein Stück Natur« und gleichzeitig enthält und vermittelt es ethische Werte, es hat eine innere, autonome Absicht, und folgt man ihm, dann verliert das Bewußtsein an Einfluß und »wird unmerklich zum Geführten, indem ein unbewußter und unpersönlicher Prozeß allmählich die Führung übernimmt. So wird die bewußte Persönlichkeit, ohne es zu merken, als eine Figur unter andern auf das Schachbrett eines unsichtbaren Spielers geschoben« (Jung 1928a/1964, p. 176).

Das Unbewußte verfügt, nach Jung, »über die Weisheit der Erfahrung ungezählter Jahrtausende, die in seinen archetypischen Strukturen niedergelegt ist [...]« (1916/1964, p. 126). Jung spricht oft von der »Wirklichkeit der Seele«. So schreibt er z.B.: »Was wir ›Illusion‹ nennen ist vielleicht eine seelische Tatsächlichkeit von überragender Bedeutung. Die Seele kümmert sich wahrscheinlich nicht um unsere Wirklichkeitskategorien. Für sie scheint in erster Linie *wirklich* zu sein, was *wirkt*« (1929a/1958, p. 55). So gesehen ist es auch möglich, Illusionen als »Weisheiten« des Unbewußten zu verstehen.

Freud und Jung haben zwei verschiedene Konzepte des Unbewußten entwickelt, die nicht miteinander vereinbar sind. Abraham kritisierte schon 1914, daß

Jung im Unbewußten moralische Tendenzen sah: »Das Unbewußte hat moralische Tendenzen erhalten [...]. Alle bisherigen Erfahrungen, von denen Jung keine widerlegt, zeigen uns die Amoralität des Unbewußten, das rücksichtslos-egoistische Drängen der ins Unbewußte versunkenen Triebe« (Abraham 1914, p. 300). Auch Homans hebt hervor, daß Jung dem Unbewußten ethisches Verhalten zuschreibt (Homans 1979, p. 85).[27]

Jung konnte dagegen das Freudsche Unbewußte nicht akzeptieren. Er bezeichnete es als »Behältnis aller üblen Schattenseiten menschlicher Natur, einschließlich prähistorischer Schlammablagerungen«. Wenn es nur das ist, »so sieht man wirklich nicht ein, warum man länger als nötig bei diesem Sumpfe, in den man einstmals gefallen war, verweilen sollte«; deshalb »muß auch die Weiterentwicklung der Psychologie notwendigerweise Abstand nehmen von einem so wesentlich negativen Ding wie dem Freudschen Unbewußten« (1929b/1958, p. 72f).

Jung hatte persönlich eine zwiespältige Einstellung zur Sexualität und bezeichnete sie öfters als Schlamm oder Schmutz (vgl. Gess 1994, Höfer 1993). So konnte er auch Freuds Libidotheorie nicht akzeptieren. Zudem hat er sie mißverstanden, indem er den Sexualtrieb nicht als Eros, sondern als den Wunsch nach Genitalität verstand. Es war für ihn inakzeptabel, daß geistige Leistungen vom Sexualtrieb abstammen und so noch erotische Elemente enthalten sollten. Er hielt es für einen Irrtum, »daß alle differenzierte Leistung gewissermaßen ein Surrogat für irgendwelche Formen von Sexualität sei« (Jung 1952, p. 254).[28] Geist sei ein separater Trieb, kein Derivat sondern »ein *Prinzip sui generis*« (Jung 1928b/1971, p. 64).

Ein gutes Beispiel für den Zusammenhang von Eros und geistiger Leistung ist Freuds Essay über die Moses-Statue Michelangelos in Rom in San Pietro in Vincoli (Freud 1915b), wo er eine detaillierte Beschreibung der Skulptur mit eigenen Tagträumen und Phantasien verbindet. Wie wir wissen, interpretierte er Michelangelos Moses als einen, der die Gesetzestafeln nicht zerbricht, sondern seinen Zorn beim Anblick seines Volkes, das sich das goldene Kalb gegossen hat und

---

27 Die Untersuchungen von Emde et al., die ich oben angeführt habe, widersprechen Abrahams Kritik nicht, denn das »prozedurale Wissen« Emdes ist kein angeborenes unbewußtes Wissen aus dem kollektiven Unbewußten, wie Jung es versteht, sondern eines, das durch Interaktion mit den Eltern erworben wurde.
28 Freud hat das so nie behauptet. Jung hat den Sublimierungsprozeß falsch verstanden.

darum herumtanzt, zähmt: »Er wird auch die Tafeln nicht wegwerfen, daß sie am Stein zerschellen, denn gerade ihretwegen hat er seinen Zorn bezwungen, zu ihrer Rettung seine Leidenschaft beherrscht« (p. 194). Freud sagt über Michelangelo: »Damit hat er etwas Neues, Übermenschliches in die Figur des Moses gelegt, und die gewaltige Körpermasse und kraftstrotzende Muskulatur der Gestalt wird nur zum leiblichen Ausdrucksmittel für die höchste psychische Leistung, die einem Menschen möglich ist, für das Niederringen der eigenen Leidenschaft zugunsten und im Auftrage einer Bestimmung, der man sich geweiht hat.« (p. 198).

Winnicott (1964) setzt sich in seiner Besprechung von Jungs Autobiographie u.a. mit dessen Konzept des Unbewußten auseinander und stellt fest, daß Jung Freuds Theorie des Unbewußten, das auf Verdrängung beruht, nicht verstehen konnte, weil er selber auch kein Unbewußtes im Freudschen Sinn hatte: »it is not possible for a split personality to have an unconscious, because there is no place for it«. Stattdessen ging Jung schon in seinem Traum mit 3 Jahren[29] in den »Untergrund« und entwickelte von dorther sein Konzept des kollektiven Unbewußten, das einen Versuch darstellt, mit seinem Mangel an Kontakt zu dem, was das Freudsche und heutige psychoanalytische Unbewußte ausmacht, zurechtzukommen. Deshalb haben wir den Eindruck, so Winnicott, daß Jungs Werk *out of touch* ist mit Instinkt und Objektbeziehung. Und so konnte er den aufgerichteten Penis seines Kindheitstraumes auch später nicht mit seinem infantilen Triebleben in Verbindung bringen.

Die Suche nach dem Selbst (siehe auch weiter unten) habe Jung später in eine Sackgasse (»blind alley«) geführt, sagt Winnicott. Das Zentrum des Selbst ist ein relativ unbrauchbares Konzept, wenn es darum geht, an die Basis der Kreativität und der Destruktivität zu gelangen (p. 454f). Deutlich bringt Winnicott hier Jungs Problem zum Ausdruck. Er sieht in dessen Psychologie wie z.B. im Mandala-

---

29 In seiner Autobiographie berichtet Jung seinen ersten erinnerten Traum aus seinem dritten oder vierten Lebensjahr. Er träumte, daß er in ein unterirdisches Gewölbe stieg, wo »ein wunderbar reicher goldener Thronsessel« stand. Darauf stand »ein riesiges Gebilde [...] es bestand aus Haut und lebendigem Fleisch, und obendrauf war eine Art rundkegelförmiger Kopf ohne Gesicht und ohne Haare; nur ganz oben auf dem Scheitel befand sich ein einziges Auge, das unbewegt nach oben blickte.« Da hörte er die Stimme seiner Mutter rufen: »Ja, schau ihn dir nur an. Das ist der Menschenfresser!« (Jung 1962, p. 18f). Die Mutter stellte ihm im Traum das Phallische, die männliche Identität, als tödliche Gefahr hin.

Konzept »a truly frightening thing«, »weil es mit Destruktivität, Chaos und anderer Verrücktheit absolut nicht umgehen kann. Es stellt eine obsessionelle Flucht vor der Desintegration dar« (p. 454, Übersetzung AR). Tatsächlich entspricht es meiner Erfahrung, daß es vielen Jungianern schwer fällt, in der Praxis mit der Aggressivität ihrer Patienten in der Übertragung umzugehen, was das Bewußtwerden einer Überich-Pathologie und eine Überichentwicklung des Patienten behindert (vgl. Raffay 1996).

In *Die Psychologie der Übertragung* beschreibt Jung Übertragung anhand einer alchemistischen Bilderserie des *Rosarium Philosophorum* und stellt sie in der Sprache der Alchemisten als das »Geheimnis der Geheimnisse« und als »Geschenk Gottes und Geheimnis des Höchsten« dar (Jung 1945b/1958, p. 179).[30] Hier wird das Übertragungsgeschehen als eine *coniunctio*, eine heilige Hochzeit der Götter, die zum Selbst führt, auf mystische Weise beschrieben. Das Verhältnis Patient-Therapeut wird so nicht in die Deutung miteinbezogen. Es lag an Jung selbst, der betonte, daß er jedesmal froh sei, »wenn die Übertragung milde verläuft oder praktisch sich nicht bemerkbar macht. Man ist dann viel weniger persönlich in Anspruch genommen […]« (p. 184; vgl. auch Raffay 1996).[31]

6. Romantik und Religiosität

Die Analytische Psychologie hat mit ihrer Idealisierung und Überbewertung des Unbewußten als moralischer Instanz sowie mit der Idee, daß das Unbewußte als ein Stück »Natur« richtungsweisend sei, ihre Wurzeln in der Romantik. Die romantische Sichtweise, die Sehnsucht nach Vereinigung mit der Natur, nach »mystischer Ekstase«, ist in Jungs Konzept der Suche nach dem Selbst, der allvereinigenden Ganzheit wiederzufinden. Sein Interesse an Okkultem und Mystischem ebenso wie das Interesse an mittelalterlicher Philosophie, Alchemie und Gnosis sind weitere romantische Züge. Thomas Mann beschreibt die Romantik als eine »gewisse, dunkle Mächtigkeit und Frömmigkeit, man könnte auch sagen:

---

30 1989 erklärt Andrew Samuels die Parallelen, die zwischen den alchemistischen Metaphern und dem analytischen Prozeß bestehen.
31 Fordham berichtet, daß Jung die Patienten, die eine zu starke Übertragung auf ihn hatten, an Antonia Wolff weiterleitete.

Altertümlichkeit der Seele, welche sich den chthonischen, irrationalen und dämonischen Kräften des Lebens [...] nahe fühlt« (Mann 1945, in Chasseguet-Smirgel 1986/1988, p. 168). Es fällt nicht schwer, in dieser Beschreibung Jungs Archetypen wiederzufinden, denen er irrationale, dämonische Qualitäten zugeschrieben hat, die den Menschen überwältigen.

Das Irrationale, Dionysische zog Jung zeitlebens an. Schon 1910 in seinem berühmten Brief an Freud möchte er, bzw. soll die Psychoanalyse »Christum sachte in den weissagenden Gott der Rebe, der er war, zurückverwandeln [...] alles zu dem *einen* Ende, den Kultus und den heiligen Mythos zu dem zu machen, was sie waren, nämlich zum trunkenen Freudenfeste, wo der Mensch in Ethos und Heiligkeit Tier sein darf« (McGuire und Sauerländer 1974, 178 J). Diese romantische »Heiligkeit« der Tierheit Jungs glorifiziert das Nicht-Menschliche, nämlich seine Archetypen.

Der Philosoph Christoph Türcke kommentiert eine solche Sicht als Verklärung des Unsublimierten: »von Nietzsche illusionslos als Bestialität durchschaut, verklärt es sich für Jung zum Unverdorbenen, ewig Reinen: Die ungehobelte Tierheit auf dem Grund der menschlichen Seele *ist* das göttliche Reich der unentstellten archetypischen Symbolik« (Türcke 1992, p. 99).

Wie die Romantiker glaubt Jung also an eine Einheit, und die romantische Idee von der Verschmelzung mit der Natur entspricht dem Wunsch nach Verschmelzung mit der Mutter; »[d]er Vater, der Dritte, der die Mutter vom Kind trennt, ist verschwunden. Gott und Natur sind eins« (Chasseguet-Smirgel 1986/1988, p. 166f). Jungs Beschreibungen des Unbewußten erinnern ganz entschieden an die ideale Mutter der frühen Kindheit: Der »verborgene[] Schatz [...] aus dem die Menschheit je und je schöpft« (Jung 1916/1964, p. 72). Das Unbewußte vermittelt »Anschluß an die Urgründe des Lebens« (Jung 1928a/1964, p. 186), es »ist der Mutterboden aller metaphysischen Aussagen, aller Mythologie, aller Philosophie« (Jung 1939/1973, p. 597). Aber nicht nur gute, sondern auch gefährliche, dämonische Eigenschaften hausen im Unbewußten, die uns jederzeit vernichten können. Diese Vorstellungen vom Unbewußten, die als anagogische Deutungen in die Therapien eingehen, verhindern, daß man tiefer kommt, man gräbt nicht weiter, man hat ja schon alles: das Wunderbare.

Die althergebrachten moralischen Vorstellungen hat Freud durch das, was Rieff »ethic of honesty« nennt, ersetzt. Rieff macht eine interessante Unterscheidung zwischen romantischer Aufrichtigkeit (»romantic sincerity«) und verbaler

Ehrlichkeit (»verbal honesty«) und sieht in diesen zwei Arten von Wahrhaftigkeit den Unterschied zwischen der Ethik Jungs und der Freuds. Freuds »verbal honesty« wird mit dem Durcharbeiten unserer Unwahrheiten und Phantasien hin zu einer Anpassung an die Realität erreicht, während Jungs romantische Ehrlichkeit den Einklang mit tiefen Emotionen bewundert. (Rieff 1959/1979, p. 315). Die Kreativität aus dem Unbewußten soll dem modernen Menschen Erlösung bringen (p. 115).

Die Religion war für Jung ein »*psychisches Heilsystem*«, denn sie wirke gegen die Unterdrückung irrationaler Kräfte, an der unsere Zivilisation leide. Deshalb sei ihre Erweckung ein wichtiges Therapieziel: »Das ›Heil‹ der Seele, die ›Versöhnung‹ der Götter [...] sind kein Problem von gestern. Die *Religionen* sind psychotherapeutische Systeme [...] im allergrößten Ausmaß« (Jung 1934b/ 1974, p. 197).Jung hat religiöse Erfahrung nicht mit moralischen und sozialen Fragen verknüpft, sondern sie als etwas, was die Seele braucht, verstanden, etwas sie Erhebendes. Friedman und Goldstein sehen in Jungs Interesse an religiöser Erfahrung die Suche nach emotionaler Befriedigung, die diese gewähren soll.[32]

Die religiöse Funktion im Patienten zu erwecken, wird auch heute als Behandlungsziel von Jungianern in den Vordergrund gestellt, auf die Suche nach dem Gottesbild wird hingewiesen, und Träume werden entsprechend gedeutet. Jungs Aussage »Das Problem der Heilung ist ein religiöses Problem« ist noch heute aktuell. Ein Beispiel ist der Artikel »Archetypen und Individuation« der Jungschen Analytikerin Rosemarie Daniel (2000), in dem sie den Traum eines Patienten bespricht. Der Patient, »ein sehr sanfter, zarter, angepasster Mann«, träumt häufig von einem »überdimensional großen, undifferenzierten männlichen Wesen, das ganz und gar bandagiert ist. Es bewegt sich langsam, drohend und vermittelt dem Träumer den Eindruck, daß es ungeheuer wild und von unvorstellbarer Kraft sei, die aber durch die Bandagen zurückgedämmt und eingebunden

---

32 P. Rieff bestätigt, daß Jungs Religiosität nicht nach Moral fragt, sondern nach Imagination und Kreativität, wobei die sozialen Strukturen, innerhalb derer diese Kreativität stattfinden soll, nicht berücksichtigt werden (»Indeed, he seems unaware of social structure«, 1966/87, p. 134). Auch der Jung-Biograph Robert C. Smith betont, daß Jung nur die intuitive oder numinose Seite der Religion, nicht aber die ethische Dimension berücksichtigt hat (Smith 1996, p. 119).

ist. Das Wesen ist in hohem Maß unheimlich und bedrohlich«. Daniel deutet dem Patienten, daß es sich um eine dämonische Kraft aus dem kollektiven Unbewußten handle und die dunkle Seite des abgespaltenen archetypischen Gottesbildes darstelle. Sie erklärt, daß es sich bei dem Traum nicht um einen persönlichen Inhalt hätte handeln können, denn eine solche Figur war dem Patienten vorher nie bewußt gewesen, während, so Daniel, Archetypen *a priori* gegeben sind. Diese Interpretation schließt die persönliche, kindliche Lebensgeschichte aus und zieht nicht in Betracht, daß innere Objekte nicht nur aus erlebten, sondern auch aus phantasierten, sowohl idealisierten wie feindlichen, frühkindlichen Imagines innerhalb der psychischen Struktur bestehen.

7. Prophetentum

Wie die Propheten der Bibel verheißt Jung Erlösung oder prophezeit Untergang. Folgt man den Bildern des Unbewußten, so ist die Belohnung Heilung und Ganzheit. Jung forderte von sich und seinen Patienten, aus den Bildern des Unbewußten ethische Konsequenzen zu ziehen: »Mit den Bildern des Unbewußten ist dem Menschen eine schwere Verantwortung auferlegt«, denn mit Erkenntnissen sind einem auch, so Jung, ethische Verpflichtungen auferlegt. Und er erklärt weiter: »Das Nicht-Verstehen sowie der Mangel an ethischer Verpflichtung berauben die Existenz ihrer Ganzheit und verleihen manchem individuellen Leben den peinlichen Charakter der Fragmenthaftigkeit« (Jung 1962, p. 196). So werden gewisse Träume als Prophezeiungen verstanden, die Geschehnisse voraussehen können und Weisungen erteilen, die man zu befolgen hat. Verschiedene Autoren haben die Identifizierung Jungs mit einem Propheten angemerkt. Der Jungianer Albin Beck stellte fest, Jung habe sich mit den Propheten des Alten Testaments identifiziert, er meinte, einen göttlichen Ruf erhalten zu haben, dem es zu folgen galt (Albin Beck, pers. Mitteilung). Jung hörte Botschaften aus dem Totenreich, Stimmen des »Nicht-Gelösten« und »Nicht-Erlösten«. Es kam ihm vor, »als sei eine Botschaft mit Übermacht an mich gekommen« (Jung 1962, p. 195). Er konnte aber offenbar nicht wahrnehmen, daß er selber prophetische Aussagen machte, denn er beschreibt die Propheten und seine Jünger ironisierend als unter einer Inflation des kollektiven Unbewußten Leidende (Jung 1928a/1964, p. 187f).

Jung verläßt sich in seiner Gewissenstheorie auf intuitives Wissen und Behauptungen, ja sogar auf (religiösen) Glauben, und steht so als einziger Garant dieser Wahrheiten, die weder nachgeprüft noch widerlegt werden können, wie ein Seher oder Prophet da. Der Psychoanalytiker Roy Schafer spricht von einer romantischen Tendenz zur Grandiosität und Unwiderlegbarkeit, in der kritisches Urteil durch »feel« ersetzt wird und wo Kult und Heroismus erzeugt werden: »*Many moral values are rationalized as being inherent in ›nature‹, and as being the only test of ›authenticity‹, ›spontaneity‹, and so on. What may develop as a new kind of authoritarianism*« (Schafer 1994, p. 267, Hervorhebung AR).

So schreibt Jung z.B. in seiner Autobiographie, er habe »das Gefühl [gehabt], einem höheren Willen zu gehorchen« (Jung 1962, p. 180). Der Psychoanalytiker und Historiker der Psychoanalyse John Gedo hat Jungs Phantasien als offen grandios bezeichnet: Z.B hatte Jung, als er mit seinem offiziellen Rückzug aus der Psychoanalytischen Vereinigung begann, im Oktober 1913 die Phantasie von einer Katastrophe, die Europa mit einem Meer von Blut bedecken werde (Jung 1962, p. 179f und Gedo 1981, p. 65). Jung hatte dabei nicht an seine persönliche Krise, ausgelöst durch den Rückzug, gedacht, sondern er selber so wie auch Mitglieder der Jungianischen Gemeinschaft, wie allgemein bekannt ist, verstanden diese Vision im Rückblick als seine prophetische Gabe, den Weltkrieg vorauszusehen. Nach Ausbruch des Krieges schrieb er »Ich mußte zu verstehen suchen, was geschah, und inwiefern mein eigenes Erleben mit dem der Kollektivität zusammenhing« (Jung 1962, p. 180).

Es gibt in seiner Autobiographie zahlreiche Beispiele für solche Ideen: »Auch heute bin ich einsam, weil ich Dinge weiß und andeuten muß, die Andere nicht wissen und meistens auch gar nicht wissen wollen« (Jung 1962, p. 47), oder: »Der Unterschied zwischen den meisten anderen Menschen und mir liegt darin, daß bei mir die ›Zwischenwände‹ durchsichtig sind« (p. 357).

Diese grandiosen Gedanken trennten Jung auch von Freud. Seine religiöse Übertragung auf Freud, die er als »meine Verehrung für Sie[, die] einen ›religiös‹-schwärmerischen Charakter hat«, beschreibt (McGuire and Sauerländer 1974, 49 J), beantwortete Freud so: »Die Übertragung von der Religiosität her erschiene mir besonders fatal, sie könnte ja auch nur mit dem Abfall enden, dank der allgemeinen Neigung der Menschen, von den Klischees, die sie in sich tragen, beständig neue Abdrücke zu nehmen. Ich werde also das Möglichste tun, um mich als ungeeignet zum Kultgegenstande erkennen zu lassen« (52 F). Das war 1907.

Jung konnte also seine religiösen Sehnsüchte bei Freud nicht unterbringen und begann, sein eigenes Unbewußtes zu vergöttlichen (Gedo 1981, p. 67). Man kann ihn nicht als Dissidenten der Psychoanalyse bezeichnen. Er war etwas ganz anderes, er war »ein genuiner Visionär«, schreibt Gedo (p. 76).[33]

Freud hat keine Heilsbotschaft, er ist kein Prophet und kein Tröster, aber er hatte die Hoffnung, daß die Vernunft und der Intellekt eines Tages die destruktiven Kräfte zähmen würden. Er war der Aufklärung verpflichtet, aber sein Denken war der Romantik insofern verwandt, als er die »irrationalen Seelenkräfte« erforschte und sie mittels Einsicht und Vernunft verstehen wollte. Während die Aufklärung das Irrationale beseitigen wollte, war es für Freud das Material seiner Arbeit. Es lag ihm aber fern, das Irrationale zu glorifizieren oder als »Heil« anzusehen.[34] Er hat das Denken und die Vernunft mit dem Realitätsprinzip, das der Selbsterhaltung dient, verbunden.

P. Rieff hat Freud in seinem Werk *Freud: the Mind of the Moralist* als den »Architekten einer großen Revolte gegen die Lust, nicht für sie« beschrieben, dessen Ziel die ›Erziehung zur Realität‹, d.h. die Einschränkung der Lust durch Aufschub oder Verzicht war (Rieff 1959/1979, p. 324f).

Der Unterschied zwischen Freuds und Jungs Einstellung zur Religion ist gewaltig. Während für Jung das Gefühl der Abhängigkeit sein religiöses Empfinden bestimmte, war für Freud gerade die Befreiung von kindlichen Abhängigkeiten wie die von einem beschützenden Vatergott sowie das Aufgeben von Illusionen von größter Wichtigkeit: »Wenn der Wanderer in der Dunkelheit singt, verleugnet er seine Ängstlichkeit, aber er sieht darum um nichts heller« (Freud 1926b, p. 123).

---

33 Richard Noll beschreibt in 1994 und 1997, wie Jung seine Selbstvergöttlichung inszeniert.

34 In *Die Zukunft einer Illusion* stehen die berühmten Sätze: »Wir mögen noch so oft betonen, der menschliche Intellekt sei kraftlos im Vergleich zum menschlichen Triebleben, und Recht damit haben. Aber es ist doch etwas Besonderes um diese Schwäche; die Stimme des Intellekts ist leise, aber sie ruht nicht, ehe sie sich Gehör geschafft hat« (Freud 1927, p. 377).

8. Die Suche nach dem Selbst

> Moral ist Zuordnung jedes
> Augenblickszustandes unseres Lebens zu
> einem Dauerzustand.
>
> R. Musil

> Morality and the capacity to love begin
> with giving up the insistence on being the
> only one who exists or whose existence
> matters.
>
> L. Shengold

Das Selbst ist ein Archetyp, der die Einheit der Persönlichkeit sowie auch ihr Zentrum darstellt. Es ist ein vereinigendes Symbol, das die Totalität der Psyche darstellt, es ist der Anfang des psychischen Lebens und das Ziel. Jung setzte das Selbst mit dem Göttlichen oder »Gott in uns« gleich, er bezeichnete z.B. Jesus als Archetyp des Selbst. Auf diesem Prinzip beruht das Schicksal des Individuums. Ein Prozeß des Austausches und der Integration von Ich und Selbst (Jung setzte das Ich mit dem Bewußtsein gleich) soll die Vereinigung der Gegensätze bewußt-unbewußt bewirken, die zur »Ganzheit« führt. Das wird von Jung als eine moralische Leistung verstanden (Jung 1916/1964).

Auch in der praktischen Arbeit der Jungschen Therapien spielen religiöse und magische Aspekte eine Rolle. Jung ließ seine Patienten Mandalas (magische Kreise) zeichnen; diese haben eine religiöse Tradition und stellen mit ihrem geometrischen Kreis, in dem ein Quadrat eingeschlossen ist oder umgekehrt, nach Jung die psychische Ganzheit oder das Selbst dar. Durch das Zeichnen soll beim Patienten diese Ganzheit aktiviert werden. Jungsche Analytiker setzen diese Praxis noch heute fort.

Seine »aktive Imagination«, als therapeutisches Mittel generell bei Patienten angewendet, basiert auf der Annahme, daß diese Phantasien die äußere Realität zu verändern vermögen (es gibt keine überprüfbaren Untersuchungen darüber). Man imaginiert gezielt, indem man unbekannte (archetypische) Figuren aus dem Unbewußten in der Phantasie auftauchen, handeln und sich von ihnen führen läßt.

Jung selber hat jahrelang mit einer solchen Figur als Seelenführer imaginiert – er nannte sie Philemon. Diese Seelenführer werden als moralische Instanzen verstanden. Kritiker Jungs werfen ihm vor, daß er seine eigene Suche und seinen eigenen Mythos als Doktrin und als gültig für die Allgemeinheit erklärt hat. So kritisiert Hans Trüb, ein früherer Mitarbeiter Jungs, an dessen Lehre, daß er seinen eigenen Prozeß der Selbstverwirklichung »in Lehre und Praxis zum allgemeinen Heilziel erhob. Für den Psychologen, der sich selbst versteht, dürften Forschung und Existenz nicht derart eine unzertrennliche Einheit sein« (Trüb 1971, p. 33).[35]

Da, wie gesagt, Geschehnisse in der Außenwelt verändert werden können, besteht die Regel, sich in der aktiven Imagination keine lebenden Personen vorzustellen, denn dies wäre »schwarze Magie«, indem man die imaginierten Personen durch die eigenen Phantasien beeinflussen würde (Marie-Louise v. Franz, pers. Mitteilung). Auch darf man eine angefangene aktive Imagination – die sich über viele Wochen erstrecken kann – nicht abbrechen, sondern muß sie zu Ende führen, da man in der äußeren Realität sonst da steckenbleibt, wo man abgebrochen hat (Marie-Louise v. Franz, pers. Mitteilung). Das Ziel dieser introvertierten Methode ist, sich dem Selbst anzunähern. Jung sagt zwar wiederholt, daß die Annäherung an das Selbst auch eine Annäherung an die Welt darstellt; dies ist aber m.E. nicht überzeugend. Eher wendet sich Jung mit dem Konzept des Selbst von der Außenwelt und anderen Menschen ab.[36] Jungs Lehre von der Individuation vollzieht sich »gleichsam im Rücken der wirklichen Welt« (Trüb 1971, p. 68).[37]

Die Suche nach dem Selbst in der Jungschen Analyse führt Patienten, aus meiner Sicht, in Solipsismus und in die Einsamkeit und bestärkt Individuen, Objektbesetzungen aufzugeben und sich selbst zum Objekt von Liebe, Haß oder Abwertung zu machen. Die Phantasien bleiben, wenn sie nicht in Beziehung zum Therapeuten gebracht werden, isoliert und haben eher eine erbauliche Funktion. John Rittmeister hat Jungs Einstellung dazu sehr treffend beschrieben: »Der Mensch bleibt mit Jung in der, wenn auch noch so großartigen und farbenpräch-

---

35 Siehe auch Satinover 1986, Atwood und Stolerow 1979/1993, Raffay 1996, McLynn 1996.
36 Der Jung-Biograph McLynn (1996) sieht dies als einen ernsten Defekt für Jungs Psychotherapie-Theorie an (pp. 313f).
37 McLynn macht diese Einstellung für die vielen Suizide, die es unter den Patienten Jungs in den frühen Jahren gegeben hat, verantwortlich, (p. 314).

tigen Innerlichkeit befangen«, aber alle diese Erlebnisse haben »keinerlei Beziehung zu der wirklichen Umgestaltung der Welt« und sagen über »die furchtbaren Jahre, in denen wir mittendrinnen leben«, nichts aus (Rittmeister 1994, p. 154).

9. Konflikttheorie

Aus Jungs Beschreibung des Unbewußten wird ersichtlich, daß er etwas vollkommen anderes darunter versteht als Freud und seine Nachfolger. Jung hat keine Konflikttheorie entworfen und kennt auch kein dynamisches Unbewußtes im Sinne Freuds (Atwood und Stolerow 1979/1993, Winnicott 1964, Satinover 1986, Glover 1950, Gedo 1981, Rieff 1959/1979, 1966/1987). Seine Triebtheorie ist auf einen einzigen Trieb beschränkt, den er auch Libido oder Lebenstrieb genannt hat, der für allgemeine psychische Energie steht: »Libido ist daher nichts anderes als ein abgekürzter Ausdruck für ›energetische Betrachtungsweise‹« (Jung 1928b/1971, p. 33).

Diese monistische Triebtheorie läßt kaum Raum für eine Konflikttheorie, und auch das Konzept von der Psyche als einem selbstregulierenden System, durch das die Gegensätze einander kompensieren, führt dazu, daß Konflikte sich immer wieder von selbst aufheben. Diese Kompensation ist, so Jung, ein Gesetz des Psychischen. Auch die Archetypen als kollektive Entitäten stellen keine persönlichen dynamischen konfliktuellen Inhalte des Unbewußten dar, weil sie keiner persönlichen Entwicklung unterworfen sind.[38] Sie sind, wie schon gesagt, weit weggerückt von dem für Jung beunruhigenden Sexual- und Triebleben.

So sah Jung die innere Welt nicht als bleibend konfliktuell, sondern als eine, in der Harmonie immer wieder hergestellt, Spannung aufgehoben und ein kreativer Neubeginn durch die »Natur« geschaffen wird. Denn diese geht über die Grenzen von Theorie und Wissenschaft hinaus, sie hebt, laut Jung, Gegensätze auf, um etwas Neues entstehen zu lassen, denn die Natur ist für ihn weiser und wegweisender als die Vernunft:

---

38 Rieff bezeichnet die Archetypen als »verdächtig literarische Figuren […], massiv kommentierte Versionen von Jungs eigenen beunruhigenden Erfahrungen« (Rieff 1966/1987, p. 130).

An den Grenzen der Logik hört zwar die Wissenschaft auf, nicht aber die Natur, die auch dort blüht, wohin noch keine Theorie gedrungen ist. Die venerabilis natura macht nicht Halt beim Gegensatz, sondern sie bedient sich desselben, um aus dem Gegensatz eine neue Geburt zu formieren. (Jung 1945b/1958, p. 325)

Wenn also die Spannung zwischen bewußten und unbewußten Inhalten im Menschen zu groß wird, so entsteht aus der Kollision der beiden Inhalte auf einer neuen Ebene ein irrationales Drittes (die neue Geburt), das die Harmonie wiederherstellt. Durch diesen »natürlichen« Prozeß, der jenseits der Ratio stattfindet, können auch unvereinbare Gegensätze durch ein vereinigendes Symbol aufgehoben werden. Dies ist, nach Samuels et al., »ein Motiv«, das eine »erlösende Bedeutung« hat, »es erlöst das Subjekt von dem Trennenden (divisiveness) des Konflikts« (Samuale et al. 1987, p. 102, 103). Alle Analytischen Psychologen nach ihm, so Samuels et al., haben sich auf diese Theorien gestützt, ohne daß Jung sie je bewiesen oder verifiziert hätte (p. 102).

Psychoanalytische Autoren kritisieren diese Auffassung, denn durch die reziproke kompensierende Beziehung zwischen Bewußtsein und Unbewußtem wird das dynamische Unbewußte und so der Unterschied zwischen diesen beiden Systemen aufgehoben (Glover 1950, Ticho 1982, McLynn 1996).

Das Unbewußte der Psychoanalyse ist ein konfliktuelles, ein dynamisches System. In *Formulierungen über die zwei Prinzipien des psychischen Geschehens* beschreibt Freud unter anderem den grundlegenden Konflikt zwischen dem Lustprinzip und dem Realitätsprinzip (Freud 1911/1990, pp. 229-238).

Für die Psychoanalyse gehört der Konflikt zum Menschen. Er kann zwischen zwei bewußten Wünschen oder Forderungen bestehen, zwischen einem bewußten und einem unbewußten Wunsch oder zwischen verschiedenen unbewußten Instanzen, z.B. Überich und Es (siehe weiter unten), oder auch innerhalb des Überichs. Das synthetisierende Prinzip Jungs lehnte sie ab.

Die Überich-Struktur basiert auf Phänomenen wie dem Konflikt zwischen Lustprinzip und Realitätsprinzip, zwischen dem Gewissen des Individuums und dem der Gesellschaft, den immer wieder neu zu stellenden Fragen nach der Gerechtigkeit. Eine solche Struktur ist nicht abgeschlossen, da sie sich, je nach Sichtweise, in immer wieder anderen Zusammenhängen und Konsequenzen darstellt.

Das dynamische Unbewußte mit seinen Konflikten trägt zur Charakterentwicklung bei. Es übt unentwegt Druck auf das Bewußtsein aus, beeinflußt bewußte Prozesse und wird vom Lustprinzip beherrscht.

Zunächst setzte Freud das Bewußte dem Unbewußten gegenüber. Später in seiner zweiten Topik arbeitete er mit der Triade Ich, Es und Überich. Im Es befinden sich die Triebrepräsentanzen (die Triebe als solche sind dem Bewußtsein nicht zugänglich), die sich uns durch Phantasien und Wünsche zu erkennen geben. Die Gegensätze sind dort aufgehoben: »Wir nähern uns dem Es mit Vergleichen, nennen es ein Chaos, einen Kessel voll brodelnder Erregungen. [...] es hat keine Organisation, bringt keinen Gesamtwillen auf, nur das Bestreben, den Triebbedürfnissen unter Einhaltung des Lustprinzips Befriedigung zu schaffen« (Freud 1933, p. 80). Das Es kennt keine Negation und keine Zeitvorstellung. »Gegensätzliche Regungen bestehen nebeneinander, ohne einander aufzuheben« (Ibid).

Die moderne Objektbeziehungstheorie versteht das Unbewußte (Es) nicht mehr wie Freud als eine brodelnde Masse, sondern als eine Struktur aus verdrängten, begehrten und gefürchteten primitiven Objektbeziehungen, die unter extremen Affekten gebildet wird (Kernberg). Die verschiedenen Strebungen des Es, Ich und Überich und deren Abwehrsysteme erzeugen kontinuierliche Konflikte im Bewußtsein sowie im Unbewußten. Jenseits der gesunden Verarbeitung erscheinen im Konflikt zwischen triebhaften Impulsen einerseits und ihren Abwehrmechanismen andererseits nach Kernberg drei mögliche klinische Resultate:
1. Symptome, die eine Hemmung von triebhaften, sexuellen oder aggressiven Impulsen und ihrem symbolischen Ausdruck darstellen.
2. Kompromißbildungen zwischen solchen Impulsen und der Abwehr gegen sie, so daß das Symptom symbolisch beides ausdrückt, z.B. Kopfschmerzen als symbolischer Ausdruck unterdrückter aggressiver oder sexueller Wünsche mit gleichzeitigen Schuldgefühlen wegen dieses Empfindens.
3. Abwechselndes Ausagieren von triebhaftem Verlangen und der Abwehr dagegen, entsprechend primitiver Spaltungen des Ichs, z.B. ein Abwechseln zwischen homosexuellem Agieren und Abscheu gegenüber homosexuellen Impulsen (Kernberg 2000). Leichte Grade dieser unterschiedlichen Konflikte können auch bei normaler Persönlichkeitsbildung auftreten, aber schwere Verzerrungen des Charakters, die von intensiven unbewußten Konflikten stammen, charakterisieren die Psychopathologie der Persönlichkeitsstörungen.

10. Schuldgefühle

Jungs monistische Triebtheorie basiert, wie gesagt, nicht auf dem intrapsychischen Konflikt. Denn die Archetypen sind, im Gegensatz zu intrapsychischen und interpersonellen Objektbeziehungen, nicht in sich ambivalent; die Anima als Hexe zum Beispiel ist nur böse (obwohl sie manchmal indirekt Gutes bewirken kann, bleibt sie doch böse), die Anima als Fee ist nur gut, im Gegensatz z.B. zur Mutterimago in der Objektbeziehungstheorie, die selbstverständlich ambivalent ist. Die Archetypen erscheinen entweder als gut oder böse, so wie Melanie Klein die frühesten Partialobjekte beschreibt, die durch Spaltung voneinander getrennt sind (»gute Brust«, »böse Brust«).[39] In einem solchen psychischen Modell, in dem es präexistente Kategorien von Gut und Böse gibt, die omnipotent sind und den Menschen überwältigen, fällt die Selbstverantwortung weg.

Schuldgefühle setzen einen vom Überich oder Ich erzeugten Ambivalenzkonflikt voraus, der intrapsychisch oder interpersonell wirkt. Jung hat kein Schuldkonzept in seine Gewissens- und Moraltheorie eingebaut (siehe auch das Kapitel »C.G. Jung: Das Gewissen«). Seine Nachfolger greifen das Problem der Schuldgefühle auch kaum auf und sehen darin keine tiefere Bedeutung für ethisches Verhalten. Neumann erwähnt, daß Gesetzesübertretung Schuldgefühle erzeugt, und Murray Stein schreibt in seinem Werk *Solar Conscience – Lunar Conscience* (vgl. das Kapitel »C.G. Jung und seine Nachfolger«), daß Schuldgefühle im solaren Bereich als Trennung von Familie und Gemeinschaft erlebt werden, während sie im lunaren Gewissen sich meist als Ängste, Alpträume, Verfolgungsgefühle, Launen, Zwänge oder in der Form von somatischen Symptomen auswirken (Stein 1993, pp. 61, 63, 83f).

Schuldgefühle anerkennen und ertragen zu können ist eine moralische Leistung. Es ist dies ein wichtiges Element der Überich-Bildung, insbesondere auch in Melanie Kleins Konzept der depressiven Position, und beinhaltet die Fähigkeit, Ambivalenzen zu ertragen und Sorge für den andern zu entwickeln sowie Reue zu spüren und Wiedergutmachung leisten zu wollen. Das hängt mit dem eigenen Gerechtigkeitsempfinden zusammen.

---

39 Atwood und Stolorow 1973/1993 verstehen die Archetypen des kollektiven Unbewußten als primitive, omnipotente Objektimagines (p. 199).

11. Politische Implikationen

Von persönlichen Konflikten und der Verantwortung im Sozialen ist es nur ein kurzer Schritt zum Politischen. Das Streben nach Ganzheit, die Unterwerfung unter die Macht der Archetypen, die Jung als Notwendigkeit fordert, sind aus meiner Sicht gefährliche Theorien, die sich auch auf Jungs eigene politische Neigung in der Zeit des Nationalsozialismus auswirkten (siehe das Kapitel »C.G. Jung: Das Gewissen«). Es wird einem nicht wohl dabei, denn die Archetypen stellen irrationale Kräfte dar, die eine Macht ausüben, der man sich zu unterwerfen hat, egal, ob sie gut oder böse ist. Die Archetypen sind unpersönliche, nichtindividuelle mythische Größen des kollektiven Unbewußten, die dem politischen Geschehen eine ideologisch-mythische Färbung geben. Wir kennen diese Kräfte aus den mörderischen Ideologien des letzten und dieses Jahrhunderts. Wir wissen, daß Jung eine ganze Zeitlang Hitler und dem Nationalsozialismus Sympathien entgegengebracht hat. Auch der Psychologe Micha Brumlik versteht Jungs theoretischen Ansatz der »Versenkung« und »Innerlichkeit«, der Suche nach dem »Gott in uns« als eine aggressive politische Gefahr: »Es wäre nicht das erste Mal in Deutschland, daß der Rückzug in die Intimität eines göttlichen Unbewußten, wie sie die Bildungsreligion der Romantik darstellte, schließlich in der Unterwerfung unter einen politischen Messias endet« (Brumlik 1986, p. 55). Und bereits Thomas Mann sah in der Romantik einen Vorläufer des Nationalsozialismus.[40] Romantische Ideen sind auch in manchen ideologischen Heilsversprechen von Gurus und Sektenführern zu finden, die sich z.T. auf Jung berufen.

Ich bin überzeugt, daß die Unterwerfung unter die Archetypen den Einzelnen daran hindert, seine individuellen Rechte und Freiheiten zu wahren, so daß Überich-Werte wie z.B. Glaubens- und Gewissensfreiheit nicht realisierbar wären (vgl. das Kapitel »Otto F. Kernberg«). Der Psychoanalytiker Jonathan Lear betont, man müsse in einer Psychoanalyse den Wunsch haben, Autonomie zu erlangen, und »man muß die Wahrheit in sich erfahren wollen«, um sich auch

---

40 »Ich gebe zu, daß, was man Nationalsozialismus nennt, lange Wurzeln im deutschen Leben hat. Es ist die virulente Entartungsform von Ideen, die den Keim mörderischer Verderbnis immer in sich trugen, aber schon dem alten, guten Deutschland der Kultur und Bildung keineswegs fremd waren. Sie lebten dort auf vornehmem Fuß, sie hießen ›Romantik‹ und hatten viel Bezauberndes für die Welt« (Mann 1941, p. 206).

gegen Konventionen entscheiden zu können. Es ist nicht Glück (happiness) und nicht Selbstachtung (self-esteem), sondern Freiheit, die in der Psychoanalyse angestrebt wird: »to let freedom come to the fore« (Lear 1999).

Jungs Individuationsziel ist ja die Vereinigung der Gegensätze im Menschen, die zur Ganzheit führen soll und in der Widersprüche und Spannungen zur Ruhe kommen sollen. Bewußtes und Unbewußtes, Gut und Böse sollen versöhnt werden. Der Philosoph Christoph Türcke kritisiert dies bei Jung als eine »irrationale Vereinigung der Gegensätze«, wo »Ununterschiedenes, Konträres, einander Widersprechendes, ob Bewußt und Unbewußt, Männlich und Weiblich, Hell und Dunkel, Gut und Böse« versöhnt werden sollen«. Jung kommt es, so Türcke, nicht darauf an, daß »Versöhnung die freie Entfaltung des Unterschiedenen, [stattdessen] aber die Beseitigung des Widerspruchs bedeutet«, so daß Jungs Gegensatzvereinigung einfach »die Ganzheit des Menschen besorgt. Ganzheitlich ist das deutsche Wort für totalitär« (Türcke 1992, p. 105).

Dies hat auch auf persönlicher Ebene und in intellektueller Auseinandersetzung seine Entsprechung. Nach der Trennung von Freud 1913 sah Jung in Freud nicht mehr den bewunderten Lehrer, sondern einen Konkurrenten, gegen den er sich abgrenzen mußte. Während der Nazizeit tat er dies, indem er Freuds Psychologie als »jüdisch« und Freud als wurzellosen Juden darstellte (vgl. das Kapitel »C.G. Jung: Das Gewissen«). Es gibt viele Wissenschaftler, die Jungs Antisemitismus als seinen Kampf gegen Freud und seine Abrechnung mit der Psychoanalyse interpretiert haben (Slochower, Brumlik, Gess, Samuels u.a.).

Der Soziologe Heinz Gess versteht Jungs Theorien, insbesondere die Ethisierung der Archetypen und das Festhalten an der Möglichkeit seelischer Erlöstheit, als Jungs Kampf gegen Freud und das Jüdische. Jung glaubt, so Gess, im Gegensatz zu Freud an die Erlösbarkeit des Menschen. Um an diesem Glauben festhalten zu können, projiziert Jung die Unerlöstheit auf die, die die Erlösbarkeit leugnen, nämlich auf Freud und die Juden (Gess 1994, p. 180f).[41]

---

41 Jungs *Antwort auf Hiob* wird von der Wissenschaft auch entweder als Abrechnung mit Freud oder als Fortsetzung antijüdischer Tendenzen gelesen. Nach Ende des Nationalsozialismus »haderte er nun mit Gott, vornehmlich dem jüdischen Gott der Hebräischen Bibel […]. Die Angst vor dem *und* der Kampf gegen das Judentum hat sich – nun nach dem Krieg – auf eine Auseinandersetzung mit dessen Gott verlagert: die Ausdrucksformen haben sich geändert, die Sache nicht!« (Brumlik 1992, p. 55).

So kann auch die von Jung als »Pseudomoral« deklarierte, psychogenetisch hergeleitete Moral Freuds mit Jungs eigener echter, aus dem Inneren kommender Moral nicht standhalten. Die Psychoanalyse stamme aus dem »›wurzellosen Geist[es]‹, der den Menschen ›zerfasert, entwertet, unterminiert‹« (Jung in Gess 1994, p. 166. Schwer wiegt, so Gess, daß Jung auf antisemitische Stereotypen zurückgreift, um seine Moral als die richtige hinzustellen. Eine Moral, die sich auf diese Weise darstellen muß, »demonstriert schon damit ihre Unwahrheit. Sie demonstriert, daß sie auf Zwang und Gewalt gegründet ist« (Gess 1994, p. 168).

Ich habe in dem Kapitel über Jung erklärt, warum es plausibel erscheint, daß Jungs Archetypentheorie aus dem Einfluß der Mutter seiner Kindheit hervorgegangen ist. Autoritätshörige neigen dazu, das väterliche Prinzip, das Überich, durch eine Suche nach der symbioseversprechenden archaischen Mutterimago zu ersetzen. Dieser »regressive Ersatz des Überichs durch einen Aspekt des Ichideals [...] macht die Kapitulation der moralischen Kräfte verständlich [...]«, schreibt Eickhoff in Zusammenhang mit der Shoah (Eickhoff 2001).

12. Ziele der Psychotherapie

> But what endeavor other than
> psychoanalysis, what treatment, what
> study of humans, has at its core unending
> curiosity and skepticism, the absolute
> demand that the individual find his truth cut
> loose from magic, from secrets, and from
> the erotization of victimhood? Analysis,
> with astonishing speed, went from
> revolution to respectability to outdated
> mythology. I do not think that a free society
> can easily bear the loss.
> R. Stoller

Die Zielsetzungen der Behandlung sollten in den Patienten keine falschen Hoffnungen und Illusionen erwecken oder aufrechterhalten, sie müssen realistisch sein und bei jedem Patienten auch während der Therapie immer wieder neu aufgestellt werden. Die psychoanalytische Behandlung ermöglicht u.a. durch Einsicht und Selbsterkenntnis eine veränderte moralische Einstellung (vgl. das Kapitel »Roger Money-Kyrle«). Veränderungen im Überich und in seiner Beziehung zum Ich sind wichtige Therapieziele: Ein kindliches überstrenges Überich wird milder werden, sich mehr dem Ich angleichen, und ein gering ausgebildetes mit einem entsprechend wenig verantwortungsvollen Gewissen wird reifer werden. Mit dem Durcharbeiten von Überichproblemen werden primitive Idealisierungen sowie sadistische Überich-Anteile bearbeitet. Beides sind Voraussetzungen für reife Objektbeziehungen. Die Fähigkeit, sich und andere zu beschützen, kann sich entfalten, wenn man selber einen gesicherten Rahmen in Form von eigenen Wertvorstellungen hat und moralische Unterscheidungen treffen kann. Defizite und Defekte im Überich bewirken, daß man eigene Grundbedürfnisse und die anderer vernachlässigt.

Die Ziele der Jungschen Therapie unterscheiden sich von denen der Psychoanalyse in mancher Hinsicht. Jungs Idee war es, die innere Autorität (das Selbst) in sich zu finden, zu stärken und sich ihr zu unterwerfen. Er sah den Menschen als »Opfer« der religiösen Mächte, die das Subjekt ergreifen und denen man sich zu unterwerfen hat (vgl. Jung 1940/1973, p. 3ff). Freud ging es um mehr Einsicht in die eigenen Probleme und Konflikte, die dem Individuum vorher nicht vorhandene Freiheiten und Unabhängigkeit verschaffen kann.

Jung wollte »retten«. Er sah, daß die Menschen an fehlendem Lebenssinn litten und daß seine Psychologie ihnen diesen durch das Konzept der Individuation vermitteln könnte. Seine Lehre erweckte Hoffnung auf seelische Wandlung, auf Ganzheit, sie war eine Psychologie des »commitment« (Rieff), die die Sinnlosigkeit aufheben sollte. Seelische Wandlung müsse, so Jung, mit einem »Verschwinden der Ichhaftigkeit« einhergehen, d.h. das Unbewußte muß führen. (Jung 1939/1973, p. 598f)

Für Freud ist das Überich des Einzelnen nicht nur für das Individuum, sondern auch für die Bindung an die Gesellschaft und für deren Schutz verantwortlich. S. Moscovici formuliert es so: »Es stellt die höchste Instanz in der Entwicklung des Menschen und den Garanten all seiner sozialen Funktionen […] dar. Es ist die Stimme, die uns in Erinnerung ruft, daß wir stets für das Überleben unsrer Kultur verantwortlich sind […]« (Moscovici 1984, p. 336).

Freud ist einerseits um Erhalt von Kultur und Gesellschaft besorgt, andererseits aber soll der Mensch sich nicht von der sexuellen Realität abwenden:

»Wir sollten uns nicht so weit überheben, daß wir das ursprünglich Animalische unserer Natur völlig vernachlässigen, dürfen auch nicht daran vergessen, daß die Glücksbefriedigung des einzelnen nicht aus den Zielen unserer Kultur gestrichen werden kann« (Freud 1910), denn »[j]ede psychoanalytische Behandlung ist ein Versuch, verdrängte Liebe zu befreien« (Freud 1907, p. 118).

Im Gegensatz zu Jung hat Freud die Einsicht in die Sinnlosigkeit des Lebens vertreten. Ich erinnere an seinen Brief an Marie Bonaparte vom 13. August 1937, in dem er schreibt:

> Im Moment, da man nach Sinn und Wert des Lebens fragt, ist man krank, denn beides gibt es ja in objektiver Weise nicht; man hat nur eingestanden, daß man einen Vorrat von unbefriedigter Libido hat, und irgend etwas anderes muß damit vorgefallen sein, eine Art Gärung, die zur Trauer und Depression führt (Freud 1968, p. 452).

Ernst Ticho (1972) unterscheidet in der Psychoanalyse zwischen Lebenszielen und Behandlungszielen. Er sieht als allgemeine psychoanalytische Behandlungsziele die Bildung von reifen Objektbeziehungen, das Erreichen größerer Frustrationstoleranz sowie die Verminderung narzißtischer Selbstbezogenheit; vor allem aber ist es wichtig, einen freieren Zugang zum Unbewußten zu erreichen, was »eine freiere Kommunikation mit der Außenwelt erlaubt« (p. 316), sowie eine Veränderung der Überichfunktion, die ein toleranteres und liebevolleres Überich ermöglicht. Am Ende einer Analyse sollte man Verständnis für die infantilen Ursprünge von Liebe und Haß sowie für eigene Abhängigkeitstendenzen gewonnen haben. Konfliktuelle internalisierte Beziehungsmuster der Vergangenheit zwischen selbst und anderen sollten erkannt worden sein und dadurch verändert werden können. Die neue und hilfreiche Beziehung zum Analytiker, zur Analytikerin bewirkt, daß pathologische internalisierte Objektbeziehungen sich verändern und Patienten sich so von alten Mustern befreien können.

Zu Lebenszielen gehören die von Patienten oft geäußerten Wünsche nach Partnerschaft, Heirat, Kindern. Lebensziele können auch Wünsche nach einer bestimmten Karriere oder ein Schulabschluß sein. Persönliche Lebensziele wären z.B. der Wunsch, weniger streng mit sich und anderen zu sein oder das eigene aggressive Potenzial zu mildern usw. Beide Ziele hängen von bewußten und unbewußten Idealen ab. Lebensziele werden zwar auch in der Psychoanalyse bearbeitet, können aber dort nie ganz erreicht werden (Ticho 1972, p. 321f).

Für Jung und seine Nachfolger geht es im analytischen Prozeß immer wieder um die Sinnfrage, und sie bemühen sich daher eher um das Erreichen von Lebenszielen, während es in der Psychoanalyse viel mehr um Behandlungsziele geht, d.h., nach Ticho, vor allem darum, den durch die Neurose unterbrochenen Entwicklungsprozeß wieder in Gang zu bringen.

Sandler und Dreher (1996) haben eine Übersicht über die Therapieziele von Freud und seinen Nachfolgern bis in die 90er Jahre gegeben, die ich hier zusammenfasse: Freud war der Meinung, daß eine erfolgreiche Durchführung der analytischen Behandlung den gewünschten Erfolg bringen würde, nämlich die Fähigkeit, zu arbeiten und das Leben zu genießen (Freud 1912 in Sandler und Dreher 1996, p. 12). Im Laufe der Jahre trat für ihn die Wichtigkeit der Heilung selber immer mehr in den Hintergrund gegenüber der wachsenden Bedeutung des Therapieprozesses selbst. Ein zentrales Anliegen Freuds war die Auflösung des neurotischen Konflikts, der den Patienten in Behandlung brachte. Später (Freud 1917 in Sandler und Dreher 1996) legte er mehr Gewicht auf intrapsychische Veränderungen, auf Selbsterkenntnis. 1923 war es ein Ziel, dem Ich die Freiheit der Wahl zu ermöglichen. In *Die endliche und die unendliche Analyse* (1937) betonte er als Ziele, Ängste, Hemmungen und Charakterstörungen zu beseitigen sowie Verdrängungen aufzulösen, so daß man keine Wiederholungen des entsprechenden pathologischen Prozesses befürchten muß und das Ich normal funktionieren kann (Sandler und Dreher 1996, pp. 20-21).

Für Hartmann war es ein wichtiges Ziel, daß man nach einer Analyse eine Anpassung an die Realität leisten sowie Leiden und Depression tolerieren kann (p. 43f). Während der 70er Jahre wurde eine Veränderung des Überichs wieder als ein wichtiges Ziel und Kriterium für eine Beendigung der Analyse gesehen, wie es dies schon für die frühen Psychoanalytiker gewesen ist (p. 90). Mitte der 70er Jahre ging es zwischen Analytiker und Patient immer weniger darum, Verdecktes aufzuspüren oder spezifische Probleme zu lösen, sondern mehr darum, ›miteinander auszukommen‹ (p. 94). John Steiner plädiert dafür, daß man in der Analyse lernt, die Getrenntheit von Selbst und Objekt als Realität anerkennen zu können, was einen Trauerprozeß auslöst, durch den das Ich gestärkt wird.

Sandler und Dreher betonen als ihre eigenen Analyseziele, daß Patienten lernen, die infantilen Wunschaspekte bei sich akzeptieren zu können, sich mit den früher inakzeptablen und bedrohlichen Teilen ihrer Persönlichkeit, ihren Wünschen und Phantasien zu befreunden. Um dies zu können, muß der Analytiker

»eine Atmosphäre von Toleranz für das Infantile, das Perverse und das Lächerliche« herstellen, um den Patienten die Möglichkeit zu geben, diese Aspekte zu internalisieren (p. 106).

Im Laufe der Jahre sei es das Ziel der Analyse geworden, intrapsychische Veränderung herbeizuführen, die die Auflösung der Hauptkonflikte bewirkt, sowie das Erreichen der Fähigkeit zur Selbstbeobachtung (p. 115).

Aber letztlich gibt es nicht *eine* Antwort auf die Frage nach Zielen, sondern sie müssen immer neu der Realität, den Möglichkeiten des individuellen Patienten angepaßt werden. M.E. können Lebens- und Behandlungsziele nicht streng voneinander getrennt werden. Sie hängen von dem Motiv ab, weswegen der Patient analytische Behandlung aufgesucht hat, wie auch von der fortschreitenden Dynamik des analytischen Prozesses, welche unbewußten Lebensziele z.b. im Verlauf der Behandlung bewußt werden.

Ich sehe als wichtige Ziele und als Konsequenz der reifen Gewissensbildung

daß sich der Mensch sexuelle Freiheit gestatten kann, ohne andere auszubeuten;
daß er in Beziehungen Aggressivität von Haß befreien kann, um anderen nicht zu schaden;
daß er die Fähigkeit zu Liebe und Freundschaft besitzt;
daß er in der Arbeit Befriedigung erfahren kann;
daß er nach Loyalität und Gerechtigkeit strebt;
daß er andere Meinungen gelten lassen kann;
daß er in normalen Wettbewerb treten kann;
daß er in Beziehungen Ambivalenzen ertragen kann.

Das Überich soll milder werden, damit das Individuum nicht eigene strenge Forderungen auf andere projiziert. Ein mildes Überich wird sich und anderen nicht neurotische Schuldgefühle aufladen. So können befriedigende Objektbeziehungen gelebt werden, die es erlauben, tiefe Beziehungen mit anderen zu haben und Ambivalenzen zu ertragen. Ziel ist ferner, Zivilcourage zu entwickeln, um destruktiven Konventionen, Vorurteilen und Unrecht entgegenzutreten. Weiterhin gehören zu den ethischen Zielen, daß der Analysand die Wahrheit über sich akzeptiert und seine Stärken und Begrenzungen kennt; daß er die Fähigkeit entwickelt, seine Begabungen kreativ einzusetzen; daß er trauern kann; daß er die Realität akzeptiert und Illusionen, wenn nötig, immer wieder aufgeben kann.

Schließlich muß man sich auch von den Geboten des Überichs lösen können, wenn es notwendig wird, gegen Ungerechtigkeit, gegen »falsche« Gebote zu kämpfen. Erziehung muß auch »eine Erziehung zum Widerspruch und zum Widerstand« sein (Adorno 1970, p. 153). Dazu muß das Ich gestärkt und vom Überich unabhängiger werden. Und doch soll die Angst des Ichs vor dem Überich bestehen bleiben, denn die Gewissensangst ist für die menschliche Gemeinschaft unentbehrlich (Freud 1933, pp. 86, 95). Das Ich soll die Kontrolle durch das Überich nie verlieren, damit es selbst und die Gemeinschaft vor regressiven und aggressiven Kräften geschützt werden.

13. Abschließende Gedanken: Aufbruch oder Rückkehr – Verantwortung oder Erlösung

Alle unsere grundlegenden Werte und deren Qualitäten wie Freiheit, Gleichheit vor dem Gesetz, die Verwirklichung von Gerechtigkeit sowie die Suche nach Wahrheit werden vom Gewissen entscheidend geprägt: Ein reifes Gewissen schafft die Voraussetzung für mehr individuelle Freiheit in den Beziehungen zu anderen Menschen und ermöglicht größere moralische Unabhängigkeit, so daß der Einzelne konventionellen moralischen Klischees und gesellschaftlichen Vorurteilen gegenüber besser gewappnet ist.

Dementsprechend war es für Freud wichtig, Triebverzicht zu leisten, d.h. Freiheit von den triebhaften Impulsen zu erlangen, um so eine Wahl treffen und die Verantwortung für die eigenen Handlungen übernehmen zu können – anders als Jung, der Freiheit vom einengenden Ich zu erreichen suchte, um das Unbewußte, die Archetypen, ins Bewußtsein kommen zu lassen, damit sie den Menschen leiten. Aus diesen fundamental unterschiedlichen Grundannahmen ergeben sich nahezu zwangsläufig auch die unterschiedlichen Konzeptualisierungen des Gewissens, seines Ursprungs und seiner Entwicklung.

So liegt der Ursprung des Gewissens für die Psychoanalyse in der Sorge um die Liebe des Objekts und der entsprechenden Dankbarkeit gegenüber den Objekten. Wir werden moralisch, weil wir geliebt wurden und geliebt werden wollen. Für Jung dagegen ist das Gewissen einfach vorhanden, es gibt keinen Grund für seine Entstehung. Vielleicht wird auch deshalb in der Jungschen Theorie nicht hinreichend klar, worin die Funktion des Gewissens besteht und wie man das ›richtige‹ vom ›falschen‹ Gewissen unterscheiden kann. Den Anforderungen und Grundbedingungen für die Möglichkeit einer gerechten Welt, wie sie z.B. in dem oben erwähnten Manifest zum 11. September 2001 formuliert worden sind, ist ein solches Gewissenskonzept daher m.E. nicht gewachsen.

Die Psychoanalyse enthält kein spezifisches Wertesystem außer einer ganz allgemeinen humanistischen Einstellung, die für Freiheit, Unabhängigkeit und Gesellschaftsfähigkeit und – höchst wichtig – die moralische Integrität des Individuums steht. Sie ist also keine Weltanschauung und keine Ideologie.

Deshalb ist die Psychoanalyse auch nicht berechtigt, die Patienten zu einer bestimmten sozialen oder anderen Einstellung zu erziehen: »Die psychoanalytische Erziehung nimmt eine ungebetene Verantwortung auf sich, wenn sie sich vorsetzt, ihren Zögling zum Aufrührer zu modeln. Sie hat das ihrige getan, wenn sie ihn möglichst gesund und leistungsfähig entläßt. In ihr selbst sind genug revolutionäre Momente enthalten, um zu versichern, daß der von ihr Erzogene im späteren Leben sich nicht auf die Seite des Rückschritts und der Unterdrückung stellen wird« (Freud 1933, p. 162).

Es hat sich allerdings gezeigt, daß Freud in dieser Hinsicht zu optimistisch gewesen ist. Auch die psychoanalytische Theorie konnte von einigen politischen Richtungen und Ideologien für ihre Zwecke verwendet und mißbraucht werden. Ich beende also mein Buch mit einem Caveat.

Die Analytische Psychologie setzt ein bereits existierendes Wertesystem voraus, welches sich in den Archetypen ausdrückt, also in den unpersönlichen Aspekten des Unbewußten, die allen Menschen gemeinsam sind, im Religiösen und Numinosen. Jung wollte die Ein- bzw. Rückbindung an dieses System erreichen. Freud ging es um Entwicklung und die weitgehende Befreiung von der Macht des Unbewußten.

Jung suchte Erlösung vom Konflikt, und zwar durch die sogenannte transzendente Funktion, die die Gegensätze ausgleicht. Sie beruht auf einem »natürlichen Prozeß, der den Abgrund zwischen dem Bewußten und dem Unbewußten überbrückt« (Samuels et al., p. 150) und Rationales mit Irrationalem verbindet.

Die Utopie einer konfliktlosen Welt verleugnet aber die unauflösbare Dialektik zwischen Liebe und Aggression. Die Suche nach Konfliktlosigkeit ist ein Schritt zurück, eine Sehnsucht nach dem Paradies. Jung hat ja den Freudschen Inzestwunsch, wie bekannt, umgedeutet: Er verwarf den realen sexuellen Wunsch und verstand Inzest stattdessen als ein Eingehen in die Mutter, um wiedergeboren zu werden. Eine Metapher also für »psychologisches Wachstum« (Samuels et al., p. 74), spirituelle Regeneration, eine neue Beziehung zur inneren Welt und nicht zuletzt auch für einen Zustand von kreativer Träumerei.

Dies ist eine Umkehrung des Grundgedankens der psychoanalytischen Theorie, die auf der notwendigen Trennung von der Mutter und der Anerkennung der väterlichen Prinzipien wie Unterscheidungsfähigkeit, Verzicht, Gesetz und Sprache aufbaut und den Konflikt als Grundlage für die Entwicklung des reifen Überichs und letztlich als Prinzip allen Lebens begreift.

Wenn das »mütterliche Prinzip«, nämlich die Suche nach Geborgenheit, Nähe und Schutz, nach Verschmelzung mit einer Mutterimago, vorherrscht und das »väterliche« der Gebote und Verbote, Regeln und Normen sozialen Verhaltens nicht genügend integriert ist, so besteht die Tendenz zur Regression, wie sie auch z.B. in Großgruppen und Massenbewegungen zu finden ist: Das Individuum bzw. die Gruppe identifiziert sich dann regressiv mit dem »mütterlichen« Aspekt und projiziert den »väterlichen«, zum Verfolger werdenden auf »die anderen«.

In diesem Zusammenhang ist es interessant, Leonard Shengolds Gedanken zu erwähnen, nämlich daß Liebe und Moral im Gegensatz zu frühen Bedürfnis- und Wunschbefriedigungen stehen, weil diese die Realität des anderen nicht anerkennt: »Morality and the capacity to love begin with giving up the insistence on being the only one who exists or whose existence matters [...] Love is the conviction of the dearness of the other« (Shengold 1995, p. 61).

Jung glaubte also an einen vorhandenen Lebenssinn im Religiösen und sah die Aufgabe der Analyse im Erlernen der Spiritualität, im Suchen nach dem Selbst, dem ordnenden Prinzip für die potentielle Ganzheit der Persönlichkeit, dem Archetyp des Gottesbildes in der menschlichen Seele. Für Freud dagegen entsteht der Lebenssinn durch das Aufgeben von Illusionen und in der individuellen Erfüllung des Lebens durch Arbeit und Liebe, er wird also von jedem Menschen selber erschaffen.

In diesem Sinn ist für Freud auch die Entstehung und Entwicklung des Gewissens eine persönliche Angelegenheit – die Psychoanalyse geht in Begleitung eines erwachsenen Bewußtseins zu den Ursprüngen zurück, und Freiheit wird möglich, indem das Bewußtsein sich durch dieses Wieder- und Neuerleben der eigenen Kindheit und Gewissensentwicklung erweitert: Die eigene Geschichte und Bedingtheit wird sichtbar und dadurch wächst auch die Fähigkeit, Verantwortung für sich und andere zu tragen.

Jungs Gewissenskonzept befindet sich hingegen jenseits von Subjektivität, weil es als Archetyp nicht aus der persönlichen Geschichte entwickelt wurde.

Die Jungsche Idealisierung psychischer Inhalte hat die äußere Realität vernachlässigt. P. Homans hat dies zugespitzt formuliert, indem er schrieb, daß für die Jungianer die soziale Ordnung nicht existiere, daß sie ersetzt werde durch das Problem der inneren psychologischen Ordnung (Homans in McLynn 1996, p. 314). Demgegenüber war für Freud das individuelle Überich ohne eine soziale und kulturelle Umwelt nicht denkbar.

So bleibt es eine offene Frage, inwieweit Kultur und Gesellschaft die Verantwortung dafür tragen sollen, daß durch Erziehung und Bildung eine internalisierte Moral und ein Gewissen gefordert und gefördert werden. In demokratischen Gesellschaften sind das selbstverständliche Aufgaben – im Gegensatz zu totalitären politischen Systemen, in denen Verlogenheit und Täuschung die Herrschaft aufrecht erhalten. Unter solchen Umständen werden schon beim Kind Bildung und Moral zerstörerisch beeinflußt, und die kulturelle Basis verzerrt die psychische Struktur des Individuums und auch der Gruppe. Die Konsequenzen eines langen Lebens unter totalitärer Herrschaft sind schwerwiegend, müssen aber noch genauer erforscht werden.

Jungs Suche nach dem archetypischen Gewissen ist wie eine Wanderung auf den Horizont zu, der zwar sichtbar, aber nur in der Vorstellung erreichbar ist. Im Vergleich dazu muß man Freuds Überich Schritt für Schritt entwickeln, wie auf dem Weg durch einen dichten Wald.

Für mich ist Gewissen nur als ein dynamischer Prozeß zu verstehen, der eine konstante Arbeit bedeutet, die jeder Mensch täglich neu zu leisten hat. Wir müssen bereit sein anzuerkennen, daß der Kampf zwischen Moral und primitiven Aggressionen, der sich sowohl im Persönlichen als auch im Sozialen zeigt, eine Herausforderung ohne Ende ist.

Literatur

Abraham, K. (1914), *Gesammelte Schriften, Bd. I*, C.G. Jung, ›Versuch einer Darstellung der psychoanalytischen Theorie‹, Frankfurt: Fischer, 1982

Adorno, T.W. (1970), *Erziehung zur Mündigkeit – Vorträge und Gespräche mit Hellmut Becker, 1959-1969*, G. Kadelbach (Hrsg.), Frankfurt: Suhrkamp

— et al. (1969), *The Authoritarian Personality*, New York: W.W. Norton

Akhtar, S. (1999), *Inner Torment – Living between Conflict and Fragmentation*, Northvale, N.J., London: Jason Aronson

Assmann, J. (2003), *Moses der Ägypter – Entzifferung einer Gedächtnisspur*, Frankfurt: Fischer

— (2003), *Die Mosaische Unterscheidung – Oder Der Preis Des Monotheismus*, München, Wien: Carl Hanser Verlag

— (2004), »Sigmund Freud und das kulturelle Gedächtnis«, in: Psyche 58, Heft 1, pp. 1-25

Atwood, G. and Stolerow, R. (1979/1993), *Faces in a Cloud*, Northvale, N.J., London: Jason Aronson

Balmer, H. (1972), *Die Archetypentheorie von C.G. Jung – Eine Kritik*, Berlin, Heidelberg, New York: Springer

Beebe, J. (1992), *Integrity in Depth*, College Station, Texas: Texas A&M University Press

Bergmann, M. (2000), »The Conflict between Enlightenment and Romantic Philosophies as Reflected in the History of Psychoanalysis« (unveröffentlichtes Manuskript)

— (2001), »Life Goals and Psychoanalytic Goals from a Historical Perspective«, in: The Psychoanalytic Quarterly LXX, No. 1, pp. 15-34

Bernhard, Th. (1983), *Vor dem Ruhestand*, in: *Die Stücke*, Frankfurt: Suhrkamp, pp. 687-792

Bernstein, R.J. (2003), *Freud und das Vermächtnis des Moses*, Berlin, Wien: Philo

Blumenberg, Y. (1997), »›Die Crux mit dem Antisemitismus'. Zur Gegenbesetzung von Erinnerung, Herkommen und Tradition«, in: Psyche 51, Heft 12, pp. 1115-1160

Brumlik, M. (1986), »Die Renaissance der Gottmenschen, C.G. Jung und seine Jünger«, in: Psychologie Heute, pp. 51-55

Camus, A. (1945), »Briefe an einen deutschen Freund«, in: *Kleine Prosa*, Hamburg: Rowohlt, 1997

Chasseguet-Smirgel, J. (1984), *Creativity and Perversion*, New York, London: W.W. Norton

— (1986), *Zwei Bäume im Garten. Zur psychischen Bedeutung der Vater- und Mutterbilder – Psychoanalytische Studien,* München, Wien: Verlag Internationale Psychoanalyse, 1988

— (1987), *Das Ichideal*, Frankfurt: Suhrkamp

Coen, S.J. (1998), »Perverse Defenses in Neurotic Patients«, in: Journal of the American Psychoanalytic Association, Vol. 46, pp. 1169-1194

Daniel, R. (2000), »Archetypen und Individuation«, in: Jung-Zeit 4

Douglas, C. (1990), *The Woman in the Mirror*, Boston: Sigo Press

Eco, U. (1995), »Ur-Fascism«, in: The New York Review of Books, 22. Juni

Eickhoff, F.-W. (2001), »Die Verführbarkeit des Über-Ichs durch den Verrat« (unveröffentliches Manuskript)

Eissler, K.R. (1982), *Psychologische Aspekte des Briefwechsels zwischen Freud und Jung,* Stuttgart-Bad Cannstatt: frommann-holzboog, Jahrbuch der Psychoanalyse, Beiheft 7

Emde, R.N. (1987), »Development Terminable And Interminable«, in: The International Journal of Psycho-Analysis, Vol. 69, Part I, pp. 23-38

— et al. (1985), »The Do's and Don'ts of Early Moral Development«, in: *The Emergence of Morality in Young Children*, J. Kagan and S. Lamb (Edd.), Chicago and London: The University of Chicago Press, 1990

— — (1991), »The Moral Self of Infancy: Affective Core and Procedural Knowledge«, in: Developmental Revue 11, pp. 251-270

Erlenmeyer, A. (1990), »Die Funktion des Religiösen und der Über-Ich-Begriff in C.G. Jungs Theoriebildung«, in: Analytische Psychologie, pp. 98-119

Fordham, M. (1962), »The Self in Jung's Writings«, Guild Lecture No. 117, in: The Guild of Pastoral Psychology, März 1962

Freeman, J. (1994), »›Face to Face‹, Interview für die BBC« 1959, in: *C.G. Jung, Ein goßer Psychologe im Gespräch*, R. Hinshaw und L. Fischli (Hrsg.), Freiburg, Basel, Wien: Herder

Freud, S. (1895), *Entwurf einer Psychologie,* in: *Gesammelte Werke* (im folgenden abgekürzt als GW) Nachtragsband, Frankfurt: Fischer, 1950 (=1950a)

— (1900), *Die Traumdeutung*, in: GW II/III, Frankfurt: Fischer, 1987

— (1907), *Der Wahn und die Träume in W. Jensens ›Gradiva‹*, in: GW VII, Frankfurt: Fischer, 1976

— (1910), *Über Psychoanalyse*, in: GW VIII, Frankfurt: Fischer, 1990

- (1911), *Formulierungen über die zwei Prinzipien des psychischen Geschehens,* in: GW VIII, Frankfurt: Fischer, 1990
- (1912-13), *Totem und Tabu,* in: GW IX, Frankfurt: Fischer, 1986
- (1914b), *Zur Einführung des Narzißmus,* in: GW X, Frankfurt: Fischer, 1991
- (1915a), *Zeitgemäßes über Krieg und Tod,* in: GW X, Frankfurt: Fischer, 1991
- (1915b), *Der Moses des Michelangelo,* in: GW X, Frankfurt: Fischer, 1991
- (1915c), *Triebe und Triebschicksale,* in: GW X, Frankfurt: Fischer, 1991
- (1915d), *Die Verdrängung,* in: GW X, Frankfurt: Fischer, 1991
- (1920), *Jenseits des Lustprinzips,* in: GW XIII, Frankfurt: Fischer, 1987
- (1921), *Massenpsychologie und Ich-Analyse,* in: GW XIII, Frankfurt: Fischer, 1987
- (1923), *Das Ich und das Es,* in: GW XIII, Frankfurt: Fischer, 1987
- (1924c), *Das ökonomische Problem des Masochismus,* in: GW XIII, Frankfurt: Fischer, 1987
- (1926a), *Ansprache an die Mitglieder des Vereins B'nai B'rith,* in: GW XVII, Frankfurt: Fischer, 1993
- (1926b), *Hemmung, Symptom und Angst,* in: GW XIV, Frankfurt: Fischer, 1991
- (1927), *Die Zukunft einer Illusion,* in: GW XIII, Frankfurt: Fischer, 1991
- (1930), *Das Unbehagen in der Kultur,* in: GW XIV, Frankfurt: Fischer, 1991
- (1933), *Neue Folge der Vorlesungen zur Einführung in die Psychoanalyse,* in: GW XV, Frankfurt: Fischer, 1990
- (1937), *Die endliche und die unendliche Analyse,* in: GW XVI, Frankfurt: Fischer, 1981
- (1938), *Abriß der Psychoanalyse,* in: GW XVII, Frankfurt: Fischer, 1993 (=1940a)
- (1939), *Der Mann Moses und die monotheistische Religion,* in: GW XVI, Frankfurt: Fischer, 1981
- (1950), *Entwurf einer Psychologie,* in: GW Nachtragsband, Frankfurt: Fischer, 1987
- (1968), *Sigmund Freud/Arnold Zweig Briefwechsel,* Frankfurt: Fischer, 1984
- (1968), *Briefe 1873-1939,* Frankfurt: Fischer, 1980
- und Pfister, O. (1963), *Briefe 1909-1939,* Frankfurt: Fischer

Frey-Rohn, L. (1961),»Das Böse in Psychologischer Sicht«, in: *Das Böse,* Zürich und Stuttgart: Rascher Verlag, Studien aus dem C.G. Jung-Institut Zürich, pp. 161-211

Friedman, P. and Goldstein, J. (1964),»Some Comments on the Psychology of C.G. Jung«, in: The Psychoanalytic Quarterly, Vol. 3, pp. 194-225

Fromm, E. (1950), *Psychoanalyse und Religion,* in: Gesamtausgabe Bd. VI, Stuttgart: Deutsche Verlagsanstalt, 1980

— (1963), »Psychoanalyse«, in: Gesamtausgabe Bd. VIII, Stuttgart: Deutsche Verlagsanstalt, 1981, pp. 125-130
Furet, F. (1995), *Das Ende der Illusion*, München und Zürich: Piper, 1996
Gafni, M. (1997), »To you Alone«, in: The Jerusalem Report, 20. März 1997
Gay, P. (1988), *Ein gottloser Jude, Sigmund Freuds Atheismus und die Entwicklung der Psychoanalyse*, Frankfurt: Fischer
— (1989), *Freud. Eine Biographie für unsere Zeit*, Frankfurt: Fischer
Gedo, J.E. (1978), »Magna est vis veritatis tuae, et prevalebit!«, in: The Annual Of Psychoanalysis, Vol. VIII, pp. 53-82
— (1981), »The Air Trembles, For Demi-Gods Draw Near«, in: American Imago, Vol. 38, No. 1, pp. 61-80
Gess, H. (1994), *Vom Faschismus zum Neuen Denken – C.G. Jungs Theorie im Wandel der Zeit*, Lüneburg: Zu Klampen
Glover, E. (1950), *Freud or Jung*, Evanston: Northwestern University Press, 1991
Gilligan, C. and Wiggins, G. (1987), »The Origin of Morality in Early Childhood Relationships«, in: *The Emergence of Morality in Young Children*, J. Kagan and S. Lamb (Edd.), Chicago and London: The University of Chicago Press, 1990, pp. 288-300
Green, A. (1972), *On Private Madness*, Madison, CT: International Universities Press, 1986
— (1988), »Pourquoi le mal?«, in: *La folie privée: psychanalyse des cas limites*, Paris: Gallimard, 1990, pp. 369-401; dt.: »Warum Böses«, in: *Geheime Verrücktheit, Grenzfälle der psychoanalytischen Praxis*, Gießen: Psychosozial-Verlag, 2000
Grubrich-Simitis, I. (1991), *Freuds Moses-Studie als Tagtraum, ein biographischer Essay*, Frankfurt: Fischer, 1994
Grunberger, B. (1964), »The Antisemite and the Oedipal Conflict«, in: International Journal of Psycho-Analysis, Vol. 45, pp. 380-385
Hartmann, H. (1960), *Psychoanalyse und Moralische Werte*, Stuttgart: Ernst Klett Verlag, 1973
— (1964), *Ich-Psychologie-Studien zur psychoanalytischen Theorie*, Stuttgart: Ernst Klett Verlag, 1972
— and Loewenstein, R.M. (1962), »Notes on the Superego«, in: The Psychoanalytic Study of the Child, Vol. 17, pp. 42-81
Heinsohn, G. (1995), *Warum Auschwitz?*, Reinbek: Rowohlt
Hirsch, M. (1997), *Schuld und Schuldgefühle*, Göttingen: Vandenhoeck & Ruprecht
Höfer, R. (1993), *Die Hiobsbotschaft C.G. Jungs – Folgen sexuellen Mißbrauchs*, Lüneburg: Zu Klampen
Hofmannsthal, H. v. (1893), *Der Tor und der Tod*, in: *Gesammelte Werke, Gedichte und lyrische Dramen*, Stockholm: Bermann-Fischer, 1946, pp. 269-292

— (1902), *Der Brief des Lord Chandos. Schriften zur Literatur, Kunst und Geschiche*, Stuttgart: Reclam, 2000
— (1918), *Der Schwierige*, in: *Gesammelte Werke, Lustspiele*, Bd. II, Frankfurt: Fischer, 1954
— (1956), *H. von Ariadne auf Naxos*, in: Gesammelte Werke, Lustspiele III, Frankfurt: Fischer
— (1959), »Ad me ipsum« in: *Gesammelte Werke, Aufzeichnungen*, Frankfurt: Fischer, pp. 215-244
— (1986), *Briefwechsel mit Julie Freifrau von Wendelstadt*, in: *Hugo von Hofmannsthal, Ottonie Gräfin Degenfeld, Briefwechsel*, Frankfurt: Fischer
Homans, P. (1979), *Jung in Context, Modernity and the Making of a Psychology*, Chicago: The University of Chicago Press, 1995
Ibsen, H. (1911a), *Ein Volksfeind*, in: *Sämtliche Werke* Band 4, Berlin: Fischer, pp. 181-298
— (1911b), *Baumeister Solness*, in: *Sämtliche Werke* Band 5, Berlin: Fischer, pp. 215-313
Jacobson, E. (1964), *The Self and the Object World*, Madison, CT: International Universities Press, 1991; dt.: *Das Selbst und die Welt der Objekte*, Frankfurt: Suhrkamp, 1978
Jung, C.G. (1916), *Über die Psychologie des Unbewußten*, in: *Gesammelte Werke* (im folgenden abgekürzt als GW) 7, Zürich und Stuttgart: Rascher, 1964, pp. 1-130
— (1918), *Über das Unbewußte*, in: GW 10, Olten und Freiburg: Walter, 1974, pp. 15-42
— (1919), *Instinkt und Unbewußtes*, in: GW 8, Olten und Freiburg: Walter, 1971, pp. 147-159
— (1928a), *Die Beziehungen zwischen dem Ich und dem Unbewußten*, in: GW 7, Zürich und Stuttgart: Rascher, 1964, pp. 131-264
— (1928b), *Die Anwendung des energetischen Standpunkts*, in: GW 8, Olten und Freiburg: Walter, 1971
— (1928c), *Die Struktur der Seele*, in: GW 8, Olten und Freiburg: Walter, 1971, pp. 161-183
— (1928d), *Das Liebesproblem des Studenten*, in: GW 10, Olten und Freiburg: Walter, 1974, pp. 115-133
— (1929a), *Ziele der Psychotherapie*, in: GW 16, Zürich und Stuttgart: Rascher, 1958, pp. 38-56
— (1929b), *Die Probleme der modernen Psychotherapie*, in: GW 16, Zürich und Stuttgart: Rascher, 1958, pp. 57-81
— (1934a), *Allgemeines zur Komplextheorie*, in: GW 8, Olten und Freiburg: Walter, 1971, pp. 105-120

- (1934b), *Zur gegenwärtigen Lage der Psychotherapie*, in: GW 10, Olten und Freiburg: Walter, 1974, pp. 181-199
- (1939), *Vorwort zu D.T. Suzuki: Die große Befreiung*, in: GW 11, Olten und Freiburg: Walter, 1973, pp. 581-602
- (1940), *Psychologie und Religion*, in: GW 11, Olten und Freiburg: Walter, 1973, pp. 1-118
- (1943), *Psychologie und Alchemie*, in: GW 12, Olten und Freiburg: Walter, 1972
- (1945a), »Werden die Seelen Frieden finden?« – Ein Interview mit Peter Schmid (Weltwoche, 11. Mai 1945), in: von der Tann, M. und Erlenmeyer, A. (1993)
- (1945b), *Die Psychologie der Übertragung*, in: GW 16, Zürich und Stuttgart: Rascher, 1958, pp. 173-345
- (1945c), *Nach der Katastrophe*, in: GW 10, Olten und Freiburg: Walter, 1974, pp. 219-244
- (1946), *Der Kampf mit dem Schatten*, in: GW 10, Olten und Freiburg: Walter, 1974, pp. 245-254
- (1952), *Symbole der Wandlung*, Zürich und Stuttgart: Rascher
- (1953) *Antwort auf Hiob*, Zürich und Stuttgart: Rascher
- (1958), *Das Gewissen in psychologischer Sicht*, in: *Das Gewissen, Studien aus dem C.G. Jung-Institut Zürich*, Zürich und Stuttgart: Rascher, pp. 185-207
- (1958a), *Gut und Böse in der Analytischen Psychologie*, in: GW 10, Olten und Freiburg: Walter, 1974, pp. 497-510
- (1962), *Erinnerungen, Träume, Gedanken*, A. Jaffé (Hrsg.), Zürich und Stuttgart: Rascher
- (1964), *Zwei Schriften über Analytische Psychologie*, in: GW 7, Zürich und Stuttgart: Rascher
- (1972), *Briefe I, 1906-1945*, Olten und Freiburg: Walter

Kernberg, O. F. (1976), *Object-Relations Theory and Clinical Psychoanalysis*, Northvale, N.J.: Jason Aronson, 1990; dt.: *Objektbeziehungen und Praxis der Psychoanalyse*, Stuttgart: Klett-Cotta, 1981
- (1984), *Schwere Persönlichkeitsstörungen, Theorie, Diagnose, Behandlungsstrategien*, Stuttgart: Klett-Cotta, 1988
- (1985), *Internal World and External Reality, Object Relations Theory Applied*, Northvale, N.J.: Jason Aronson, 1987
- (1987), »The Dynamic Unconscious And The Self«, in: *Theories Of The Unconscious And The Self*, Hillsdale, N.J.: The Analytic Press
- (1988), »Between Conventionality and Aggression«, in *Passionate Attachments, Thinking about Love*, M. Gaylin and E. Person (Edd.), New York: The Free Press
- (1989), »The Temptations of Conventionality«, in: *Psychoanalysis Toward the Second Century*, New Haven and London: Yale University Press

— (1992) *Aggression in Personality Disorders and Perversions*, New Haven and London: Yale University Press
— (1995), *Love Relations – Normality and Pathology*, New Haven and London: Yale University Press; dt.: *Liebesbeziehungen – Normalität und Pathologie*, Stuttgart: Klett-Cotta, 1998
— (1998a), *Ideology, Conflict, and Leadership in Groups and Organization*, New Haven and London: Yale University Press; dt.: *Ideologie, Konflikt und Führung, Psychoanalyse von Gruppenprozessen und Persönlichkeitsstruktur*, Stuttgart: Klett-Cotta, 2000
— (1998b), »The Influence of the Gender of Patient and Analyst in the Psychoanalytic Relationship«, in: Journal of the American Psychoanalytic Association, Vol. 48, Nr. 3, 2000, 859-883; dt.: »Übertragungsliebe im analytischen Setting – die Beeinflussung der analytischen Beziehung durch das Geschlecht von Patient und Analytiker«, in: *Affekt, Objekt und Übertragung – Aktuelle Entwicklungen der psychoanalytischen Theorie und Technik*, Gießen: Psychosozial-Verlag, 2002
— (2000), »Psychoanalysis: Freud's Theories and their Contemporary Development«, in: *New Oxford Textbook of Psychiatry*, Vol. I, N.G. Gelder, Y. Lopez-Ibor jr. and N.C. Andreasen (Edd.), New York: Oxford University Press, pp. 331-343
— (2001a), «Psychoanalytische Beiträge zur Verhinderung gesellschaftlich sanktionierter Gewalt«, in: Psyche 55, Sonderheft 9/10, pp. 1089-1109
— (2001b), *Affekt, Objekt und Übertragung*, Gießen: Psychosozial-Verlag
Kershaw, I. (1998), *Hitler, 1889-1936 Hubris*, New York, London: Norton
— (2000), *Hitler, 1936-1945 Nemesis*, New York, London: Norton
Kertész, I. (1996), *Roman eines Schicksallosen*, Berlin: Rowohlt
Klein, M. (1928), *Early Stages of the Oedipus Conflict*, in: *Love, Guilt and Reparation: And Other Works 1921-1945*, London: Virago Press, 1988; dt.: *Frühstadien des Ödipuskonfliktes*, in: Gesammelte Schriften, Bd. I,1, Stuttgart-Bad Cannstatt: frommann-holzboog, 1995
— (1932), *Early Stages of the Oedipus Conflict and of Super-Ego Formation*, in: *The Psycho-Analysis of Children*, London: Virago Press, 1989/1994; dt.: *Frühstadien des Ödipuskonfliktes und der Über-Ich-Bildung*, in: Gesammelte Schriften Bd. II, Stuttgart-Bad Cannstatt: frommann-holzboog, 1997
— (1933), *The Early development of Conscience in the Child*, in: *Love, Guilt and Reparation: And Other Works 1921-1945*, London: Virago Press, 1988; dt.: *Die frühe Entwicklung des kindlichen Gewissens*, in: Gesammelte Schriften, Bd. I,2, Stuttgart-Bad Cannstatt: frommann-holzboog, 1996
— (1937), *Love, Guilt and Reparation*, in: *Love Guilt and Reparation: And Other Works 1921-1945*, London: Virago Press, 1988; dt. *Liebe, Schuldgefühl und Wiedergutmachung*, in: Gesammelte Schriften, Bd. I,2, Stuttgart-Bad Cannstatt: frommann-holzboog, 1996

— (1952), *Some Theoretical Conclusions Regarding the Emotional Life of the Infant,* in: *Envy and Gratitude: And Other Works 1946-1963,* London: Virago Press, 1989; dt.: *Theoretische Betrachtungen über das Gefühlsleben des Säuglings,* in: Gesammelte Schriften, Bd. III, Stuttgart-Bad Cannstatt: frommann-holzboog, 2000

— (1952b), *The Origins of Transference,* in: *The Selected Melanie Klein,* J. Mitchell (Ed.), 1986, New York: The Free Press

— (1957), *Envy and Gratitude,* in: *Envy and Gratitude: And Other Works 1946-1963,* London: Virago Press, 1988; dt.: *Neid und Dankbarkeit,* in: Gesammelte Schriften, Bd. III, Stuttgart-Bad Cannstatt: frommann-holzboog, 2000

— (1958), *The Development of Mental Functioning,* in: *Envy and Gratitude: And other Works,* London: Virago Press, 1988; dt.: *Zur Entwicklung psychischen Funktionierens,* in: Gesammelte Schriften, Bd. III, Stuttgart-Bad Cannstatt: frommann-holzboog, 2000

Kohlberg, L. (1996), *Die Psychologie der Moralentwicklung,* Frankfurt: Suhrkamp

Krause, R. (1998), *Allgemeine Psychoanalytische Krankheitslehre,* Bd. 2, Modelle, Stuttgart: W. Kohlhammer

Lagache, D. (1995), »Sur la structure du Surmoi: relations évolutives entre Idéal du Moi et Moi idéal«, in: *Surmoi II – Les développements post-freudiens,* Paris: Presses Universitaires de France

Laplanche, J. und Pontalis, J.-B. (1975), *Das Vokabular der Psychoanalyse,* Frankfurt: Suhrkamp

Lear, J. (1998), *Love and its Place in Nature,* New Haven and London: Yale University Press

— (1999), »The Values of Psychoanalysis«, Rede 4. Mai 1999 im Jewish Museum, New York

— (2000) *Happiness, Death, And The Remainder Of Life,* Cambridge, Mass., London: Harvard University Press

Loewald, H. (1977), »Transference and Countertransference: The Roots of Psychoanalysis – Book Review Essay on the Freud/Jung Letters«, The Psychoanalytic Quarterly, Vol. 46, pp. 514-527

Mann, Th. (1930), »Die Bäume im Garten«, in: *Politische Schriften und Reden,* Bd. 2, Frankfurt und Hamburg: Fischer, 1968

— (1941), »Deutsche Hörer, August 1941«, in *Politische Schriften und Reden,* Bd. 3, Frankfurt und Hamburg: Fischer, 1968, pp. 185-291

— (1944), »Das Gesetz«, in: *Die Betrogene,* Frankfurt und Hamburg: Fischer, 1991

McDougall, J. (1995), *The Many Faces of Eros, A Psychoanalytic Exploration of Human Sexuality,* London: Free Association Books

McGuire, W. und Sauerländer W. (1974), *Sigmund Freud – C.G. Jung Briefwechsel,* Frankfurt und Hamburg: Fischer

McLynn, F. (1996), *Carl Gustav Jung, A Biography*, New York: St. Martin's Press

Modell, A. (1965), *On Having the Right to a Life: An Aspect of the Superego's Development*, in: The International Journal of Psycho-Analysis, Vol. 46, pp. 323-331

— (1993/1995), *The Private Self*, Cambridge, Mass., London: Harvard University Press

Money-Kyrle, R. (1952), »Psycho-Analysis and Ethics«, in: The International Journal of Psycho-Analysis, Vol. 33, pp. 225-235

— (1955), *Psycho-analysis and Ethics*, in: *The Collected Papers of Roger Money-Kyrle,* Strath Tay Perthshire: Clunie Press, 1978, pp. 264-284

Moore, B.E. and Fine, B.D. (1990) (Edd.), *Psychoanalytic Terms and Concepts,* New Haven and London: The American Psychoanalytic Association and Yale University Press

Moscovici, S. (1984), *Das Zeitalter der Massen*, München: Hanser

Neumann, E. (1948), *Tiefenpsychologie und Neue Ethik*, Frankfurt und Hamburg: Fischer, 1993

Nitzschke, B. (1994), »Ein Liebender, dem alle Geliebten entgleiten«, in*: Freiburger literarische Gespräche*, Bd. 13, Würzburg: Königshausen und Neumann, pp. 107-137

— (1996), »Judenhaß als Modernitätshaß – Über Freuds Studie ›Der Mann Moses und die monotheistische Religion‹«, in: *Wir und der Tod,* Göttingen: Vandenhoeck & Ruprecht, pp. 149-183

— (1997), »Liebe – Verzicht und Versöhnung. Das Ethos der Entsagung im Werk des Goethepreisträgers Sigmund Freud«, in: *Liebe und Gesellschaft. Das Geschlecht der Musen,* München: Fink, pp. 139-153

Noll, R. (1994), *The Jung Cult, Origin of a Charismatic Movement*, Princeton: Princeton University Press

— (1997), *The Aryan Christ, The Secret Life of Carl Gustav Jung*, London: Macmillan

O'Neill, E. (1954), *Der Eismann kommt,* Frankfurt: Fischer, 1989

Posner, R., zitiert von P. Berkowitz, in: »Reduction and Betrayal«, in: *The New Republic,* 23. August 1999, pp. 38-45

Raffay, A. von (1986), *Traumbild Unterwelt*, Olten und Freiburg: Walter

— (1989/90), *Abschied vom Helden, das Ende einer Faszination*, Olten und Freiburg: Walter

— (1995), *Die Macht der Liebe – die Liebe zur Macht, Psychoanalytische Studien zu Liebe/Macht-Verhältnissen in Dramen Wagners und Ibsens*, Frankfurt: Peter Lang

— (1996), »Über die Schwierigkeit, die Anima als hilfreiches Objekt zu sehen«, in: Analytische Psychologie 27

— (2000), »Why is it difficult to see the anima as a helpful object: critique and clinical relevance of the theory of the archetypes«, in: Analytical Psychology, Vol. 45, pp. 541-560
Rayner, E. (1994), »The Intuition Of Justice As A Factor In Interpretation« (unveröffentlichtes Manuskript)
Reich, A. (1953), »Narcissistic Object Choice in Women«, in: Journal of the American Psychoanalytic Association, Vol. 1, No. 3, pp. 22-44
— (1954), »Early Identifications as Archaic Elements in the Superego«, in: Journal of the American Psychoanalytic Association, Vol. 2, No. 1, pp. 218-238
— (1960), »Pathologic Forms of Self-Esteem Regulations«, in: The Psychoanalytic Study of the Child, Vol. 15, pp. 215-232
Relman, A.M.D. (1998), »A Trip to Stoneville«, in: The New Republic, Dezember 1998, pp. 28-37
Rice, E. (1990), *Freud and Moses – The Long Journey Home*, Albany: State University Press
Rieff, P. (1959), *Freud: The Mind of the Moralist,* Chicago and London: The University of Chicago Press, 1979
— (1966), *The Triumph of the Therapeutic*, Chicago and London: The University of Chicago Press, 1987
Rittmeister, R. (1994), »Voraussetzungen und Konsequenzen der Jungschen Archetypenlehre«, in: *Psychoanalyse und Nationalsozialismus,* Lohmann, H.M. (Hrsg.), Frankfurt: Fischer
Roazen, P. (1968), *Politik und Gesellschaft bei Sigmund Freud,* Frankfurt: Suhrkamp, 1971
Samuels, A. (1989), *The Plural Psyche,* London and New York: Routledge
— (1993a), *The Political Psyche*, London and New York: Routledge
— (1993b), »New Material Concerning Jung, Antisemitism, And The Nazis«, in: Journal of Analytical Psychology, Vol. 38, pp. 463-470
— Shorter, B., Plaut F. (Edd., 1987), *A Critical Dictionary of Jungian Analysis*, London and New York: Routledge
Sandler, J. (1960), »The Concept of Superego«, in: *From Safety To Superego, Selected Papers of Joseph Sandler,* New York and London: The Guilford Press, 1987
— and Dreher, A.U. (1996), *What do Psychoanalysts want?*, London and New York: Routledge
— and Sandler, A.-M. (1998), *Internal Objects Revisited*, London: Karnac Books
Satinover, J. (1985), »At the Mercy of Another: Abandonment and Restitution in Psychosis and Psychotic Character«, in: Chiron, a Review of Jungian Analysis, pp. 47-86
— (1986), »Jung's Lost Contribution To The Dilemma Of Narcissism«, in: The Journal of the American Psychoanalytic Association, Vol. 34, pp. 401-438

Schafer, R. (1960), »The Loving And Beloved Superego In Freud's Structural Theory«, in: The Psychoanalytic Study of the Child, Vol. 15, pp. 163-188
— (1994), »Revisiting Classics: An Essay on Heinz Hartmann's *Psychoanalysis and Moral Values*«, in: Psychoanalysis and Contemporary Thought, Vol. 17, pp. 251-286
Segal, H. (1986), The Work of Hanna Segal. Delusion and Artistic Creativity and Other Psychoanalytic Essays, London: Free Association Books – Maresfield Library
Shamdasani, S. (1990), »A Woman Called Frank«, in: Spring, A Journal of Archetype and Culture, Vol. 50, pp. 26-55
Shengold, L. (1993), *The Boy Will Come to Nothing*, New Haven and London: Yale University Press
— (1995), *Delusions of Everyday Life*, New Haven and London: Yale University Press
Slochower, H. (1981), »Freud as Yahweh in Jung's Answer to Job«, in: American Imago, Vol. 38, No. 1, pp. 5-39
Smith, R. (1996), *The Wounded Jung,* Evanston: Northwestern University Press
Sofsky, W. (2002), *Zeiten des Schreckens, Amok, Terror, Krieg,* Frankfurt: Fischer
Staiger, E. (1968), »Hugo von Hofmannsthal, ›Der Schwierige‹«, in: *Hugo von Hofmannsthal,* Darmstadt: Wissenschaftliche Buchgesellschaft, Wege der Forschung, Bd. 183
Stein, M. (1993), *Solar Conscience- Lunar Conscience,* Wilmette: Chiron
Steiner, J. (1993), *Psychic Retreats,* London and New York: Routledge; dt.: *Orte des Seelischen Rückzugs,* Stuttgart: Klett-Cotta, 1998
Stern, D.N. (1985), *The Interpersonal World of the Infant,* New York: Basic Books
Stern, P. (1976), *C.G. Jung, Prophet des Unbewußten,* München: R. Pieper, 1977
Stoller, R.J. (1975), *Perversion – The Erotic Form Of Hatred,* London: Maresfield Library, 1986
— (1979), *Sexual Excitement – Dynamics of Erotic Life*, London: Maresfield Library, 1986
— (1985), *Observing the Erotic Imagination*, New Haven and London: Yale University Press
Strauss, R. und Hofmannsthal, H. v. (1952) *Briefwechsel,* Zürich: Atlantis Verlag
Ticho, E. (1972), »Termination of Psychoanalysis: Treatment Goals, Life Goals«, in: The Psychoanalytic Quarterly, Vol. 41, pp. 315-333
— (1982), »The Alternate Schools and the Self«, in: Journal of the American Psychoanalytic Association, Vol. 30, pp. 849-862
Tann, M. von der und Erlenmeyer, A. (1993), *C.G. Jung und der Nationalsozialismus, Texte und Daten.* Im Auftrag der Deutschen Gesellschaft für Analytische Psychologie. Privatdruck, unveröffentlichte Arbeitskopie

Trüb, H. (1971), *Heilung aus der Begegnung, Eine Auseinandersetzung mit der Psychologie C.G. Jungs,* Stuttgart: Ernst Klett Verlag

Türcke, C. (1992), *Gewalt und Tabu, Philosophische Grenzgänge,* Lüneburg: Zu Klampen

Wernicke, H. (1989), »Mass und Gerechtigkeit, Albert Camus' ›Briefe an einen deutschen Freund‹ neu gelesen«, in: Neue Zürcher Zeitung, 27. Oktober 1989

Winnicott, D.W. (1962), »A Personal View of the Kleinian Contribution«, in: The Maturational Processes and the Facilitating Environment, London: Karnac Books, 1990

— (1963a), »The Development of the Capacity for Concern«, in: *The Maturational Processes and the Facilitating Environment,* London: Karnac Books, 1990, pp. 73-82; dt.: »Die Entwicklung der Fähigkeit der Besorgnis«, in: *Reifungsprozesse und fördernde Umwelt,* Frankfurt: Fischer, 1985

— (1963b), »Eine Persönliche Ansicht zum Beitrag Melanie Kleins«, in: *Reifungsprozesse und fördernde Umwelt,* Frankfurt: Fischer, 1985

— (1964), »Memories, Dreams, Reflections«, Book Review, in: The International Journal of Psycho-Analysis, Vol. 45, pp. 450-455

Wurmser, L. (1993), *Das Rätsel des Masochismus – Psychoanalytische Untersuchungen von Über-Ich-Konflikten und Masochismus,* New York, Berlin: Springer

— (2001), *Ideen und Wertewelt des Judentums,* Göttingen: Vandenhoeck & Ruprecht

Yerushalmi, Y.H. (1991), *Freud's Moses – Judaism Terminable and Interminable,* New Haven and London: Yale University Press

Namenregister

Abraham, Karl 107, 184, *185*
Adorno, Theodor 181, 206

Bachmann, Ingeborg 159
Balmer, Heinrich 97, 100, 106, 184
Beck, Albin 190
Beebe, John 96, 131-134, 180
Bernhard, Thomas 147, 166-173
Bernstein, Richard *26, 29*
Brumlik, Micha *101*, 124, 199, *200*, 200

Camus, Albert 31
Chasseguet-Smirgel, Janine 11, 57, 64, 79-83, 86, *105*, 131, 188, 189
Daniel, Rosemarie 189, 190

Eickhoff, Friedrich-Wilhelm 9-12, 14, 201
Eissler, Kurt 106, 109, 112
Emde, Robert 50-51, 179, 185, *185*

Freud, Sigmund passim
Fromm, Erich 106

Gedo, John 31, *97*, 104, 106, 107, 111, 191, 192, 195

Gess, Heinz *103*, 106, 117, 118, 124, 135, 185, 200-202
Glover, Edward 100, 178, 195, 196

Green, André 11, 57, 72-74, 147, 172, 181
Grunberger, Bela 181

Hartmann, Heinz 33-38, 163, 204
Heinsohn, Gunnar *29*
Hofmannsthal, Hugo von 74, 75, 149-158

Ibsen, Henrik 129, 159-165

Jacobson, Edith 11, 38, 39-42, 44, 52, 80, 83, *85*, 90
Jung, Carl Gustav passim

Kernberg, Otto 11, 14, 27, 38, 42, 57, 58, 78, 83-91, 105, 128, 134, 139, 157, 158, 164, 171, 182, 197, 199
Kertész, Imre 95
Klein, Melanie 10, 52-58, 60, 89-91, 135, 138, 198
Krause, Rainer 28, 29

Lagache, Daniel 11, 38, 76-78, 109
Lear, Jonathan 139, 199, 200
Loewenstein, Rudolph 37, 38

Mann, Thomas 27, 113, 131, 187, 199
Money-Kyrle, Roger 11, 61-64, 156, 202

Moscovici, Sergei 29, 30, *30*, 202
Musil, Robert 193

Neumann, Erich 12, 96, 121-126, 129, 180, 182, 198
Nitzschke, Bernd *25*, 29, 30, 130

O'Neill, Eugene 77, 143-148, 164

Raffay, Anita von 74, *101*, 124, 180
Rayner, Eric 69-71, 183
Reich, Annie 43, 44, 80
Rieff, Philip 188, 189, 192, 195, *195*, 202
Roazen, Paul 22, 28

Samuels, Andrew 96, 97, 119, 135-140, 180, *180*, 182, 184, *187*, 196, 200, 207, 208
Sandler, Joseph 38, 58, 158

Sandler, Joseph und Anne-Marie 10, 48-49, 90, 91
Sandler, Joseph und Dreher, Anna Ursula 204
Satinover, Jeffrey *96*, *97*, 107, 114, *120*, 133, 134, 178, *194*, 195
Schafer, Roy 22, 33, 45-48, 58, 191
Shengold, Leonard 193, 208
Sofsky, Wolfgang 72, 166, 173
Stein, Murray 12, 96, 126-131
Steiner, John 64-68, 143, 147, 156, 164, 165, 204

Tann, von der, Matthias und Erlenmeyer, Arvid 115, 116, 118
Ticho, Ernst *97*, 196, 203, 204
Türcke, Christoph *97*, 188, 200

Winnicott, Donald 11, 58-60, 107, 135, 138, 178, 186, 195
Wurmser, Léon 129, 138, 140, 164

Sachregister

Aggression(en) 11, 22-24, 28, 29, 35, 40, 55, 59, 86, 87, 90, 136, 137, 138, 139, 182, 207, 209
Aggressivität 23, 57, 137-139, 182, 187, 205
Allmacht 41, 76, 80, 130, 147
Ambivalenz(en) 24, 46, 47, 57-60, 86, 87, 126, 158, 171, 182, 198, 205
– konflikt 24, 182
Analytische Psychologie passim
Angst (Ängste) 23, 25, 30, 33, 43, 46, 48, 52-54, 56, 57, 60, 62, 84, 85, 100, 130, 132, 143, 169, 171, 179, 200, 204, 206
Antisemitismus 12, 29, 115, 119, 139, 140, 200
Archetyp(en) 97, 98, 107, 108, 118, 120, 127, 134, 135, *180*, 184, 188-190, 193, 195, *195*, *198*-200, 206-209
– theorie 16, 97, *97*, 98, 120, 133, 134, 177, 201
archetypisch 12, 98, 101, 102, 114, 118, 120, 124, 126, 132, 133, 180, 184, 188, 190, 193, *198*, 209
Ariadne auf Naxos 74

Besorgnis 11, 57-60, 62, 85, 92, 103, 125, 135, 137, 148, 150, 154, 158, 164, 171, 182

Böse, das 10-12, 16, 28, 40, 41, 44, 45, 52, 55, 56, 59, 64, 65, 67, 72, 73, 74, 76, 77, 83, 89, 90, 92, 96, 113-118, 120-123, 125, 129, 139, 143, 147, 167, 168, 170, 172, 198-200
– maligne 73, 172

Dankbarkeit 52, 54, 56-58, 86, 110, 206
Defekte des Überichs 83, 84, 202
Dekalog 12, 27, *29*, 101, 104, 105, 119, 182
Der Eismann kommt (Eugene O'Neill) 77, 143-148
Destruktivität 22, 45, 73, 138, 186, 187

Empathie 51, 69, 70, 84, 151, 179, 182
Eros 23, 24, 127, 185

Freiheit 15, 23, 31, 33, 42, 61, 62, 88, 113, 128, 135, 158, 161, 183, 199, 200, 202, 204-208
– sexuelle 42, 205

Geistigkeit 10, 26, 27
– Triumph der 26
Gerechtigkeit 27, 31, 33, 38, 69, 70, 71, 77, 103, 127, 140, 157, 164, 182, 183, 196, 198, 205, 206

- sprozeß 71
Gute, das 26, 28, 56, 58, 73
Gut und Böse 64, 72, 114, 121

Ich 10, 21-23, 28, 33-36, 38, 40-49, 52, 55, 56, 72, 77, 78, 81, 89, 91, 100, 122, 125, 126, 158, 184, 193, 204, 206
- ideal(e) 21, 22, *25*, 27, 28, 37, 38, 40, 43, 44, 76, 77, 79-83, 86, 130, 162, 164, 201
Idealich 11, 38, 76, 77, 109
Ideologie(n) 10, 11, 79, 84, 87, 88, 170, 199, 207
Illusion(en) 11, 25, 26, 28, *30*, 31, 40, 41, 80, 105, 144, 146, 147, 162, 166, 184, 192, 201, 205, 208
- der Allmacht 80
Integrität 30, 70, 131-134, 207
Inzest 27, 35, 68, 79, 112, 167, 171-173, 182, 207
- wunsch 68, 80-82, 207

Monotheismus 26-28
Moral passim
moralisch passim
Moses 10, 26-*30*, 163, 185, 186

Narzißmus 21, 74, 79-81, 84, 164
narzißtisch(e) 21, 28, 30, 38, 43, 44, 51, 53, 75-77, 80, 81, 83-85, 88, 130, 133, 137, 147, 165, 181, 203
Narzißt 74, 181

Nationalsozialismus 113, 115-119, 125, 139, 167, 170, *199*, *200*
Neid 29, 54, 56, 57, 140, 146, 170

Objektbeziehung(en) 16, 23, 33, 40, 41, 43, 47, 49, 53, 54, 56, 68, 78, 84, 85, 88, 89-92, 115, 120, 125, 137, 148, 164, 177-181, 186, 197, 198, 202, 203, 205, 206
- stheorie 16, 38, 83, 89, 91, 178, 197, 198
Ödipus 64-68, 147, 164, 165
- konflikt 23, 24, 48, 52, 53, 64, 67, 68
- komplex 10, 22, 45, 46, 52, 80, 81, 112
Omnipotenz 43, 165
- denken 67
- phantasien 164, 165

Politik 13, 85, 95
Psychoanalyse passim

Realität 11, 17, *25*, 29, 31, 34, 36, 37, 39, 40, 42-44, 53, 56, 61, 64, 65, 67, 68, 74, 80, 86, 90, 91, 112, 131, 143, 147-149, 156, 164, 165, 171, *172*, 178, 189, 192-194, 202, 204, 205, 208, 209
- sanpassung 43
- sbewältigung 80
- sprinzip 29, 30, 48, 81, 130, 134, 192, 196
- sprüfung 44

225

Recht(e) 15, 16, 44, 77, 87, 88, 113, 127, 130, 151, 154, 157, 161, 164, 165, 173, 183, 192, 199
Religion 10, 14, 17, 25-29, 135, 163, 189, 192
religiös(es) 25, 26, 28, 29, 87, 88, 103, 129, 140, 189, 191-193, 202, 207, 208
Reue 12, 46, 117, 118, 139, 171, 198
Romantik 131, 177, 187, 192, 199, *199*

Schuld 10, 58, 62, 64, 66-68, 85, 95, 110, 113, 116, 118, 139, 143, 145, 147, 148, 168, 170, 171
– abwehr 110, 118, 119
– gefühle 10, 11, 15, 17, 23, 24, 29, 33, 36, 38, 41, 45-48, 53-55, 58, 60-63, 66, 67, 69, 84, 85, 86, 109-111, 117, 119, 125-127, 129, 130, 136, 138, 144, 146-148, 155, 157, 171, 177, 179, 182, 197, 198, 205
– verleugnung 64
Schwierige, Der (Hugo von Hoffmansthal) 148-158
Selbsterkenntnis 34, 35, 50, 61, 202, 204
Selbstreflexion 70, 126
Selbstwertgefühl(e) 41, 43, 44, 49, 86
Sexualität 12, 35, 86, 87, *101*, 116, 124, 137, 138, 139, 185
Sexualangst *101*
Sexualtheorie 111
Sittenkodex 12, 98, 101-105, 107, 109, 181

Thanatos 23
Tierrechte 69
Todestrieb 22-24, 45, 53, 56, 57, 72, 73, 89, 90, 143
Trauer 11, *25*, 55, 62, 68, 69, 130, 139, 140, 145, 147, 149, 203
Triebverzicht 26, 27, 29, 30, 206

Überich-Pathologie 83, 85, 87, 187
Unbewußte, das 12, 13, 16, 41, 91, 99-101, *101*, 102, 104, 107-109, 117, 118, 121, 122, 124, 129, 133, 134, 177, 180, 181, 184-190, 192, 193, 195-197, 199, 200, 202, 206, 207
– kollektives 97, 98, 102, 103, 107, 126, *185*, 190, *198*, 199

Verantwortung 15, 21, 35, 54, 58, 59, 60, 62, 67, 68, 84-86, 88, 103, 115, 122, 123, 125, 131, 134, 147, 158, 190, 199, 206-209
Volksfeind, Ein (Henrik Ibsen) 159-165
Vor dem Ruhestand (Thomas Bernhard) 147, 166-173

Wahrheit(en) 11, 26-28, *30*-32, 61, 62, 65-68, 87, 106, 108, 113, 114, 117, 143, 144, 146, 147, 151, 156, 157, 159-165, 168, 184, 191, 199, 205, 206
Wiedergutmachung 11, 54, 55, 57, 58, 60, 139, 198

Wunsch, Wünsche 25, 40, 44, 49, 52, 54, 58, 62, 80, 81, 92, 109, 112, 128, 132, 144, 155, 168, 172, 185, 188, 196, 197, 199, 203, 204, 207
- erfüllung 68, 91, 130
- traum 144, 145
- vorstellungen 25, 44, 88